21世纪经济与管理精编教材
经济学系列

Python数据分析与量化投资

Data Analysis and Quantitative Investment Using Python

朱顺泉 ◎ 编著

图书在版编目(CIP)数据

Python 数据分析与量化投资 / 朱顺泉编著. —北京：北京大学出版社,2022.1
21 世纪经济与管理精编教材. 经济学系列
ISBN 978-7-301-31935-2

Ⅰ.①P… Ⅱ.①朱… Ⅲ.①软件工具—程序设计—应用—投资—高等学校—教材 Ⅳ.①F830.59-39

中国版本图书馆 CIP 数据核字(2020)第 270622 号

书　　　名	Python 数据分析与量化投资 PYTHON SHUJU FENXI YU LIANGHUA TOUZI
著作责任者	朱顺泉　编著
责 任 编 辑	周　莹
标 准 书 号	ISBN 978-7-301-31935-2
出 版 发 行	北京大学出版社
地　　　址	北京市海淀区成府路 205 号　100871
网　　　址	http://www.pup.cn
微信公众号	北京大学经管书苑（pupembook）
电 子 信 箱	em@pup.cn
电　　　话	邮购部 010-62752015　发行部 010-62750672　编辑部 010-62752926
印 刷 者	天津中印联印务有限公司
经 销 者	新华书店
	787 毫米 × 1092 毫米　16 开本　21.25 印张　500 千字 2022 年 1 月第 1 版　2023 年 5 月第 2 次印刷
定　　　价	58.00 元

未经许可，不得以任何方式复制或抄袭本书之部分或全部内容。
版权所有，侵权必究
举报电话：010-62752024　电子信箱：fd@pup.pku.edu.cn
图书如有印装质量问题，请与出版部联系，电话：010-62756370

前　言

当前,数据已成为与土地、资本、劳动力同等重要的生产要素。发展好大数据产业,是发挥我国海量数据规模和丰富应用场景优势、激活数据要素潜能的时代要求,是加快经济发展变革、构建现代化产业体系的必然选择。据测算,2022年我国大数据产业规模达1.57万亿元,同比增长18％,成为推动数字经济发展的重要力量。2023年3月,国家发展和改革委员会成立了国家数据局,可见国家对发展大数据产业的高度重视。

党的二十大报告总结了过去五年的历史成就,擘画了未来中国经济和社会发展前进的方向,凸显了中国高质量发展的要求和趋势,为中国数字经济发展指明了方向。数字经济是构建现代化经济体系的重要引擎,未来数字经济的重要发展方向是实现数字经济助力实体经济发展。经济高质量发展的一个重要方面是建立现代化经济体系,现代化经济体系建立离不开实体经济发展。党的二十大报告提出,坚持把发展经济的着力点放在实体经济上。数字经济主要包括数字产业化和产业数字化。发展数字经济,能够推动5G网络、工业互联网、大数据、人工智能、基础软件等数字产业发展。数字技术发展又能进一步推动数字经济和实体经济融合,通过运用数字技术对传统产业进行全方位、全链条改造,可以有效提高全要素生产率,促进传统产业数字化、网络化、智能化发展。发展数字经济,促进数字经济和实体经济深度融合,打造具有国际竞争力的数字产业集群,将是未来数字经济发展的着力点。

数字经济背景下,大数据、人工智能及Python技术的高速发展,给量化投资带来了良好的发展机遇。但无论是在高校的理论界还是在金融机构的实务界,国内量化投资的发展尚落后于西方,将Python工具应用于实际金融投资问题是国内金融领域新的发展方向。我国资本市场对量化投资的需求巨大。近年来,我国经济已经由高速增长阶段转向高质量发展阶段,必须着力构建市场机制有效、微观主体有活力、宏观调控有度的经济体制,深化金融体制改革,促进多层次资本市场的健康发展。量化投资已经成为资本市场中资产保值增值和风险对冲的主要手段,其推广与应用对于促进资本市场健康发展有着重要的实践意义,也必然对提高金融机构的投资效率和加强风险防范有着促进作用。为了满足资本市场对量化投资的旺盛需求,证券市场相继推出了融资融券制度、股指期货等,这为量化投资提供了良好的交易环境。

本书把Python技术和量化投资实例结合起来。传统的交易员凭借多年的交易训练,每日人工盯盘,观察市场的变化,一个好的交易员可以同时观测几个金融市场的几十个交易品种。随着金融产品的发展,中国金融市场 A 股股票已经达到 4 000 多只,债券有 7 000 多只,公募基金接近 4 000 只,还有多种金融衍生品。如此大量的金融产品,已经不能依靠个人能力消化和分析了。利用计算机对金融市场进行扫描,从而发现不合理的定价和交易机会,可以极大地提高交易员的工作效率。

本书以中国金融市场为背景,使用了很多真实案例。主要的写作思路是从信息技术人员的角度,通过技术来切入金融市场并进行量化投资。一方面发挥信息技术人员专注学习、乐于分享的精神,借助互联网快速传播知识,打破传统的金融壁垒;另一方面发挥"极客"的创造力,让知识变成生产力,让更多有理想的信息技术人员有机会进入金融行业,推动金融行业的改革和创新。

阅读本书,要求读者拥有 Python 的使用经验,更需要理解有关金融市场、公司金融和投资学等金融知识。本书主要分为 4 个篇章:第 1 篇 Python 工具介绍,就是与 Python 相关的编程技术、Python 工具库的使用及数据处理等;第 2 篇量化投资统计与计量分析方法,包括概率分布、描述性统计、参数估计、参数假设检验、相关性分析与回归分析、多重共线性、异方差、自相关等;第 3 篇量化投资组合与资产定价理论及应用,包括资产组合理论、资本资产定价理论等;第 4 篇量化投资策略分析,包括量化对冲、量化选股、量化择时、统计套利、人工智能机器学习等。

本书是笔者基于量化投资教学与研究的总结,涉及 Python 技术、量化方法、金融理论以及量化策略的历史数据回测。通过 Python,我们可以很简单地实现投资想法,真正地将想法与实际操作结合起来。希望本书能使读者感受到量化投资的魅力,以及技术优势能给我们带来的价值。

本书可供经管类本科高年级学生与研究生参考使用。本书也适合以下的 Python 工作者:有计算机背景的软件工程师;有数据分析背景的数据科学家;金融行业从业者,如券商研究员、金融投资分析师、基金经理、宽客(Quant)等。

本书实例丰富,有很强的针对性,各章详细介绍了实例的具体操作过程,读者只需按照所介绍的步骤按部就班地操作,就能掌握全书的内容。为了帮助读者更加直观地学习 Python 工具,我们将书中实例的全部数据文件收录在配套的教辅中。读者在 U 盘中建立了一个 F:/2glkx/data2 目录(其他目录名也可以),将所有数据文件复制到此目录,即可进行软件操作。量化技术与方法在 Python 环境下运行;量化投资的部分策略在 Bigquant 量化投资平台下运行,部分策略在 Python-Spyder 环境下调试运行。

本书的出版有赖北京大学出版社周莹编辑的大力支持与帮助,应该感谢其为读者提供一个好量化投资工具所做出的贡献!由于时间和水平的限制,书中难免出现一些纰漏,恳请读者提出宝贵意见。

作　者
2023 年 5 月于广州

目 录

第 1 篇　Python 工具介绍

1　量化投资及 Python 简介、下载、安装与启动　｜　3
　　1.1　量化投资基础　｜　3
　　1.2　为什么选择 Python 工具　｜　8
　　1.3　Python 工具的下载　｜　12
　　1.4　Python 工具的安装　｜　14
　　1.5　Python 工具的启动和退出　｜　16

2　Python 基础知识与编程基础　｜　18
　　2.1　Python 基础知识　｜　18
　　2.2　Python 数据结构　｜　19
　　2.3　Python 函数　｜　23
　　2.4　Python 条件与循环　｜　24
　　2.5　Python 类与对象　｜　26

3　Python 数据存取　｜　28
　　3.1　Python-NumPy 数据存取　｜　28
　　3.2　Python-Scipy 数据存取　｜　29
　　3.3　Python-Pandas 的 csv 格式数据文件存取　｜　29
　　3.4　Python-Pandas 的 excel 格式数据文件存取　｜　30
　　3.5　读取并查看数据表列　｜　31
　　3.6　读取 Tushare 财经网站数据　｜　32
　　3.7　Tushare 财经网站数据保存与读取　｜　34
　　3.8　使用 OpenDataTools 工具获取数据　｜　36
　　3.9　下载 Yahoo 财经网站数据　｜　37
　　3.10　Python-Quandl 财经数据接口　｜　38

4 Python 工具库 NumPy 的应用 | 39
- 4.1 NumPy 概述 | 39
- 4.2 NumPy 数组对象 | 40
- 4.3 创建数组 | 41
- 4.4 数组操作 | 42
- 4.5 数组元素访问 | 45
- 4.6 矩阵操作 | 47
- 4.7 缺失值 | 50

5 Python 工具库 SciPy 的应用 | 51
- 5.1 SciPy 概述 | 51
- 5.2 优化方法的 scipy.optimize 应用 | 51
- 5.3 利用 CVXOPT 求解二次规划问题 | 52
- 5.4 统计方法的 scipy.stats 应用 | 56

6 Python 工具库 Pandas 的数据结构 | 61
- 6.1 Pandas 介绍 | 61
- 6.2 Pandas 的数据结构:Series | 61
- 6.3 Pandas 的数据结构:DataFrame | 64

7 Python 绘制图形 | 71
- 7.1 Matplotlib 绘图应用基础 | 71
- 7.2 直方图的绘制 | 71
- 7.3 散点图的绘制 | 74
- 7.4 气泡图的绘制 | 75
- 7.5 箱图的绘制 | 75
- 7.6 饼图的绘制 | 76
- 7.7 条形图的绘制 | 78
- 7.8 折线图的绘制 | 79
- 7.9 曲线标绘图的绘制 | 79
- 7.10 连线标绘图的绘制 | 82
- 7.11 关于绘图中显示中文的处理 | 84

第 2 篇 量化投资统计与计量分析方法

8 概率分布及 Python 应用 | 87
- 8.1 二项分布 | 87
- 8.2 泊松分布 | 89

8.3　正态分布　|　90
　　8.4　贝塔分布　|　92
　　8.5　均匀分布　|　93
　　8.6　指数分布　|　93
　　8.7　t 分布　|　95
　　8.8　卡方分布　|　95
　　8.9　F 分布　|　96

9　描述性统计及 Python 应用　|　98
　　9.1　描述性统计的 Python 工具　|　98
　　9.2　数据集中趋势的度量　|　99
　　9.3　数据离散状况的度量　|　103
　　9.4　峰度、偏度与正态性检验　|　105
　　9.5　异常数据处理　|　109

10　参数估计及 Python 应用　|　115
　　10.1　参数估计与置信区间的含义　|　115
　　10.2　点估计的 Python 应用　|　116
　　10.3　单正态总体均值区间估计的 Python 应用　|　117
　　10.4　单正态总体方差区间估计的 Python 应用　|　119
　　10.5　双正态总体均值差区间估计的 Python 应用　|　120
　　10.6　双正态总体方差比区间估计的 Python 应用　|　121

11　参数假设检验及 Python 应用　|　123
　　11.1　参数假设检验的基本理论　|　123
　　11.2　单样本 t 检验的 Python 应用　|　132
　　11.3　两个独立样本 t 检验的 Python 应用　|　133
　　11.4　成对样本 t 检验的 Python 应用　|　135
　　11.5　单样本方差假设检验的 Python 应用　|　136
　　11.6　双样本方差假设检验的 Python 应用　|　137

12　相关性分析与回归分析及 Python-statsmodels 应用　|　139
　　12.1　相关性分析及 Python 应用　|　139
　　12.2　一元线性回归分析及 Python-statsmodels 应用　|　143
　　12.3　多元线性回归分析及 Python 应用　|　147

13　多重共线性及 Python 应用　|　154
　　13.1　多重共线性的概念　|　154

13.2 多重共线性的后果 | 155
13.3 产生多重共线性的原因 | 155
13.4 多重共线性的识别和检验 | 156
13.5 消除多重共线性的方法 | 157
13.6 多重共线性诊断的 Python 应用 | 160
13.7 多重共线性消除的 Python 应用 | 163

14 异方差及 Python 应用 | 166

14.1 异方差的概念 | 166
14.2 异方差产生的原因 | 167
14.3 异方差的后果 | 168
14.4 异方差的识别检验 | 169
14.5 消除异方差的方法 | 170
14.6 异方差诊断的 Python 应用 | 172
14.7 异方差消除的 Python 应用 | 174
14.8 异方差实例的 Python 应用 | 175

15 自相关及 Python 应用 | 181

15.1 自相关的概念 | 181
15.2 自相关产生的原因 | 181
15.3 自相关的后果 | 183
15.4 自相关的识别和检验 | 183
15.5 自相关的处理方法 | 185
15.6 自相关性诊断与消除的 Python 应用 | 187
15.7 金融市场数据自相关性诊断与消除的 Python 应用 | 190

第 3 篇 量化投资组合与资产定价理论及应用

16 资产组合的期望收益与风险及 Python 应用 | 197

16.1 持有期收益率 | 197
16.2 单项资产的期望收益率 | 198
16.3 单项资产的风险 | 198
16.4 单项资产的期望收益和风险的估计量及 Python 应用 | 199
16.5 单项资产之间的协方差与相关系数及 Python 应用 | 200
16.6 资产组合的期望收益和风险及 Python 应用 | 203

17 资产组合均值方差模型及 Python 应用 | 206

17.1 资产组合的可行集 | 206

17.2　有效边界与有效组合 | 207
17.3　标准均值方差模型及 Python 应用 | 208
17.4　两基金分离定理 | 213
17.5　投资组合有效边界的 Python 绘制 | 214
17.6　马科维茨投资组合优化的 Python 应用 | 217

18　马科维茨资产组合优化及 Python-cvxopt 工具应用 | 224
18.1　资产组合期望收益率与风险的计算 | 224
18.2　马科维茨资产组合的优化和有效前沿 | 227
18.3　真实股票市场的回测 | 228

19　存在无风险资产的均值方差模型及 Python 应用 | 232
19.1　存在无风险资产的均值方差模型的 Python 应用 | 232
19.2　无风险资产对最小方差组合的影响 | 234
19.3　存在无风险资产的两基金分离定理及其 Python 应用 | 236
19.4　预期收益率与贝塔关系式 | 237
19.5　一个无风险资产和两个风险资产组合的 Python 应用 | 238
19.6　默顿定理的 Python 应用 | 241
19.7　布莱克-利特曼模型及 Python 应用 | 242

20　资本资产定价模型及 Python-statsmodels 应用 | 245
20.1　资本资产定价模型假设 | 245
20.2　资本市场线及 Python 应用 | 245
20.3　证券市场线及 Python 应用 | 248
20.4　价格型资本资产定价模型及 Python 应用 | 250
20.5　资本资产定价模型实际数据的 Python 应用 | 252

第 4 篇　量化投资策略分析

21　市场中性策略分析或贝塔对冲策略分析 | 257
21.1　贝塔对冲模型 | 257
21.2　贝塔对冲策略 | 257
21.3　市场风险对冲策略案例 | 258
21.4　市场风险对冲的进一步分析 | 262

22　量化选股策略分析 | 265
22.1　小市值量化选股策略 | 265
22.2　基本面财务指标的量化选股策略 | 267

23 量化择时策略分析 | 270
- 23.1 Talib 技术分析工具库在量化择时中的应用 | 270
- 23.2 海龟量化择时策略 | 274
- 23.3 金叉死叉双均线量化择时策略 | 275

24 量化选股与量化择时组合策略分析 | 279
- 24.1 量化纯选股策略 | 279
- 24.2 量化选股与量化择时组合策略 | 281

25 统计套利的协整配对交易策略分析 | 283
- 25.1 协整的基本知识 | 283
- 25.2 平稳性检验及实例 | 285
- 25.3 基于 BigQuant 平台统计套利的协整配对交易策略 | 287
- 25.4 基于 Python 环境的配对交易策略 | 294

26 人工智能机器学习量化投资策略分析 | 307
- 26.1 机器学习算法分类 | 307
- 26.2 常见的机器学习算法及 Python 代码 | 307
- 26.3 支持向量机及其在商业银行信用评级中的应用 | 318
- 26.4 基于 Python 环境支持向量机在量化交易中的应用 | 325

第1篇

Python工具介绍

1
量化投资及 Python 简介、下载、安装与启动

1.1 量化投资基础

1.1.1 量化投资的概念

量化就是把"定义"指标化、数据化。例如,你说你喜欢身材好的美女,我们没法给你介绍,因为身材好没有统一的标准。但是,如果你说你想要身高 170cm 以上、体重 50kg 以内、胸围超过 90cm、腰围小于 70cm 的美女。人们就懂了。这就是量化。

那么,什么是量化投资呢？ 就是把你的想法通过数据和计算模型来验证和落实,它集金融(主要是投资组合、资产定价、基础分析、技术分析等)、数理(优化、统计与计量、数学)、计算机知识(数据库技术、人工智能技术、计算机高级语言 Python、R、Matlab、Stata等)为一体,投资者将自己在金融市场中的一些实践经验或感悟,通过数理模型进行具体的量化,设计出相应的交易规则,最后利用计算机系统自动按照交易规则进行程序化交易。比如,你可以将你选定的几只股票设定为:在下跌 5％的时候买入,在上涨 10％的时候抛出。观察这一方法在过去两年的贯彻结果,以此调整你的策略。

量化投资的最大好处在于,不仅可以在决策过程中避免主观臆断和情绪影响,而且能够发现复杂的数据规律,快速抓住交易机会。

价值投资和趋势投资(技术分析)是引领过去一个多世纪的投资方法,随着计算机技术的发展,已有的投资方法和计算机技术相融合,产生了量化投资。

简单来说,量化投资与传统投资的关系比较类似于西医与中医的关系。量化投资与传统投资最鲜明的区别就是模型的应用,这就类似于医学上对仪器的应用。中医主要通过望、闻、问、切等医疗手段,很大程度上借助于中医师长期积累的经验进行诊断,定性的程度大一些。西医则不同,西医主要借助于现代仪器,病人需要去拍 X 光片、做 B 超、进行化验等,各项检查结果均有详细的数据评价标准,借此判断症结所在,进而对症下药。具体的比较如表 1-1 所示。

表 1-1　传统投资和量化投资的区别

投资策略	处理信息的能力	认知偏差	风险控制能力
传统投资	弱	大	弱
量化投资	强	无	强

医生治疗病人的疾病。那么，投资者治疗市场的疾病。那么，市场的疾病是什么？就是错误定价和估值，没病或病得比较轻，意味着市场是有效的或弱有效的；病得越严重，市场越无效。投资者将资金投资于被低估的证券，直到把它的价格抬升到合理的价格水平。

传统投资如同中医，更多地依靠经验和感觉判断病在哪里；量化投资如同西医，依靠模型进行判断，模型对于量化投资经理的作用就像CT机对于医生的作用。在每一天的投资操作之前，投资经理会先用模型对整个市场进行一次全面的检查和扫描，据此做出投资决策。

1.1.2　量化投资的优势

量化投资的优势在于纪律性、系统性、及时性、准确性和分散化。

（1）纪律性。严格执行投资策略，不因投资者情绪的变化而随意更改。这样不仅可以克服人性的弱点，如贪婪、恐惧、侥幸心理，还可以克服认知偏差。

（2）系统性。量化投资的系统性体现在多层次的量化模型、多角度的观测及海量数据的处理能力等。多层次的量化模型包括大类资产配置模型、行业选择模型、精选个股模型等。多角度的观察主要包括从宏观周期、市场结构、价值评估、成长性、盈利质量、市场情绪等多个角度进行分析。此外，海量数据的处理能力能够更好地在广大的资本市场上捕捉到更多的投资机会。

（3）及时性。即及时、快速地跟踪市场变化，不断发现能够提供超额收益的新的统计模型，寻找新的交易机会。

（4）准确性。即准确、客观地评价交易机会，克服主观情绪偏差，进而实现盈利。

（5）分散化。在控制风险的条件下，量化投资可以充当分散化投资的工具，主要表现为两个方面：一是量化投资不断地从历史中挖掘有望在未来重复的历史规律并加以利用，这些历史规律都是较大概率取胜的策略；二是依靠股票组合取胜，而不是依靠一只或几只股票取胜，从投资组合的理念看也应捕捉大概率取胜的股票组合，而不是押宝于单只股票。

1.1.3　量化投资的历史、现状和未来

1. 量化投资的历史与现状

提起量化投资，就不得不提量化投资的标杆——华尔街传奇人物詹姆斯·西蒙斯（James Simons）。这位独具慧眼的投资巨擘，有着一份足以支撑其赫赫名声的光鲜履历：20岁获得学士学位，23岁博士毕业于加州大学伯克利分校，24岁成为哈佛大学数学

系最年轻的教授，37岁与中国数学家陈省身联合发表了题为"典型群和几何不变式"的著名论文，并开创了著名的陈—西蒙斯理论，40岁运用基本面分析法设立了自己的私人投资基金，43岁与普林斯顿大学数学家亨利·劳费尔（Henry Laufer）重新开发了交易策略并由此从基本面分析转向数量分析，45岁正式成立了文艺复兴科技公司（Renaissance Technologies Corp.），最终笑傲江湖，成为勇执牛耳的投资霸主。

这条看似青云直上的成名之路，再次为世人印证了一个道理——当代的技术创新，其实大多源自跨学科的资源整合，而不是从无到有的发明创造。具体来说，即使睿智如西蒙斯，在最初之时，他也没有直接想到运用量化方法投资，而是和众多投资者一样着眼于外汇市场，但野心勃勃的西蒙斯并不甘于只是简单地因循传统的投资策略。随着经验的不断累积，他开始思考，为何不运用他最为熟悉的数学方法搭建投资模型，从而能够科学精准地预测货币市场的变动走势？这一大胆的跨学科尝试，最终彻底改变了他的人生走向。

通过将数学理论巧妙融合到投资实战之中，西蒙斯从一个天资卓越的数学家摇身一变，成为投资界首屈一指的"模型先生"，其运作的大奖章基金（Medallion Fund）1989—2009年的平均年收益率为35%，若算上44%的收益提成，则该基金实际年化收益率高达60%，比同期标准普尔500指数年均收益率高出二十多个百分点，即使相较于金融大鳄索罗斯和股神巴菲特的操盘表现，也要遥遥领先十几个百分点。最为难能可贵的是，纵然是在次贷危机全面爆发的2008年，大奖章基金的投资收益率仍可稳稳保持在80%左右的惊人水准。西蒙斯通过将数学模型和投资策略相结合，逐步走上了投资神坛，开创了由他扛旗的量化时代，他的骤富神话更让世人对量化投资有了最为直观而浅显的认识：量化投资不仅能赚钱，而且能赚很多钱。

但金融行业瞬息万变，老天也没有一味垂青这位叱咤风云的"模型先生"。2012年以来，由西蒙斯掌印的文艺复兴科技公司可谓祸事不断、厄运缠身，其麾下的"文艺复兴机构期货基金"（RIFF）2011年仅实现盈利增长1.84%，到2012年，更是破天荒地亏损了3.17%，这一亏损幅度甚至超过同年巴克莱CTA指数的平均降幅（1.59%）。RIFF主要通过全球范围的期货和远期交易实现绝对收益，虽属文艺复兴科技公司旗下规模较小的基金产品，但作为公司的明星"印钞机"，其收益率竟会一下暴跌至行业平均水平，难免让众人始料不及。到2012年年底，RIFF的资产规模已缩减至7.88亿美元，远远低于2011年的40亿美元。到2012年10月底，文艺复兴科技公司最终宣布正式关闭RIFF，一代"文艺"明星RIFF就此陨落。

量化投资在海外的发展已有三十多年的历史，投资业绩稳定，市场规模和份额不断扩大，得到越来越多投资者的认可。国外量化投资的兴起和发展主要分为三个阶段：

第一阶段（1971—1977年）。

1971年，世界上第一只被动量化基金由巴克莱国际投资管理有限公司发行。1977年，世界上第一只主动量化基金也是由巴克莱国际投资管理有限公司发行的，发行规模达到70亿美元，是美国量化投资的开端。

第二阶段(1977—1995年)。

1977—1995年,量化投资在海外经历了一个缓慢的发展进程,这其中受到诸多因素的影响,随着信息技术和计算机技术领域取得的巨大进步,量化投资才迎来了高速发展的时代。

第三阶段(1995年至今)。

从1995年到现在,量化投资技术逐渐趋于成熟,同时为大家所接受。在全部的投资中,量化投资大约占比30%,指数类投资全部采用量化技术;在主动积极投资中,约有20%—30%采用量化技术。

事实上,互联网的发展使得新概念在世界范围的传播速度非常快,作为一个概念,量化投资并不算新,国内投资者早有耳闻。但是,真正的量化基金在国内还处于初级发展阶段。

因为我国A股的特殊性,在A股市场上使用量化策略,好比盲人摸象。市场上最早的几只量化基金,业绩一度饱受诟病。人们对量化基金的争议主要集中于两点:一是A股市场是否有量化基金生存的土壤,二是基金的量化策略是否可以经受市场长期的检验。

2. 量化投资的未来

相较于海外成熟市场,A股市场的发展历史较短,投资者队伍参差不齐,投资理念还不够成熟,留给主动投资者发掘市场非有效性、产生阿尔法收益的潜力和空间也更大。投资理念多元化,也创造出多元分散的阿尔法机会。

量化投资的技术和方法在国内几乎没有竞争者。中医治疗中医擅长的疾病、西医治疗西医擅长的疾病,如果把证券市场看作一个病人,每个投资者就是医生,定性投资者挖掘定性投资的机会,治疗定性投资的疾病。现在的证券市场上,定性投资者较多,机会少,竞争激烈;量化投资者较少,机会多,竞争小。这给量化投资创造了良好的发展机遇——当其他人都摆西瓜摊的时候,我们摆了一个苹果摊。

随着2010年4月股指期货的出台,国内量化投资市场的发展潜力逐渐显现,已有北京大学汇丰商学院、上海交通大学安泰经济与管理学院投入数百万元设立了专业的量化投资金融实验室,并开办了量化投资高级研修班,为国内量化投资的市场发展提供了良好的学术和实战环境。

1.1.4 量化投资的应用与流程

1. 量化投资应用

量化投资一般应用于科学分析、市场监测、交易执行。

科学分析主要是运用计算机技术对历史数据进行处理,最终得出一个结论。比如:投资者如果想要知道每股收益这个财务数据是否可以作为投资参考,其可以通过对历史数据进行分析处理,分别买入每股收益较高的股票并持有一段时间和每股收益较低的股票并持有一段时间,如果买入的每股收益较高的股票的获利能力远大于每股收益较低的股票的获利能力,那么证明在过去一段时间内,股票的每股收益数据确实会影响股价的涨跌；反之，则不然。

市场监测主要是运用计算机程序，对整个市场进行实时监控，包括个股价格波动、市场消息、突发事件等。目前中国的上市公司有 3 000 多家，如果依靠人工去监测整个市场动态，将会消耗大量的人力、物力和财力，并且最终效果很可能达不到预期，而量化投资的市场监测功能能较好地解决这个问题。

交易执行主要是运用计算机程序，精确、及时地完成交易工作。一般而言，多账户、多策略的交易执行需要通过计算机程序实现。人工无法同时操作多个账户，存在交易不精确、处理过于迟缓的弊端。此处，计算机程序还能实现算法交易，能有效地降低交易成本。

2. 量化投资流程

一般而言，量化投资的流程为：数据—研发和回测—交易执行（见图 1-1）。

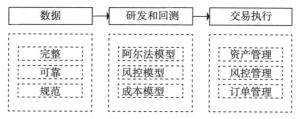

图 1-1　量化投资流程

（1）数据。量化投资需要对大量的数据进行分析与研究，这些数据应当是完整、可靠、规范的，从而确保最终的分析和研究结论正确、可靠。

（2）研发和回测。量化投资在研发策略的过程中要考虑阿尔法模型、风控模型、成本模型。阿尔法模型用于实现策略的投资逻辑，风控模型用于控制风险，成本模型则能最大化收益。

（3）交易执行。交易执行需要考虑资产管理、风控管理、订单管理。资产管理主要有资金使用、资金分配等。风控管理主要是控制账户的风险和外部风险，如网络中断、计算机故障等。订单管理主要是对订单进行再处理，如真实交易中存在的未完成订单。

量化投资的有效方式是使用量化策略。按照客观、准确的交易规则构建策略，并在历史数据上进行回测，当回测结果通过评估审核后才可以称得上是一个可进行实盘交易的量化策略，许多私募在实盘交易之前还有一个模拟交易阶段。

3. 量化投资基础知识

量化投资基础知识包括数学与统计、计算机、金融学三方面的内容。

数学与统计方面，包括微积分、线性代数、优化理论、概率统计基础、线性回归等知识点。

计算机方面，主要有两点：一是会编程，二是会做数据分析。

金融学方面，主要有金融市场、公司金融、投资学等，要是能够通过注册金融分析师（Chartered Financial Analyst，CFA）就更好，因为顺利通过 CFA 考试意味着具备了专业的金融知识。

4. 在量化平台上设计量化策略

首先设定一些初始值,比如本金、回测的时间区间等。

接下来选择股票,既可以定义一定的股票池,也可以定义一个选股范围,通过买卖条件来筛选。

之后设定买卖的条件,在什么情况下买入和卖出,这是策略中最为关键的部分。

基于上述步骤,我们可以加入一些更为复杂的风险规避机制,或者增加交易费用等细节,使得历史回测的结果更接近真实交易情况。

这样就可以形成一个完整的量化策略。

1.2 为什么选择 Python 工具

Python 是面向对象的程序设计语言,自 1991 年诞生至今,已经逐渐被广泛应用于处理系统管理任务、大数据和 Web 编程等方面,目前已成为最受欢迎的程序设计语言之一。那么,Python 为什么能够在众多的脚本语言中脱颖而出呢?简单来说,有以下五方面的原因:

(1) Python 可以在多种计算机操作系统中运行(Unix/Linux,Windows,MacOS,Ubuntu 等)。

(2) Python 能够实现交互式命令输出。对于非专业的程序员而言,他们都希望边编写程序,边查看结果。

(3) Python 是开源免费的,有很多强大且易用的标准库。对于非专业的程序员而言,使用这些标准库可以免去自己编写的烦恼。

(4) Python 是一种解析性的、面向对象的程序设计语言。

(5) Python 是可以连接多种语言的胶水语言。

Python 有 2 个版本 Python2.X 和 Python3.X,因此有人称 Python 为"双管枪"。

表 1-2 是 Python 与其他数据分析语言的对比情况。

表 1-2 Python 与其他数据分析语言的对比情况

软件名称	费用	处理逻辑	版本更新	编程难度	应用场景
Python	免费	内存计算	快	难	广
R	免费	内存计算	快	难	中
MATL	收费	内存计算	中	中	广
Stata	××	内存计算	中	易	窄
SAS	××	非内存计算	慢	中	窄
SPSS	××	内存计算	中	易	窄
Excel	××	内存计算	中	难	窄

Python 的主要工具库如表 1-3 所示。

表 1-3 Python 的主要工具库

模块名称	简介	网址
Matplotlib	Matplotlib 可能是 Python 2D 绘图领域使用最广泛的库。它能让使用者很轻松地将数据图形化，并且提供多样化的输出格式	https://matplotlib.org/1.5.1/
NumPy	NumPy(Numeric Python)系统是 Python 一种开源的数值计算扩展；NumPy 提供了许多高级的数值编程工具，如矩阵数据类型、矢量处理以及精密的运算库，专门用于进行严格的数字处理	https://www.numpy.org/
SciPy	SciPy 是一款方便、易于使用、专为科学和工程设计的Python 工具包，包括统计、优化、整合、线性代数模块、傅里叶变换、信号和图像处理、常微分方程求解器等	https://www.scipy.org/
Pandas	Pandas 是基于 NumPy 的一种工具，是为了解决数据分析任务而创建的；Pandas 纳入了大量库和一些标准的数据模型，提供了高效地操作大型数据集所需的工具，以及大量能使我们快速、便捷地处理数据的函数和方法	https://pandas.pydata.org/pandas-docs/version/0.19.2/
Seaborn	该模块是一个统计数据可视化库	http://seaborn.pydata.org
Scikit-Learn	Scikit-Learn 是基于 Python 的机器学习模块，基于 BSD 开源许可证；其基本功能主要分为六个部分：分类、回归、聚类、数据降维、模型选择和数据预处理；Scikit-Learn 中的机器学习模型非常丰富，包括支持向量机、决策树、梯度下降树等，可以根据问题的类型选择合适的模型	https://scikit-learn.org/0.17/
Statsmodels	Statsmodels 主要提供一些互补 SciPy 统计计算的功能，包括描述性统计、统计模型估计及推断	https://www.statsmodels.org/stable/index.html
TA-Lib	技术分析指标库	http://mrjbq7.github.io/ta-lib/funcs.html
Theano	Python 深度学习库	http://deeplearning.net/software/theano/
TensorFlow	谷歌基于 DistBelief 进行研发的第二代人工智能学习系统	https://www.tensorflow.org/
Keras	高阶神经网络开发库，可在 TensorFlow 或 Theano 上运行	https://keras.io/

目前国内外主流的量化投资平台如下：

1. 国内主流的量化投资平台

东部地区：上海优矿（https://uqer.datayes.com），杭州果仁网（https://guorn.com）；

南部地区：深圳米筐（https://www.ricequant.com/welcome）；

西部地区：成都人工智能量化（https://bigquant.com）；

北部地区：北京聚宽（https://www.joinquant.com）。

2. 国外主流的量化投资平台

Quantopian（https://www.quantopian.com）、Quantpedia（http://www.quantpedia.com）。

3. 量化投资主要的数据源

国内 tushare 财经数据接口网站（http://www.tushare.org/）；

国内证券宝财经数据接口网站（http://baostock.com/baostock/index.php）；

国外财经数据接口网站（https://www.quandl.com/，部分收费）；

使用 yfinance 工具获取财经数据（获取数据不稳定）；

使用 pandas_datareader 工具获取财经数据（获取数据不稳定）。

接下来对国内主流的量化投资平台做一个简单介绍：

优矿

成立时间：2015 年 10 月

服务：可以自己编写代码，生成策略（有代码显示）

语言：Python

目标客户：刚入门的宽客，有编程基础

数据库：全面

回测用时：以秒记（动图的形式）

支持的功能：

（1）IPython Notebook 与回测引擎的整合可做参数优化

（2）支持分钟线回测及日数据仿真交易

（3）公共分析库支持不少不常用的金融算法

（4）可自定义库，复用自己的模块

优势：

（1）数据全面

（2）有比赛可以进行交流

（3）有适用于高频交易的专业版

果仁网

成立时间：2015 年 8 月

服务：选取参数，自动生成策略（没有代码）

语言：未知

目标客户：一般投资者

数据库：国内上市的 A 股和交易所交易基金(Exchange Trade Fund，ETF)

回测用时：以秒记

支持的功能：重点客户考虑对冲

优势：

(1) 因子选择界面，观感最好

(2) 回测快

(3) 将对冲考虑在内

米筐

成立时间：2014 年 12 月

服务：自己编写代码生成策略

语言：Python，Java

目标客户：有经验的宽客

数据库：A 股(2005 年至今)

回测用时：以分钟记

支持的功能：

(1) 针对 FOF[①] 投资的客户关系管理

(2) 支持用户分组

(3) 自动邮件提醒

(4) 数据更新选项

优势：

(1) 使用 RQBeta[②] 回测绩效分析结果，展示丰富

(2) 视觉设计和文档做得非常棒，特别是回测结果页面，观感十分舒适

(3) 定期举办比赛

人工智能量化

成立时间：2016 年 4 月

服务：选取参数，自动生成策略(使用机器学习，并配有代码)

语言：Python

目标客户：一般股民

数据库：A 股

回测用时：十分钟左右

优势：

(1) 可供选择的因子多

(2) 门槛低

[①] FOF 即 Fund of Funds，是专门投资其他基金的基金。

[②] RQBeta 是米筐科技针对中国市场开发的一套量化业绩归因和风险管理系统。

聚宽

成立时间：2015 年 5 月

服务：选取参数，自动生成策略；可以自己编写代码，生成策略（有代码显示）

语言：Python，R

目标客户：有经验的宽客

数据库：全面

回测用时：以分钟记（动图的形式）

支持的功能：

（1）支持日级、分钟级回测

（2）支持日级、分钟级、tick 级模拟交易

（3）免费提供 A 股行情、财务数据、指数数据、基金数据

优势：

（1）期货、期权有数据，但要自己做

（2）支持回测中访问网络

（3）社区活跃，有很多不错的 ETF 策略

（4）有销售策略活动

（5）应用程序接口丰富且友好

1.3　Python 工具的下载

1. 下载安装 Python 执行文件

Python 工具可在网站 www.python/org.downloads 下载。目前，最新版是 Python3.8.3 和 Python2.7.18，在上述网站找到其中之一，即可下载相应的 Python 执行文件，双击执行文件，按照相应提示操作即可安装 Python。

Python 内置很多函数和模块，但这些函数和模块的功能有限，Python 的强大功能更多的是通过第三方库或其他模块来实现。如果函数库或模块没有内置于 Python 环境中，则需要先下载安装相应的函数库或模块，然后才能使用。一般通过 pip 指令来安装，安装指令为：pip install name（如 NumPy）。

2. 下载 Anaconda

Python 执行文件需要安装许多库，安装起来比较复杂。如果专注于科学计算功能，可直接安装 Anaconda。Anaconda 是 Python 的科学计算环境，内置 Python 安装程序，其主要优势如下：

（1）安装简单，下载 Anaconda 的.exe 执行文件，双击执行文件即可。

（2）配置众多科学计算包，Anaconda 集合了 400 个以上的科学计算与数据分析功能包，如 NumPy、Pandas、SciPy、Matplotlib 和 IPython，只要安装 Anaconda，这些配置包就能成功内置。

（3）支持多种操作系统，兼容 Python 多种版本（可相互切换）。

下载 Anaconda 可登录网站：https://www.anaconda.com/products/individual 和 https://mirrors.tuna.tsinghua.edu.cn/help/anaconda/。

Anaconda 安装包界面如图 1-2 所示。

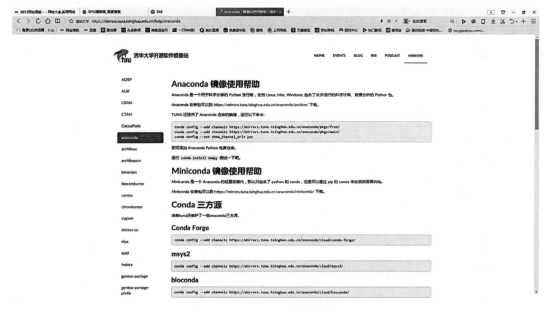

图 1-2　Anaconda 安装包界面(1)

单击图 1-2 中的 https://mirrors.tuna.tsinghua.edu.cn/anaconda/archive/，出现图 1-3 所示的界面。

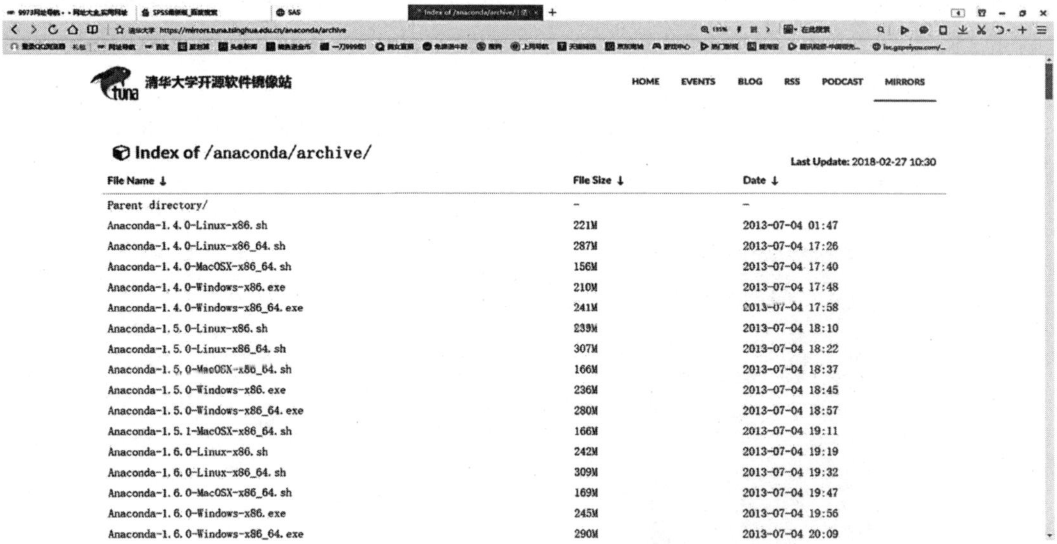

图 1-3　Anaconda 安装包界面(2)

在图 1-4 所示界面中的倒数第一行找到 Anaconda3-5.1.0-Windows-x86_64.exe，即可得到用作量化投资分析的 Python 套装软件工具。

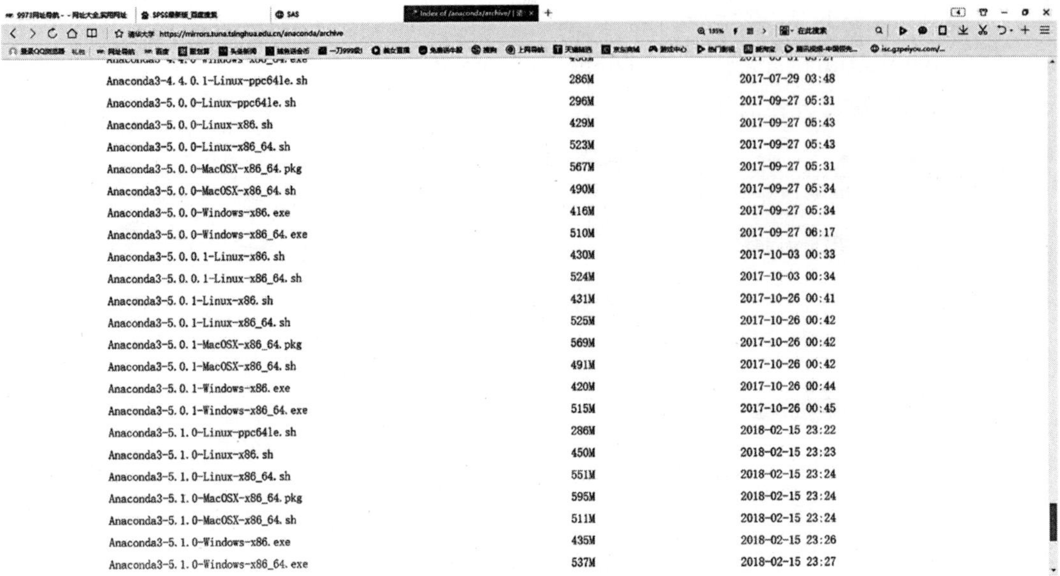

图 1-4　Anaconda3-5.1.0-Windows-x86-64.exe 界面

Anaconda3-5.1.0-Windows-x86_64.exe 工具提供了 Python 做量化投资的丰富资源，包括 Pandas、Numpy、SciPy、Statsmodels、Matplotlib 等一系列的程序包以及 Python 用户开发工作环境。要了解 Python 的其他程序包，可到 https://anaconda.org 网站搜索。

1.4　Python 工具的安装

Python 在 Windows 环境中安装有数个版本，如 Anaconda2-2.4.1-Windows-x86.exe（32 位）版本，以及 Anaconda3-5.1.0-Windows-x86_64.exe 版本。本书使用的是 Anaconda3-5.1.0-Windows-x86_64.exe 版本。

双击已下载的 Anaconda3-5.1.0-Windows-x86_64.exe 应用程序，即可得到如图 1-5 所示的界面。

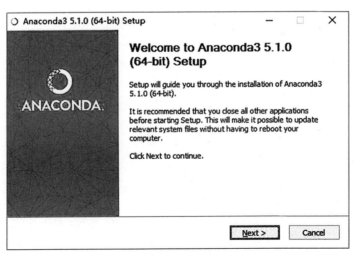

图 1-5　安装界面(1)

单击图 1-5 中的 Next 按钮,得到如图 1-6 所示的界面。

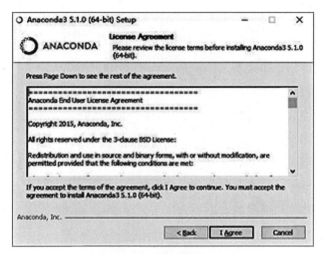

图 1-6　安装界面(2)

单击图 1-6 中的 I Agree 按钮,得到如图 1-7 所示的界面。

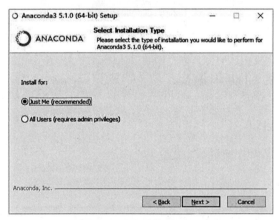

图 1-7　安装向导(1)

单击图 1-7 中的 Next 按钮,得到如图 1-8 所示的界面。

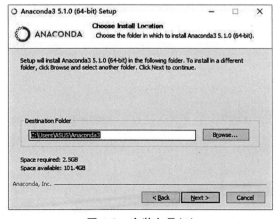

图 1-8　安装向导(2)

单击图 1-8 中的 Next 按钮，即可完成 Python 套装软件的安装，得到如图 1-9 所示的界面。

图 1-9　安装完成后的界面

1.5　Python 工具的启动和退出

1. Python 工具的启动

单击图 1-9 中的 Spyder 图标，即可启动 Python 的用户界面，得到如图 1-10 所示的界面。

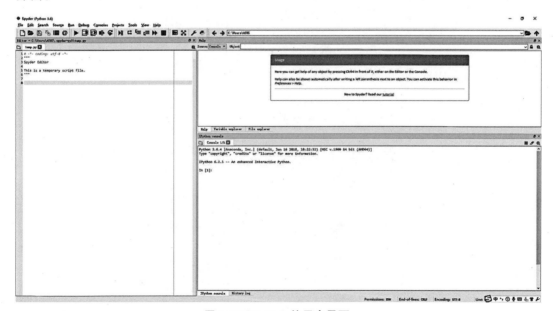

图 1-10　Python 的用户界面

2. Python 工具的退出

在图 1-10 中单击菜单栏 File 下的 Quit 命令，即可退出 Python。

练习题

在网站 https://mirrors.tuna.tsinghua.edu.cn/help/anaconda/ 下载最新的 Python 工具，并保存和安装到你指定的目录，练习启动 Python 和退出 Python 的操作。

2

Python 基础知识与编程基础

2.1 Python 基础知识

在正式介绍 Python 之前,先了解两个基本操作。

1. 基本的输入输出

可以在 Python 中使用+、-、*、/直接进行四则运算。

```
1+3*3
10
```

2. 导入模块

使用 import 可以导入模块,导入之后,就可以使用该模块下的函数。比如导入 math 模块,然后使用 math 模块下的 sqrt 函数:

```
import math
math.sqrt(9)
3.0
```

注意:上面的语句直接输入 sqrt(9)是会报错的,有什么办法可以不用每次都带前缀呢?解决办法是:用"from 模块 import 函数"的格式先把函数"拿"出来。

```
from math import sqrt
sqrt(9)
3.0
```

这样每次使用 sqrt 函数的时候就不用再加 math 前缀了。然而,math 模块下有很多函数,可不可以写一个语句,使 math 模块下的所有函数都可以直接使用?解决方法如下:

```
from math import *
print (sqrt(9))
print (floor(32.9))
3.0
32.0
```

2.2　Python 数据结构

1. 容器

Python 中有一种名为容器的数据结构。顾名思义,容器是指装数据的器具,主要包括**序列和字典**,其中序列又主要包括**列表、元组、字符串**等。列表的基本形式为[1,3,6,10]或者['yes','no','OK'];元组的基本形式为(1,3,6,10)或者('yes','no','OK');字符串的基本形式为'hello'。

以上几种属于序列,序列中的每一个元素都被分配一个序号,即元素的位置,也称"索引"。第一个索引,即第一个元素的位置是 0,第二个是 1,以此类推。列表和元组的区别主要在于,列表可以修改,而元组不能(注意,列表用方括号而元组用圆括号)。序列的这个特点,使得我们可以利用索引来访问序列中的某个或某几个元素。比如:

a=[1,3,6,10]
a[2]
6
b=(1,3,6,10)
b[2]
6
c='hello'
c[0:3]
'hel'

与序列对应的"字典"则不一样,字典是一个无序的容器,它的基本形式如下:

d={7:'seven',8:'eight',9:'nine'}

这是一个"键—值"映射的结构,因此字典不能通过索引来访问其中的元素,而要根据键来访问其中的元素:

d={7:'seven',8:'eight',9:'nine'}
d[8]
'eight'

2. 序列的一些通用操作

除了上面说到的索引,列表、元组、字符串等序列还有一些共同的操作。
(1) 索引(补充上面)。
序列最后一个元素的索引也可以用-1,倒数第二个也可以用-2,以此类推。

a=[1,3,6,10]
print (a[3])
print (a[-1])
10

10

（2）分片。

使用分片操作来访问一定范围内的元素,它的格式为:

a[开始索引:结束索引:步长]

那么访问的是,从"开始索引"的元素,到"结束索引"-1的元素,每间隔"步长"个元素访问一次,步长可以忽略,默认步长为1。

```
c='hello'
c[0:3]
'hel'
```

这个就好像把一个序列分成几片,所以叫作"分片"。

（3）序列相加。

即将两种序列合并在一起,只有相同类型的序列才能相加。

```
[1,2,3]+[4,5,6]
[1, 2, 3, 4, 5, 6]
'hello,'+'world! '
'hello,world! '
```

（4）成员资格。

为了检查一个值是否在序列中,可以用 in 运算符。

```
a='hello'
print ('o' in a)
True
print ('t' in a)
False
```

3. 列表操作

以上是序列共有的一些操作,列表也有自己独有的操作,这是其他序列所没有的。

（1）List 函数。

可以通过 List 函数把一个序列转换成一个列表:

```
list('hello')
['h', 'e', 'l', 'l', 'o']
```

（2）元素赋值、删除。

```
元素删除——del a[索引号]
元素赋值——a[索引号]=值
a
'hello'
b=list(a)
```

```
b
['h', 'e', 'l', 'l', 'o']
del b[2]
b
['h', 'e', 'l', 'o']
b[2]='t'
b
['h', 'e', 't', 'o']
```

(3) 分片赋值。

为列表某一范围内的元素赋值,即在"开始索引"到"结束索引"的区间为几个元素赋值,比如利用上面语句,如何把 hello 变成 heyyo?

```
b=list('hello')
b
['h', 'e', 'l', 'l', 'o']
b[2:4]=list('yy')
b
['h', 'e', 'y', 'y', 'o']
```

注意:虽然"ll"处于"hello"这个单词的第 2 号和第 3 号索引的位置,但赋值时是用 b[2:4]而不是 b[2:3],另外注意 list()用小括号。

(4) 列表方法。

上面说过 List 函数,函数这个东西在很多语言中都有,比如 Excel 里面的 if 函数、vlookup 函数,SQL 里面的 count 函数,以及各种语言中都有的 sqrt 函数等,Python 中也有很多函数。

Python 的列表方法就是属于列表的函数,它可以对列表实现一些比较深入的操作,方法这样调用:

对象.方法(参数)

那么,列表方法的调用理所当然就是:

列表.方法(参数)

常用的列表方法如下所示,以 a=['h','e','l','l','o']为例:

```
a=['h','e','l','l','o']
a
['h', 'e', 'l', 'l', 'o']
```

给列表 a 的 n 索引位置插入一个元素 m:a.insert(n,m):

```
a.insert(2,'t')
a
['h', 'e', 't', 'l', 'l', 'o']
```

给列表 a 的最后添加元素 m：a.append(m)：

a.append('q')

a

['h', 'e', 't', 'l', 'l', 'o', 'q']

返回列表 a,元素 m 第一次出现的索引位置：a.index(m)

a.index('e')

1

删除列表 a 中的第一个 m 元素：a.remove(m)

a.remove('e')

a

['h', 't', 'l', 'l', 'o', 'q']

将列表 a 从大到小排列：a.sort()

a.sort()

a

['h', 'l', 'l', 'o', 'q', 't']

4. 字典操作

（1）dict 函数。

dict 函数可以通过关键字参数来创建字典,格式为：

dict(参数 1=值 1,参数 2=值 2,…)={参数 1:值 1,参数 2=值 2,…}

比如,如何创建一个名字(name)为 jiayounet、年龄(age)为 27 的字典。

dict(name='jiayounet',age=27)

{'age': 27, 'name': 'jiayounet'}

（2）基本操作。

字典的基本操作与列表在很多地方是相似的,下面以序列 a=[1,3,6,10]、字典 f={'age': 27, 'name': 'shushuo'}为例,如表 2-1 所示。

表 2-1 列表与字典的基本操作

功能	列表操作		字典操作	
	格式	例	格式	例
求长度	len(列表)	len(a) 4	len(字典)	len(f) 2
找到某位置上的值	列表[索引号]	a[1] 3	字典[键]	f['age'] 27

(续表)

功能	列表操作		字典操作	
	格式	例	格式	例
元素赋值	列表[索引号]=值	a[2]=1 a [1,3,1,10]	字典[键]=值	f['age']=28 f {'age':28,'name':'shushuo'}
元素删除	del 列表[索引]	del a[1] a [1,6,10]	del 字典[键]	del f['name'] f 'age':27
成员资格	元素 in 列表	1 in a True	键 in 字典	'age' in f True

2.3 Python 函数

1. 定义规则

介绍列表方法的时候已经说过函数,函数可以自行定义,格式如下:

def 函数名(参数):输入函数代码

函数代码中,return 表示返回的值。比如,定义一个平方函数 square(x),输入参数 x,返回 x 的平方:

def square(x):return x * x
square(9)
81

又如,我们要定义一个两数相加的函数,操作如下:

def add_2int(x, y):
return x + y
print (add_2int(2, 2))
4

2. 定义变参数函数

有时需要定义参数个数可变的函数,有几个方法可以做到。
(1) 给参数指定默认值。

比如,定义参数 f(a,b=1,c='hehe'),那么在调用的时候,后面两个参数可以定义也可以不定义,不定义的话默认为 b=1,c='hehe',由此如下调用均可:

f('dsds');
f('dsds',2);

f('dsds',2,'hdasda');

(2) 参数关键字。

上面的方法等于固定了参数的位置,第一个值就是第一个参数的赋值。而"参数关键字"方法,其实是固定了参数关键字,比如仍然定义参数 f(a,b=1,c='hehe'),调用的时候可以用关键字来固定:

f(b=2,a=11)

位置可以动,只要指出参数关键字即可。

2.4 Python 条件与循环

注意,Python 是用缩进来标示哪一段属于条件与循环。

1. if 语句

需要注意:一是缩进,二是条件后面有冒号。

j=2.67
if j<3:
　　print ('j<3')

结果:j<3

对于多条件,elseif 要写成 elif,标准格式为:

if 条件 1:
　　执行语句 1
elif 条件 2:
　　执行语句 2
else:
执行语句 3

if…elif…else 三个是并列的,不能有缩进:

t=3
if t<3:
　print ('t<3')
elif t==3:
　print ('t=3')
else:
　print ('t>3')

结果:t=3

2. while true/break 语句

该语句的格式为:

while true 即条件为真:

```
    执行语句
if 中断语句条件:break
```

例如:

```
a=3
while a<10:
   a=a+1
   print (a)
   if a==8: break
4
5
6
7
8
```

虽然 while 后面的条件是 a<10,即若 a 小于 10 则一直执行,但是 if 条件中规定了 a 为 8 时中断,因此输出只能到 8。

3. for 语句

例如,可以遍历一个序列/字典等。

```
a=[1,2,3,4,5]
for i in a:
   print (i)
1
2
3
4
5
```

4. 列表推导式:轻量级循环

列表推导式是指利用其他列表来创建一个新列表的方法,工作方式类似于 for 循环,格式为:

```
[输出值 for 条件]
```

当满足条件时,输出一个值,最终形成一个列表:

```
[x * x for x in range(10)]
[0, 1, 4, 9, 16, 25, 36, 49, 64, 81]
[x * x for x in range(10) if x % 3==0]
[0, 9, 36, 81]
```

上述例子就是利用序列[0,1,2,3,4,5,6,7,8,9]生成一个新的序列。

2.5 Python 类与对象

1. 类与对象

类是一个抽象的概念,它不存在于现实中的时间或空间里,只是为所有的对象定义了抽象的属性与行为。就好像"Person"(人)这个类,虽然可以包含很多个体,但它本身不存在于现实世界中。

而对象是类的一个具体,是一个实实在在存在的东西。如果上面说的"人"是一个抽象的类,那么你自己就是这个类里一个具体的对象。

一个类的对象也称一个类的实例。打个比方,类好比一个模具,对象就是用这个模具造出来的具有相同属性和方法的具体事物。

用这个模具创造一个具体事物,就称为类的实例化。

2. 定义一个类

下面看一个具体的类:

```
class boy:
gender='male'
interest='girl'
def say(self):
return 'i am a boy'
```

上面的语句定义了一个类 boy,我们根据这个类的模型构造一个具体的对象:

```
peter=boy()
```

现在来看看 peter 这个具体的实例有哪些属性和方法。

属性和方法是"类"的两种表现,静态的叫属性,动态的叫方法。比如"人"类的属性有姓名、性别、身高、年龄、体重等,"人"类的方法有走、跑、跳等。

```
peter.gender
'male'
peter.interest
'girl'
peter.say()
'i am a boy'
```

这里的 gender 和 interest 是 peter 的属性,而 say 是 peter 的方法。

再实例化另一个对象,比如 sam:

```
sam=boy()
sam.gender
'male'
sam.interest
```

'girl'
sam.say()
'i am a boy'

那么 sam 和 peter 有一样的属性和方法。

在本章中,我们学习了 Python 的基础知识和操作,了解了几种主要的容器类型、函数、循环、条件和类等,这样我们对 Python 有了一个大致的了解。

练习题

在 Python 环境中再操作一遍本章的例题。

3

Python 数据存取

3.1 Python-NumPy 数据存取

在科学计算与量化投资分析的过程中，往往需要保存一些数据，也经常需要把保存的这些数据加载到程序中，在 Matlab 中我们可以用 save 和 lood 函数很方便地予以实现。类似地，在 Python 中，我们可以用 numpy.save() 和 numpy.load() 函数达到类似的效果，还可以用 scipy.io.savemat() 将数据保存为 .mat 格式，用 scipy.io.loadmat() 读取 .mat 格式的数据，达到可以和 Matlab 进行数据互动的效果。

下面对上述函数分别做介绍。

1. Python-NumPy 数据保存 numpy.save()

numpy.save(arg_1,arg_2) 需要两个参数，arg_1 是文件名，arg_2 是要保存的数组。例如：

```
import numpy as np
a=np.mat('1,2,3;4,5,6')
b=np.array([[1,2,3],[4,5,6]])
np.save('a.npy',a)
np.save('b.npy',b)
```

这时 Python 的当前工作路径下就会多出 a.npy 和 b.npy 两个文件。当然，我们也可以给出具体的路径，例如 np.save('F:/2glkx/data/a.npy',a)，把数据保存在 F:/2glkx/data 目录中。

2. Python-NumPy 数据读取 numpy.load()

下面把保存的这两个数据文件导入 Python：

```
data_a=np.load('a.npy')
data_b=np.load('b.npy')
print 'data_a \n',data_a,'\n the type is',type(data_a)
print 'data_b \n',data_a,'\n the type is',type(data_b)
```

```
data_a
[[1 2 3]
 [4 5 6]]
the type is <type 'numpy.ndarray'>
data_b
[[1 2 3]
 [4 5 6]]
the type is <type 'numpy.ndarray'>
```

我们可以看到,这一过程把原本为矩阵的 a 变为数组型。

如果想同时保存 a、b 到同一个文件中,我们可以用 np.savez() 函数,具体操作如下:

```
np.savez('ab.npz',k_a=a,k_b=b)
c=np.load('ab.npz')
print c['k_a']
print c['k_b']
```

得到如下输出结果:

```
[[1 2 3]
 [4 5 6]]
[[1 2 3]
 [4 5 6]]
```

这时的 c 是一个字典,可以通过关键字取出我们需要的数据。

3.2 Python-Scipy 数据存取

Python-Scipy 数据存取的方法如下:

首先用 scipy.io.savemat() 创建 .mat 文件,该函数有两个参数,一个文件名和一个包含变量名和取值的字典。

```
import numpy as np
from scipy import io
a=np.mat('1,2,3;4,5,6')
b=np.array([[1,1,1],[2,2,2]])
io.savemat('a.mat', {'matrix': a})
io.savemat('b.mat', {'array': b})
```

至此,Python 的当前工作路径下多了 a.mat 和 b.mat 两个文件。

3.3 Python-Pandas 的 csv 格式数据文件存取

Python-Pandas 的 csv 格式数据文件的存取,可以通过 p.to_csv() 和 pd.read_csv()

函数来解决，实例如下：

```
import pandas as pd
import numpy as np
a=['apple','pear','watch','money']
b=[[1,2,3,4,5],[5,7,8,9,0],[1,3,5,7,9],[2,4,6,8,0]]
d=dict(zip(a,b))
d
p=pd.DataFrame(d)
p
p.to_csv('F:\\2glkx\\data\\IBM.csv')
```

在 Excel 中打开 IBM.csv 数据文件，得到如图 3-1 所示的数据。

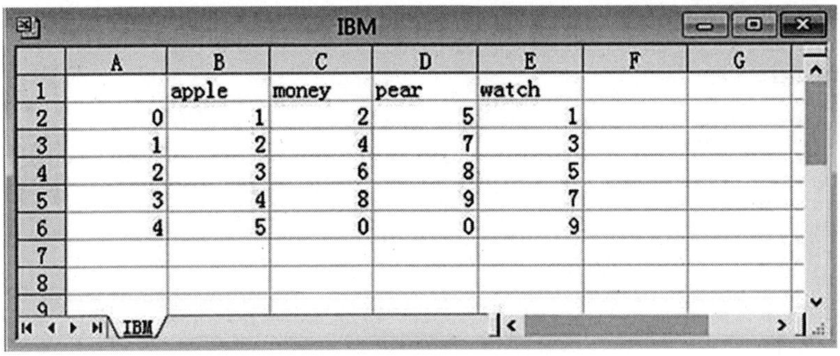

	A	B	C	D	E	F	G
1		apple	money	pear	watch		
2	0	1	2	5	1		
3	1	2	4	7	3		
4	2	3	6	8	5		
5	3	4	8	9	7		
6	4	5	0	0	9		
7							
8							

图 3-1　IBM.csv 中的数据

程序语言如下：

```
pd.read_csv('F:\\2glkx\\data\\IBM.csv')
```

得到如下数据：

```
Out[14]:
      Unnamed:0   apple   money   pear   watch
0         0         1       2       5      1
1         1         2       4       7      3
2         2         3       6       8      5
3         3         4       8       9      7
4         4         5       0       0      9
```

3.4　Python-Pandas 的 excel 格式数据文件存取

Python-Pandas 的 excel 格式数据文件的存取，可以通过 pd.read_excel()和 pd.read_csv()函数来实现。实例如下：

在 G 盘的\\2glkx\\data\\目录下建立一个名为 al3-1.xls 的 Excel 文件，如图 3-2 所示。

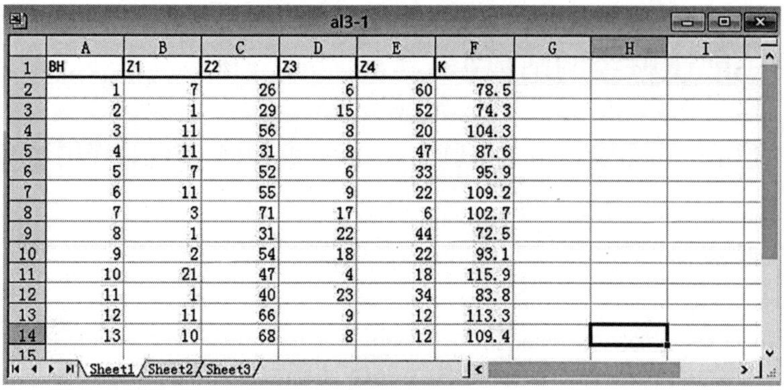

	A	B	C	D	E	F
1	BH	Z1	Z2	Z3	Z4	K
2	1	7	26	6	60	78.5
3	2	1	29	15	52	74.3
4	3	11	56	8	20	104.3
5	4	11	31	8	47	87.6
6	5	7	52	6	33	95.9
7	6	11	55	9	22	109.2
8	7	3	71	17	6	102.7
9	8	1	31	22	44	72.5
10	9	2	54	18	22	93.1
11	10	21	47	4	18	115.9
12	11	1	40	23	34	83.8
13	12	11	66	9	12	113.3
14	13	10	68	8	12	109.4

图 3-2　建立 Excel 文件

通过如下命令读取 Excel 文件中的数据：

```
import pandas as pd
import numpy as np
df=pd.read_excel('F:\\2glkx\\data\\al3-1.xls')
df.head()
```

得到如下数据：

```
Out[23]:
BH  Z1  Z2  Z3  Z4    K
0   17  26  6   60   78.5
1   21  29  15  52   74.3
23  11  56  8   20  104.3
34  11  31  8   47   87.6
4   57  52  6   33   95.9
```

3.5　读取并查看数据表列

准备工作完成后，开始读取数据，这里我们使用一组 Z1 和 Z2 的数据。将这组数据读取到 Python 中并取名为 data，通过 head 函数查看数据表中前 5 行的内容。以下是数据读取和查看的代码和结果：

```
import pandas as pd
import numpy as np
data=pd.DataFrame(pd.read_excel('F:\\2glkx\\data\\al3-1.xls'))
data.head()
```

在 data 数据表中，我们将 Z1 设置为自变量 X，将 Z2 设置为因变量 Y，并通过 shape 函数查看两个变量的行数，每个变量 13 行，这是一个完整数据表的行数。

```
X=np.array(data[['Z1']])
Y=np.array(data[['Z2']])
X.shape,Y.shape
```

3.6 读取 Tushare 财经网站数据

我们可以使用 Python 的 Pandas 读取 Tushare 财经网站数据,代码如下:

```
import tushare as ts
import pandas as pd
import numpy as np
symbols=['600000', '000980', '000981']
data=pd.DataFrame()
data1=ts.get_hist_data('600000','2016-01-01','2016-10-1')
data1=data1['close']
data1=data1[::-1]
data['600000']=data1
data2=ts.get_hist_data('000980','2016-01-01','2016-10-1')
data2=data2['close']
data2=data2[::-1]
data['000980']=data2
data3=ts.get_hist_data('000981','2016-01-01','2016-10-1')
data3=data3['close']
data3=data3[::-1]
data['000981']=data3
data.info()
<class 'pandas.core.frame.DataFrame'>
Index: 166 entries, 2016-01-04 to 2016-09-30
Data columns (total 3 columns):
600000    166 non-null float64
000980    106 non-null float64
000981    137 non-null float64
dtypes: float64(3)
memory usage: 4.5+ KB
```

从上可见,三只股票的数据记录不一致,有些股票有 null 值。

```
data=data.dropna()
data.info()
<class 'pandas.core.frame.DataFrame'>
Index: 106 entries, 2016-04-12 to 2016-09-09
Data columns (total 3 columns):
600000    106 non-null float64
000980    106 non-null float64
000981    106 non-null float64
```

dtypes: float64(3)

memory usage: 2.9+ KB

从上可见,三只股票的数据记录一致,null 值消除。

data.head()

Out[13]:

date	600000	000980	000981
2016-04-12	17.62	6.82	9.20
2016-04-13	17.75	7.50	9.25
2016-04-14	17.80	8.25	9.62
2016-04-15	17.89	9.08	9.55
2016-04-18	17.82	9.99	9.30

data.tail()

Out[14]:

date	600000	000980	000981
2016-09-05	16.50	10.10	10.17
2016-09-06	16.42	10.38	10.18
2016-09-07	16.48	10.22	10.19
2016-09-08	16.60	10.30	10.27
2016-09-09	16.55	10.54	10.22

data=data[['600000', '000981']]

data.head()

Out[20]:

date	600000	000981
2016-04-12	17.62	9.20
2016-04-13	17.75	9.25
2016-04-14	17.80	9.62
2016-04-15	17.89	9.55
2016-04-18	17.82	9.30

data.ix[1:4]

Out[21]:

date	600000	000981
2016-04-13	17.75	9.25
2016-04-14	17.80	9.62
2016-04-15	17.89	9.55

data.iloc[:2, :3]

Out[24]:

600000   000981

```
date
2016-04-12    17.62    9.20
2016-04-13    17.75    9.25
```

3.7 Tushare 财经网站数据保存与读取

Tushare 提供的数据存储模块主要是引导用户将数据保存在本地磁盘或数据库服务器上，便于后期的量化分析和回测使用，再以文件格式保存在电脑磁盘上，调用的是 Pandas 本身自带的方法。此处会罗列常用的参数和说明，还会通过实例展示操作的方法。

1. 保存为 csv 数据文件

Pandas 的 DataFrame 和 Series 对象提供了直接保存 csv 格式文件的方法，通过参数设定，可轻松地将数据内容保存于本地磁盘。

常用参数说明：

* path_or_buf：csv 文件存放路径或者 StringIO 对象
* sep：文件内容分隔符，默认为逗号
* na_rep：在遇到 NaN 值时保存为某字符，默认为''空字符
* float_format：float 类型的格式
* columns：需要保存的列，默认为 None
* header：是否保存 columns 名称，默认为 True
* index：是否保存 index，默认为 True
* mode：创建新文件还是追加到现有文件，默认为新建
* encoding：文件编码格式
* date_format：日期格式

注：在设定 path 时，如果目录不存在，程序就会提示 IOError，请先确保目录已经存在于本地磁盘中。

调用方法：

```
import tushare as ts
df=ts.get_hist_data('000875')
df.to_csv('F:/2glkx/data/000875.csv')
df.to_csv('F:/2glkx/data/000875.csv',columns=['open','high','low','close'])
```

2. 读取 csv 数据文件

```
import pandas as pd
import numpy as np
df=pd.read_csv('F:/2glkx/data/000875.csv')
df.head()
Out[7]:
```

Unnamed:0	open	high	low	close
00	9.78	9.95	9.78	9.89
11	9.79	9.83	9.71	9.71
22	9.91	9.94	9.77	9.80
33	9.61	9.93	9.60	9.86
44	9.61	9.75	9.41	9.70

追加数据的方式:

某些时候,可能需要将一些同类数据保存在一个大文件中,这时候就需要将数据追加在同一个文件里,简单举例如下:

```
import tushare as ts
import os
filename='F:/2glkx/data/bigfile.csv'
for code in ['000875', '600848', '000981']:
    df=ts.get_hist_data(code)
    if os.path.exists(filename):
        df.to_csv(filename, mode='a', header=None)
    else:
        df.to_csv(filename)
```

注:如果不考虑 header,那么直接 df.to_csv(filename,mode='a')即可;否则,每次循环都会把 columns 名称添加进去。

3. 保存为 excel 数据文件

Pandas 将数据保存为 excel 格式文件。

常用参数说明:

* excel_writer:文件路径或者 ExcelWriter 对象
* sheet_name:sheet 名称,默认为 Sheet1
* sep:文件内容分隔符,默认为逗号
* na_rep:在遇到 NaN 值时保存为某字符,默认为''空字符
* float_format:float 类型的格式
* columns:需要保存的列,默认为 None
* header:是否保存 columns 名称,默认为 True
* index:是否保存 index,默认为 True
* encoding:文件编码格式
* startrow:在数据的头部留出 startrow 行空行
* startcol:在数据的左边留出 startcol 列空列

调用方法:

```
import tushare as ts
df=ts.get_hist_data('000875')
df.to_excel('F:/2glkx/data/000875.xls')
```

df.to_excel('F:/2glkx/data/000875.xls', startrow=2,startcol=5)

4. 读取 excel 数据文件

对保存的 excel 数据文件进行读取：

```
import pandas as pd
import numpy as np
df=pd.read_excel('F:/2glkx/data/000875.xls')
df.head()
```

Out[8]:

	date	open	high	close	low	volume	price_change	p_change	\
0	2016-09-30	9.78	9.95	9.89	9.78	131285.98	0.18	1.85	
1	2016-09-29	9.79	9.83	9.71	9.71	98927.06	−0.09	−0.92	
2	2016-09-28	9.91	9.94	9.80	9.77	91305.71	−0.06	−0.61	
3	2016-09-27	9.61	9.93	9.86	9.60	172743.69	0.16	1.65	
4	2016-09-26	9.61	9.75	9.70	9.41	196297.12	0.09	0.94	

	ma5	ma10	ma20	v_ma5	v_ma10	v_ma20	turnover
0	9.792	9.791	9.951	138111.91	119221.06	164760.83	0.51
1	9.736	9.789	9.992	143008.49	116914.86	177486.79	0.38
2	9.756	9.808	10.036	146922.54	119919.89	199339.76	0.35
3	9.760	9.809	10.103	144481.56	130811.11	237806.81	0.67
4	9.756	9.845	10.167	123659.19	131849.10	309501.15	0.76

3.8 使用 OpenDataTools 工具获取数据

OpenDataTools 工具提供了股票、期货、汇率、基金、理财、股权质押等丰富的财经数据接口，支持对上海证券交易所、深圳证券交易所等财经数据的获取。例如，证券代码：600000.SH（浦发银行），000002.SZ（万科 A）。

```
fromopendatatools import stock
df, msg=stock.get_quote('600000.SH,000002.SZ')
```

即可得到如下实时行情数据：

	amount	change	float_market_capital	high	is_trading	last	\
0	1.686678e+09	−1.61	2.573549e+11	28.38	False	26.49	
1	2.348517e+08	−0.20	2.686720e+11	9.82	False	9.56	

	low	market_capital	percent	symbol	time	\
0	26.41	2.924271e+11	−5.73	000002.SZ	2018-06-25 15:04:03	
1	9.55	2.806059e+11	−2.05	600000.SH	2018-06-25 15:00:00	

```
turnover_rate       volume
00.63               61581176
10.09               24244380
```

修改程序命令：

df, msg=stock.get_daily('600000.SH', start_date='2017-06-06', end_date='2018-06-26')

即可得到如下实时行情数据：

```
    change   high    last    low     open    percent   symbol      time       \
51  -0.38    10.24   9.92    9.81    10.23   -3.69     600000.SH 2018-06-19
52  -0.03    9.98    9.89    9.87    9.92    -0.30     600000.SH 2018-06-20
53  -0.06    9.98    9.83    9.75    9.88    -0.61     600000.SH 2018-06-21
54  -0.07    9.83    9.76    9.67    9.83    -0.71     600000.SH 2018-06-22
55  -0.20    9.82    9.56    9.55    9.77    -2.05     600000.SH 2018-06-25

    turnover_rate   volume
51  0.15            42988471
52  0.07            18915740
53  0.08            23636961
54  0.09            25040001
55  0.09            24244380
```

3.9 下载 Yahoo 财经网站数据

在 Yahoo 财经网站 https://finance.yahoo.com/quote/000001.SS/history? ltr＝1 搜索需要的代码，如 000001.ss，使用网站提供的 csv 格式数据下载服务，在图 3-3 的 Historical Data 处单击下载到目录 F:/2glkx/data/处，然后使用命令 sh＝pd.read_csv ('F:/2glkx/data/000001.ss.csv')读取下载的数据。

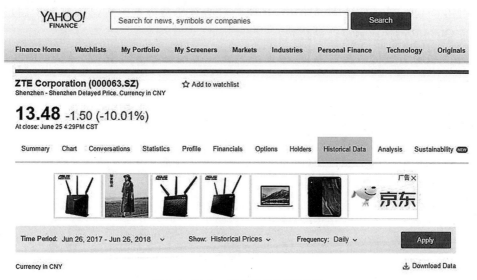

图 3-3　Yahoo 财经数据下载界面

3.10 Python-Quandl 财经数据接口

1. Python-Quandl 包的安装

可以从 https://pypi.org 或 https://github.com 下载 Quandl 包。

注意：Quandl 包的安装因系统而异。

在大多数系统中，启动安装的命令如下：

```
pip install quandl
import quandl
```

在某些系统上，可能需要以下命令：

```
pip3 install quandl
import quandl
```

Quandl 模块是免费的，但是必须拥有 Quandl API 密钥才能下载数据。要获得自己的 API 密钥，需要创建一个免费的 Quandl 账户并设置 API 密钥。

导入 Quandl 模块后，可以使用以下命令设置 API 密钥：

```
quandl.ApiConfig.api_key="YOURAPIKEY"
```

2. Python-Quandl 的使用

Quandl 上的大多数数据集都可以在 Python 中直接使用 Quandl 模块。

使用 Quandl 模块获取财经数据是非常容易的。例如，要想从 FRED 数据库得到美国的 GDP 数据，只需输入如下命令：

```
import quandl
mydata=quandl.get("FRED/GDP")
```

Python-Quandl 包可以免费使用，并授予对所有免费数据集的访问权限。用户只需为访问 Quandl 的优质数据产品付费。

练习题

1. 按照本章的实例，应用 Python-Numpy 的方法存取数据。
2. 按照本章的实例，应用 Python-Scipy 的方法存取数据。
3. 按照本章的实例，应用 Python-Pandas 的方法存取 csv,excel 格式数据。
4. 按照本章的实例，获取 Tushare 上的财经数据。
5. 按照本章的实例，获取 Quandl 上的财经数据。

4

Python 工具库 NumPy 的应用

从本章开始，我们介绍 Python 在量化投资分析中使用最广泛的几个工具库（Library）：(1)NumPy；(2)Scipy；(3)Pandas；(4)Matplotlib。本章介绍 NumPy 的基础知识。

4.1 NumPy 概述

量化投资分析工作涉及大量的数值运算，一个高效、方便的科学计算工具是必不可少的。Python 语言一开始并不是为科学计算而设计的，但是随着越来越多的人发现 Python的易用性，出现了关于 Python 的大量外部扩展，NumPy 就是其中之一。一方面，NumPy 提供了大量的数值编程工具，可以方便地处理向量、矩阵等运算，极大地便利了人们在科学计算方面的工作；另一方面，Python 是免费的，相比于花费高额的费用使用 Matlab，NumPy 的出现使 Python 得到了更多人的青睐。

我们可以简单看一下如何使用 NumPy：

```
import numpy
numpy.version.full_version
'1.14.2'
```

我们使用 import 命令导入 NumPy，并使用 numpy.version.full_version 查出量化实验室里使用的 NumPy 版本为 1.11.1。在后面的介绍中，我们将大量使用 NumPy 中的函数，每次在函数前添加 numpy 作为前缀比较费劲，在之前的介绍中，我们提及引入外部扩展模块时的小技巧，即可以使用 from numpy import * 解决这一问题。

Python 的外部扩展成千上万，在使用中很可能会 import 好几个外部扩展模块，如果某个模块包含的属性和方法与另一个模块同名，即所谓的名字空间（namespace）混淆了，就必须使用 import module 来避免名字的冲突，此时最好还是带上前缀。

那么，有没有简单的办法呢？答案是肯定的，我们可以在用 import 扩展模块时添加模块在程序中的别名，这样调用时就不必写全名了。例如，我们使用 np 作为别名并调用 version.full_version 函数：

```
import numpy as np
np.version.full_version
'1.14.2'
```

4.2　NumPy 数组对象

NumPy 中的基本对象是同类型的多维数组(Homogeneous Multidimensional Array),这和 C++中的数组是一致的,例如字符型和数值型就不可共存于同一个数组中。先看例子:

```
a=np.arange(20)
```

这里我们生成了一个一维数组 a,从 0 开始,步长为 1,长度为 20。Python 中的计数是从 0 开始的,R 和 Matlab 的使用者需小心。可以使用 print 查看:

```
print(a)
[ 0  1  2  3  4  5  6  7  8  9 10 11 12 13 14 15 16 17 18 19]
```

我们可以通过 type 函数查看 a 的类型,这里显示 a 是一个 array:

```
type(a)
numpy.ndarray
```

通过 reshape 函数,我们可以重新构造这个数组。例如,我们可以构造一个 4 * 5 的二维数组,其中 reshape 的参数表示各维度的大小,且按各维顺序排列(二维时就是按行排列,这和 R 中按列排列是不同的):

```
a=a.reshape(4, 5)
print(a)
[[ 0  1  2  3  4]
 [ 5  6  7  8  9]
 [10 11 12 13 14]
 [15 16 17 18 19]]
```

也可以构造更高维的数组:

```
a=a.reshape(2, 2, 5)
print(a)
[[[ 0  1  2  3  4]
  [ 5  6  7  8  9]]

 [[10 11 12 13 14]
  [15 16 17 18 19]]]
```

既然 a 是 array,我们还可以调用 array 的函数进一步查看 a 的相关属性:"ndim"查看维度;"shape"查看各维度的大小;"size"是元素个数,等于各维度大小的乘积;"dtype"查看元素类型;"dsize"查看元素占位大小。

```
a.Ndim
3
a.shape
(2, 2, 5)
a.size
20
a.dtype
dtype('int64')
```

4.3 创建数组

数组的创建可通过转换列表实现,高维数组可通过转换嵌套列表实现:

```
raw=[0,1,2,3,4]
a=np.array(raw)
a
array([0, 1, 2, 3, 4])


raw=[[0,1,2,3,4],[5,6,7,8,9]]
b=np.array(raw)
b
array([[0, 1, 2, 3, 4],
       [5, 6, 7, 8, 9]])
```

一些特殊的数组由特定命令生成,如 4*5 的全零矩阵:

```
d=(4, 5)
np.zeros(d)
array([[0., 0., 0., 0., 0.],
       [0., 0., 0., 0., 0.],
       [0., 0., 0., 0., 0.],
       [0., 0., 0., 0., 0.]])
```

默认生成的类型是浮点型,可以通过指定类型改为整数型:

```
d=(4, 5)
np.ones(d, dtype=int)
array([[1, 1, 1, 1, 1],
       [1, 1, 1, 1, 1],
       [1, 1, 1, 1, 1],
       [1, 1, 1, 1, 1]])
```

[0,1)区间的随机数数组:

```
np.random.rand(5)
array([0.06005608, 0.4479634, 0.42202299, 0.16803542, 0.05508347])
```

4.4 数组操作

+,-,*,/运算都是基于全部数组元素的,以加法为例:

```
a=np.array([[1.0, 2], [2, 4]])
print("a:")
print(a)
b=np.array([[3.2, 1.5], [2.5, 4]])
print("b:")
print(b)
print("a+b:")
print(a+b)
a:
[[1. 2.]
 [2. 4.]]
b:
[[3.2 1.5]
 [2.5 4.]]
a+b:
[[4.2 3.5]
 [4.5 8.]]
```

这里可以发现,a 中虽然仅有一个元素是浮点数,其余均为整数,在处理中 Python 会自动将整数转换为浮点数(因为数组是同质的),并且两个二维数组相加要求各维度大小相同。当然,NumPy 里这些运算符也可以对标量和数组进行操作,结果是数组的全部元素对应这个标量进行运算,还是一个数组:

```
print("3 * a:")
print(3 * a)
print("b + 1.8:")
print(b + 1.8)
3 * a:
[[ 3. 6.]
 [ 6. 12.]]
b + 1.8:
[[5. 3.3]
 [4.3 5.8]]
```

NumPy 同样支持类似 C++,+=,-=,*=,/=的操作符:

```
a /= 2
print(a)
[[0.5 1.]
```

[1. 2.]]

开根号求指数也很容易：

```
print("a:")
print(a)
print("np.exp(a):")
print(np.exp(a))
print("np.sqrt(a):")
print(np.sqrt(a))
print("np.square(a):")
print(np.square(a))
print("np.power(a, 3):")
print(np.power(a, 3))
```

a:
[[0.5 1.]
 [1. 2.]]
np.exp(a):
[[1.64872127 2.71828183]
 [2.71828183 7.3890561]]
np.sqrt(a):
[[0.70710678 1.   ]
 [1.   1.41421356]]
np.square(a):
[[0.25 1.]
 [1.   4.]]
np.power(a, 3):
[[0.125 1.]
 [1.   8.]]

如何求二维数组的最大值和最小值？全部元素的和、按行求和、按列求和如何操作？是使用 for 循环吗？不，NumPy 的 ndarray 已经给出函数了：

```
a=np.arange(20).reshape(4,5)
print("a:")
print(a)
print("sum of all elements in a: " + str(a.sum()))
print("maximum element in a: " + str(a.max()))
print("minimum element in a: " + str(a.min()))
print("maximum element in each row of a: " + str(a.max(axis=1)))
print("minimum element in each column of a: " + str(a.min(axis=0)))
```

a:
[[0 1 2 3 4]
 [5 6 7 8 9]

```
[10 11 12 13 14]
[15 16 17 18 19]]
sum of all elements in a: 190
maximum element in a: 19
minimum element in a: 0
maximum element in each row of a: [ 4  9 14 19]
minimum element in each column of a: [0 1 2 3 4]
```

科学计算中大量使用到矩阵运算,除了数组,NumPy 同时提供矩阵对象(Matrix)。矩阵对象和数组主要有两点差别:一是矩阵是二维的,而数组可以是任意正整数维;二是矩阵的 * 操作符进行的是矩阵乘法,乘号左侧的矩阵列和乘号右侧的矩阵行要相等,而在数组中 * 操作符进行的是每一元素的对应相乘,乘号两侧数组的每一维的大小必须一致。数组可以通过 asmatrix 或 mat 转换为矩阵,直接生成也可以:

```
a=np.arange(20).reshape(4,5)
a=np.asmatrix(a)
print(type(a))
b=np.matrix('1.0 2.0; 3.0 4.0')
print(type(b))
<class 'numpy.matrixlib.defmatrix.matrix'>
<class 'numpy.matrixlib.defmatrix.matrix'>
```

再来看矩阵的乘法,这里使用 arange 函数生成另一个矩阵 b,arange 函数还可以生成等差数列,注意含头不含尾。

```
b=np.arange(2,45,3).reshape(5,3)
b=np.mat(b)
print(b)
[[ 2  5  8]
 [11 14 17]
 [20 23 26]
 [29 32 35]
 [38 41 44]]
```

有人会问,arange 函数指定的是步长,如果想指定生成的一维数组的长度怎么做?linspace 函数就可以做到:

```
np.linspace(0,2,9)
array([0.  , 0.25, 0.5 , 0.75, 1.  , 1.25, 1.5 , 1.75, 2.  ])
```

回到前面的问题,矩阵 a 和 b 做矩阵乘法:

```
print("matrix a:")
print(a)
print("matrix b:")
print(b)
```

```
c=a * b
print("matrix c:")
print(c)
matrix a:
[[ 0  1  2  3  4]
 [ 5  6  7  8  9]
 [10 11 12 13 14]
 [15 16 17 18 19]]
matrix b:
[[ 2  5  8]
 [11 14 17]
 [20 23 26]
 [29 32 35]
 [38 41 44]]
matrix c:
[[ 290  320  350]
 [ 790  895 1000]
 [1290 1470 1650]
 [1790 2045 2300]]
```

4.5 数组元素访问

数组元素的访问可通过下标进行,以下均以二维数组(或矩阵)为例:

```
a=np.array([[3.2,1.5],[2.5,4]])
print(a[0][1])
print(a[0,1])
1.5
1.5
```

可以通过下标访问来修改数组元素的值:

```
b=a
a[0][1]=2.0
print("a:")
print(a)
print("b:")
print(b)
a:
[[3.2 2. ]
 [2.5 4. ]]
```

b:
[[3.2 2.]
 [2.5 4.]]

现在问题来了，明明改的是 a[0][1]，怎么连 b[0][1] 也跟着变了？这个陷阱在 Python 编程中很容易碰上，原因在于 Python 不是真正将 a 复制一份给 b，而是将 b 指到了 a 对应数据的内存地址上。想要真正地复制一份 a 给 b，可以使用 copy：

```
a=np.array([[3.2, 1.5], [2.5, 4]])
b=a.copy()
a[0][1]=2.0
print("a:")
print(a)
print("b:")
print(b)
```

a:
[[3.2 2.]
 [2.5 4.]]
b:
[[3.2 1.5]
 [2.5 4.]]

若对 a 重新赋值，即将 a 指到其他地址上，而 b 仍在原来的地址上：

```
a=np.array([[3.2, 1.5], [2.5, 4]])
b=a
a=np.array([[2, 1], [9, 3]])
print("a:")
print(a)
print("b:")
print(b)
```

a:
[[2 1]
 [9 3]]
b:
[[3.2 1.5]
 [2.5 4.]]

利用 ":" 可以访问某一维的全部数据，例如提取矩阵中的指定列：

```
a=np.arange(20).reshape(4, 5)
print("a:")
print(a)
print("the 2nd and 4th column of a:")
print(a[:,[1,3]])
```

a:
[[0 1 2 3 4]
 [5 6 7 8 9]
 [10 11 12 13 14]
 [15 16 17 18 19]]
the 2nd and 4th column of a:
[[1 3]
 [6 8]
 [11 13]
 [16 18]]

稍微复杂一些,我们尝试取出满足某些条件的元素,这在数据的处理中十分常见,通常用在单行单列上。下面这个例子是将第一列大于 5 的元素(10 和 15)对应的第三列元素(12 和 17)取出:

a[:,2][a[:,0]>5]
array([12, 17])

可使用 where 函数查找特定值在数组中的位置:

loc=numpy.where(a==11)
print(loc)
print(a[loc[0][0], loc[1][0]])
(array([2]), array([1]))
11

4.6 矩阵操作

还是以矩阵(或二维数组)为例,首先来看矩阵转置:

a=np.random.rand(2,4)
print("a:")
print(a)
a=np.transpose(a)
print("a is an array, by using transpose(a):")
print(a)
b=np.random.rand(2,4)
b=np.mat(b)
print("b:")
print(b)
print("b is a matrix, by using b.T:")
print (b.T)
a:
[[0.76580251 0.78005944 0.77557145 0.0109718]

```
[0.8263874  0.13787955 0.03407315 0.90357016]]
a is an array, by using transpose(a):
[[0.76580251 0.8263874 ]
 [0.78005944 0.13787955]
 [0.77557145 0.03407315]
 [0.0109718  0.90357016]]
b:
[[0.17384165 0.34738921 0.14290001 0.88623396]
 [0.09684652 0.9942556  0.49274822 0.63235607]]
b is a matrix, by using b.T:
[[0.17384165 0.09684652]
 [0.34738921 0.9942556 ]
 [0.14290001 0.49274822]
 [0.88623396 0.63235607]]
```

再看矩阵求逆：

```
import numpy.linalg as nlg
a=np.random.rand(2,2)
a=np.mat(a)
print("a:")
print(a)
ia=nlg.inv(a)
print("inverse of a:")
print(ia)
print("a * inv(a)")
print(a * ia)
a:
[[0.05419038 0.57601757]
 [0.68232133 0.99271764]]
inverse of a:
[[-2.92635643  1.69799815]
 [ 2.01136288 -0.15974367]]
a * inv(a)
[[ 1.00000000e+00  6.44454590e-18]
 [-8.60283623e-17  1.00000000e+00]]
```

求特征值和特征向量示例如下：

```
a=np.random.rand(3,3)
eig_value, eig_vector=nlg.eig(a)
print("eigen value:")
print(eig_value)
print("eigen vector:")
```

```
print(eig_vector)
```
eigen value:
[1.70289278 −0.20180921 −0.10074442]
eigen vector:
[[−0.61523442 −0.21615367 0.15474919]
 [−0.59097092 −0.70875596 −0.85385678]
 [−0.52176621 0.67152258 0.49697212]]

尝试按列拼接两个向量为一个矩阵:

```
a=np.array((1,2,3))
b=np.array((2,3,4))
print(np.column_stack((a,b)))
```
[[1 2]
 [2 3]
 [3 4]]

在循环处理某些数据得到结果后,将结果拼接成一个矩阵是十分有用的,可以通过 vstack 和 hstack 函数完成:

```
a=np.random.rand(2,2)
b=np.random.rand(2,2)
print("a:")
print(a)
print("b:")
print(a)
c=np.hstack([a,b])
d=np.vstack([a,b])
print("horizontal stacking a and b:")
print(c)
print("vertical stacking a and b:")
print(d)
```
a:
[[0.09429374 0.45250761]
 [0.09473922 0.99258834]]
b:
[[0.09429374 0.45250761]
 [0.09473922 0.99258834]]
horizontal stacking a and b:
[[0.09429374 0.45250761 0.95528012 0.47546505]
 [0.09473922 0.99258834 0.7211378 0.27975564]]
vertical stacking a and b:
[[0.09429374 0.45250761]
 [0.09473922 0.99258834]

```
[0.95528012 0.47546505]
[0.7211378  0.27975564]]
```

4.7 缺失值

在分析中,缺失值也是信息的一种,NumPy 提供 NaN 作为缺失值的记录,通过 isNaN 函数判定。

```
a=np.random.rand(2,2)
a[0,1]=np.nan
print(np.isnan(a))
[[False  True]
 [False False]]
```

nan_to_num 可用来将 NaN 替换为 0,在后面介绍到更高级的模块 Pandas 时,我们将看到 Pandas 可提供指定 NaN 替换值的函数。

```
print(np.nan_to_num(a))
[[0.60215868 0.        ]
 [0.21752901 0.54991968]]
```

NumPy 模块下还有很多函数,想详细了解可访问 https://numpy.org/doc/stable/reference/。

练习题

对本章中例题数据,使用 Python 重新操作一遍。

5

Python 工具库 SciPy 的应用

上一章介绍了 NumPy,本章着重介绍量化投资中常用的另一个工具库 SciPy。

5.1 SciPy 概述

NumPy 替我们搞定了向量和矩阵的相关操作,基本上算是一个高级的科学计算器。SciPy 则基于 NumPy 提供了更为丰富和高级的功能扩展,在优化、统计、插值、数值积分、时频转换等方面提供了大量的可用函数,基本覆盖了与基础科学计算相关的问题。

例如,联立线性方程组:$x+2y+3z=10, 2x+5y+z=8, 2x+3y+8z=5$,可以用如下 Python 代码求解。

```
import scipy as sp
A=sp.mat('[1 2 3;2 5 1;2 3 8]')
B=sp.mat('[10;8;5]')
A.I * B
np.linalg.solve(A,B)
matrix([[-83.],
        [ 33.],
        [  9.]])
```

在量化投资分析中,应用最广泛的是优化、统计等相关技术,本章重点介绍 SciPy 中的优化和统计模块,其他模块在后文用到时再做详述。

首先导入优化和统计相关的模块。

```
import numpy as np
import scipy.optimize as opt
import scipy.stats as stats
```

5.2 优化方法的 scipy.optimize 应用

在金融领域,许多问题需要用到优化算法来解决。比如,给定目标函数选择最佳资产组合,可以使用 SciPy 模块包含的名为 scipy.optimize 的优化子模块来解决优化问题。假设计算满足方程 $y=3+x^2$ 并且使 y 取最小值的 x 值。显然,当 $x=0$ 时,y 最小。

```
import scipy.optimize as opt
def myf(x):
    return 3+x**2
opt.fmin(myf,5)
```

得到如下结果:

```
Optimization terminated successfully.
         Current function value: 3.000000
         Iterations: 20
         Function evaluations: 40
Out[11]: array([0.])
```

进一步地,我们假设考虑的全部是凸优化问题,即目标函数是凸函数,其自变量的可行集是凸集。(详细定义可参考斯坦福大学 Stephen Boyd 教授所著的《凸优化》(*Convex Optimization*),英文版下载链接为 http://stanford.edu/~boyd/cvxbook)

5.3 利用 CVXOPT 求解二次规划问题

Python 除了可用 optimize 工具处理优化问题,还有其他专门的优化扩展模块,如 CVXOPT 专门用于处理凸优化问题,在约束优化问题上提供了更多的备选方法。

SciPy 中的优化模块还有一些特定的函数,专门处理能够转化为优化求解的一些问题,如方程求根、最小方差拟合等,可到 SciPy 优化部分的指引页面查看。

在实际生活中,我们经常会遇到一些优化问题,简单的线性规划问题可以作图求解,但是当目标函数包含二次项时,则要寻求其他方法。在金融实践中,马科维茨均值-方差模型就能满足实际的二次优化需求。作为金融实践中常用的方法,本节将以 CVXOPT 中求解二次规划的问题为例进行详细说明。

1. 二次规划问题的标准形式

$$\min \quad \frac{1}{2}x^T P x + q^T x, \quad s.t. \, Gx \leqslant h, \, Ax = b \tag{5-1}$$

式(5-1)中,x 为所要求解的列向量,x^T 表示 x 的转置。

我们按步骤对式(5-1)进行相关介绍。

任何二次规划问题都可以转化为式(5-1)的结构。事实上,运用 CVXOPT 的第一步就是将实际的二次规划问题转换为式(5-1)的结构,写出对应的 P、q、G、h、A、b。

目标函数若为求 max,可以通过乘以 -1,将最小化问题转换为最大化问题。

$Gx \leqslant h$ 表示的是所有的不等式约束。同样,诸如 $x \geqslant 0$ 的限制条件,可以通过乘以 -1 转换为"$\leqslant$"的形式。

$Ax = b$ 表示所有的等式约束。

2. 以一个标准的例子说明求解过程

$$\min \frac{1}{2}x^2 + 3x + 4y, s.t. x, y \geqslant 0, x+3y \geqslant 15, 2x+5y \leqslant 100, 3x+4y \leqslant 80$$

在此例中,需要求解的是 x,y,我们可以把它写成向量的形式,同时,也需要将限制条件按照上述标准形式进行调整,用矩阵形式表示,如式(5-2)所示:

$$\min(x,y) \quad \frac{1}{2}\begin{bmatrix}x\\y\end{bmatrix}^T\begin{bmatrix}1 & 0\\0 & 0\end{bmatrix}\begin{bmatrix}x\\y\end{bmatrix}+\begin{bmatrix}3\\4\end{bmatrix}^T\begin{bmatrix}x\\y\end{bmatrix}$$

$$s.t. \begin{bmatrix}-1 & 0 & 0 & -1\backslash-1 & -3 & 2 & 5 & 3 & 4\end{bmatrix}\begin{bmatrix}x\\y\end{bmatrix} \leqslant \begin{bmatrix}0\\0\backslash-15\\100\\80\end{bmatrix} \quad (5\text{-}2)$$

如上所示,目标函数和限制条件均转化成了二次规划的标准形式,这是第一步,也是最难的一步,接下来的事情就简单了。

对比式(5-2)和式(5-1),不难得出:

$$P=\begin{bmatrix}1 & 0\\0 & 0\end{bmatrix}, q=\begin{bmatrix}3\\4\end{bmatrix}, G=\begin{bmatrix}-1 & 0 & 0 & -1\backslash-1 & -3 & 2 & 5 & 3 & 4\end{bmatrix}, h=\begin{bmatrix}0\\0\backslash-15\\100\\80\end{bmatrix}$$

接下来就是几行简单的代码,目的是告诉计算机上面参数的具体数值。

```
from cvxopt import solvers, matrix
P=matrix([[1.0,0.0],[0.0,0.0]])
q=matrix([3.0,4.0])
G=matrix([[-1.0,0.0,-1.0,2.0,3.0],[0.0,-1.0,-3.0,5.0,4.0]])
h=matrix([0.0,0.0,-15.0,100.0,80.0])
sol=solvers.qp(P,q,G,h)
print sol['x']
```

得到如下结果:

```
     pcost       dcost       gap     pres    dres
0:  1.0780e+02  -7.6366e+02  9e+02  1e-16   4e+01
1:  9.3245e+01   9.7637e+00  8e+01  1e-16   3e+00
2:  6.7311e+01   3.2553e+01  3e+01  6e-17   1e+00
3:  2.6071e+01   1.5068e+01  1e+01  2e-16   7e-01
4:  3.7092e+01   2.3152e+01  1e+01  2e-16   4e-01
5:  2.5352e+01   1.8652e+01  7e+00  8e-17   3e-16
6:  2.0062e+01   1.9974e+01  9e-02  6e-17   3e-16
7:  2.0001e+01   2.0000e+01  9e-04  6e-17   3e-16
8:  2.0000e+01   2.0000e+01  9e-06  9e-17   2e-16
Optimal solution found.
[7.13e-07]
[5.00e+00]
```

可见 $x=0.0, y=5.0$。综上,求解的难点不在于代码,而在于将实际优化问题转化为标准形式的过程。

上面的例子中并没有出现等号,当出现等式约束时,过程也是一样的,找到 A, b,然后运行代码 sol=solvers.qp(P, q, G, h, A, b),即可求解。

扩展:上述定义各个矩阵参数用的是最直接的方式,其实也可以结合 NumPy 定义上述矩阵。

```
from cvxopt import solvers, matrix
import numpy as np
P=matrix(np.diag([1.0,0]))
q=matrix(np.array([3.0,4]))
G=matrix(np.array([[-1.0,0],[0,-1],[-1,-3],[2,5],[3,4]]))
h=matrix(np.array([0.0,0,-15,100,80]))
sol=solvers.qp(P,q,G,h)
print sol['x']
```

得到如下结果:

```
     pcost       dcost       gap     pres   dres
 0:  1.0780e+02  -7.6366e+02  9e+02  1e-16  4e+01
 1:  9.3245e+01   9.7637e+00  8e+01  1e-16  3e+00
 2:  6.7311e+01   3.2553e+01  3e+01  6e-17  1e+00
 3:  2.6071e+01   1.5068e+01  1e+01  2e-16  7e-01
 4:  3.7092e+01   2.3152e+01  1e+01  2e-16  4e-01
 5:  2.5352e+01   1.8652e+01  7e+00  8e-17  3e-16
 6:  2.0062e+01   1.9974e+01  9e-02  6e-17  3e-16
 7:  2.0001e+01   2.0000e+01  9e-04  6e-17  3e-16
 8:  2.0000e+01   2.0000e+01  9e-06  9e-17  2e-16
Optimal solution found.
[7.13e-07]
[5.00e+00]
```

3. CVXOPT 在量化投资组合资产配置中的应用

投资组合优化就是要解决如下问题:

$$\min \frac{1}{2}\sigma_P^2 = \frac{1}{2}X^T P X, s.t. \begin{cases} \vec{1}^T X = 1 \\ E(r_P) = \vec{e}^T X \geqslant \mu_0 \end{cases}, \vec{1}^T \text{ 为向量} \vec{1} = \begin{bmatrix} 1 \\ \vdots \\ 1 \end{bmatrix} \text{的转置}, \vec{e}^T \text{ 为向}$$

量 $\vec{e} = \begin{bmatrix} E(r_1) \\ \vdots \\ E(r_n) \end{bmatrix}$ 的转置。

注意,这里的 $E(r_p)=\mu \geqslant \mu$,例如 $\mu_0=0.13$。

$$\min \frac{1}{2}x^T P x + q^T x, s.t. Gx \leqslant h, Ax=b$$

我们给出下列三个资产数据表。

s1	s2	b
0.00	0.070	.06
0.04	0.130	.07
0.13	0.140	.05
0.19	0.430	.04
−0.15	0.670	.07
−0.27	0.640	.08
0.37	0.000	.06
0.24	−0.220	.04
−0.07	0.180	.05
0.07	0.310	.07
0.19	0.590	.1
0.33	0.990	.11
−0.05	−0.250	.15
0.22	0.040	.11
0.23	−0.110	.09
0.06	−0.150	.10
0.32	−0.120	.08
0.19	0.160	.06
0.05	0.220	.05
0.17	−0.020	.07

根据以上数据表求得协方差矩阵为：

0.05212	−0.02046	−0.00026
−0.02046	0.20929	−0.00024
−0.00026	−0.00024	0.00147

三个资产的均值分别为 0.1130、−0.1850、0.0755。

我们编制如下 Python 代码求解三者的投资比例，使得由三个资产组成的资产组合风险最小。

```
from cvxopt import solvers, matrix
#P= matrix([[0.027433,−0.010768,−0.000133],[−0.010768,0.110153,−0.000124],[−0.000133,−0.000124,0.000773]])
P=matrix([[0.05212,−0.02046,−0.00026],[−0.02046,0.20929,−0.00024],[−0.00026,−0.00024,0.00147]])
q=matrix([0.0,0.0,0.0])
A=matrix([[1.0],[1.0],[1.0]])
b=matrix([1.0])
G=matrix([[−1.0,0.0,0.0,1.0,0.0,0.0,−0.1130],[0.0,−1.0,0.0,0.0,1.0,0.0,−0.1850],[0.0,0.0,−1.0,0.0,0.0,1.0,−0.0755]])
h=matrix([0.0,0.0,0.0,1.0,1.0,1.0,−0.13])
```

```
sol=solvers.qp(P,q,G,h,A,b)
print sol['x']
print sol
```

得到如下结果：

```
     pcost        dcost         gap      pres     dres
 0:  1.1276e-02  -3.3616e+00   1e+01   2e+00   4e-01
 1:  1.3759e-02  -1.5235e+00   2e+00   2e-02   5e-03
 2:  1.6416e-02  -7.0537e-02   9e-02   1e-03   3e-04
 3:  1.5256e-02   7.2943e-03   8e-03   9e-05   2e-05
 4:  1.4367e-02   1.3910e-02   5e-04   6e-07   1e-07
 5:  1.4314e-02   1.4309e-02   5e-06   6e-09   1e-09
 6:  1.4314e-02   1.4314e-02   5e-08   6e-11   1e-11
Optimal solution found.
[5.06e-01]
[3.24e-01]
[1.69e-01]
{'status': 'optimal', 'dual slack': 1.806039796747772e-09, 'iterations': 6, 'relative gap': 3.683302827853541e-06, 'dual objective': 0.014313726166982559, 'gap': 5.272178806796808e-08, 'primal objective': 0.01431377886845612, 'primal slack': 1.1767433021045898e-08, 's': <7x1 matrix, tc='d'>, 'primal infeasibility': 5.899080906312396e-11, 'dual infeasibility': 1.4865206484913074e-11, 'y': <1x1 matrix, tc='d'>, 'x': <3x1 matrix, tc='d'>, 'z': <7x1 matrix, tc='d'>}
```

可见，资产1的投资比例为51%，资产2的投资比例为32%，资产3的投资比例为17%，投资组合风险（最小方差）的一半 $\frac{1}{2}x^{\mathrm{T}}Px+q^{\mathrm{T}}x=0.014314$。

5.4 统计方法的 scipy.stats 应用

1. 生成随机数

我们从生成随机数开始，这样方便后面的介绍。生成 n 个随机数可用 rv_continuous.rvs(size=n)或 rv_discrete.rvs(size=n)，其中 rv_continuous 表示连续型随机分布，如均匀分布（Uniform Distribution）、正态分布（Normal Distribution）、贝塔分布（Beta Distribution）等；rv_discrete 表示离散型随机分布，如伯努利分布（Bernoulli Distribution）、几何分布（Geometric Distribution）、泊松分布（Poisson Distribution）等。我们生成 10 个 [0,1] 区间上的随机数和 10 个服从参数 a=4,b=2 的贝塔分布随机数：

```
rv_unif=stats.uniform.rvs(size=10)
print rv_unif
rv_beta=stats.beta.rvs(size=10, a=4, b=2)
print rv_beta
[0.6419336  0.48403001  0.89548809  0.73837498  0.65744886  0.41845577
 0.3823512  0.0985301  0.66785949  0.73163835]
```

```
[0.82164685  0.69563836  0.74207073  0.94348192  0.82979411  0.87013796
 0.78412952  0.47508183  0.29296073  0.52551156]
```

每个随机分布的生成函数都内置了默认的参数,如均匀分布的上下限默认是 0 和 1。可是一旦要修改这些参数,每次生成随机数都要敲这么长一串有点麻烦,能不能简单点? SciPy 里有一个 Freezing 功能,可以提供简便版本的命令。scipy.stats 支持定义某个具体分布的对象,我们可以做如下定义:让 beta 直接指代具体参数 a=4,b=2 的贝塔分布。为了让结果具有可比性,这里指定随机数种子,由 NumPy 提供。

```
np.random.seed(seed=2015)
rv_beta=stats.beta.rvs(size=10, a=4, b=2)
print "method 1:"
print rv_beta
np.random.seed(seed=2015)
beta=stats.beta(a=4, b=2)
print "method 2:"
print beta.rvs(size=10)
method 1:
[0.43857338  0.9411551   0.75116671  0.92002864  0.62030521  0.56585548
 0.41843548  0.5953096   0.88983036  0.94675351]
method 2:
[0.43857338  0.9411551   0.75116671  0.92002864  0.62030521  0.56585548
 0.41843548  0.5953096   0.88983036  0.94675351]
```

2. 假设检验

现在我们生成一组数据,并查看相关的统计量(相关分布的参数可以访问链接 https://docs.scipy.org/doc/scipy/reference/stats.html 查询):

```
norm_dist=stats.norm(loc=0.5, scale=2
n=200
dat=norm_dist.rvs(size=n)
print "mean of data is: " + str(np.mean(dat))
print "median of data is: " + str(np.median(dat))
print "standard deviation of data is: " + str(np.std(dat))
mean of data is: 0.437675174955
median of data is: 0.380911679917
standard deviation of data is: 1.90178129595
```

假设这组数据是我们获取到的实际的某些数据,如股票日涨跌幅,接下来对数据进行简单的分析。最简单的是检验这一组数据是否服从假设的分布,如正态分布。这个问题是典型的单样本假设检验问题,最为常见的解决方案是采用 K-S 检验(Kolmogorov-Smirnov Test)。单样本 K-S 检验的原假设是给定的数据来自与原假设相同的分布,SciPy 中提供了 kstest 函数,参数分别是数据、拟检验分布的名称和对应的参数:

```
mu=np.mean(dat)
```

```
sigma=np.std(dat)
stat_val, p_val=stats.kstest(dat, 'norm', (mu, sigma))
print 'KS-statistic D= %6.3f p-value= %6.4f' % (stat_val, p_val)
KS-statistic D=   0.039 p-value=0.9252
```

假设检验的 P 值很大(在原假设下,P 值是服从[0,1]区间上正态分布的随机变量),因此我们接受原假设,即该组数据通过正态性的检验。在正态性的前提下,我们可进一步检验这组数据的均值是否为 0。典型的方法是 t 检验,其中单样本的 t 检验函数为 ttest_1samp:

```
stat_val, p_val=stats.ttest_1samp(dat, 0)
print 'One-sample t-statistic D= %6.3f, p-value= %6.4f' % (stat_val, p_val)
One-sample t-statistic D=   3.247, p-value=0.0014
```

我们看到 P<0.05,在给定显著性水平 0.05 的前提下,我们应拒绝原假设,即数据的均值为 0。我们再生成一组数据,尝试双样本的 t 检验(ttest_ind):

```
norm_dist2=stats.norm(loc=-0.2, scale=1.2)
dat2=norm_dist2.rvs(size=n/2)
stat_val, p_val=stats.ttest_ind(dat, dat2, equal_var=False)
print 'Two-sample t-statistic D= %6.3f, p-value= %6.4f' % (stat_val, p_val)
Two-sample t-statistic D=   4.346, p-value=0.0000
```

注意,这里我们生成的第二组数据样本的大小、方差和第一组均不相等,在运用 t 检验时应使用韦尔奇检验(Welch's t-test),即指定 ttest_ind 中的 equal_var=False。我们同样得到比较小的 P 值,在显著性水平 0.05 的前提下拒绝原假设,即两组数据均值不等。

stats 还提供了其他大量的假设检验函数,如 bartlett 和 levene 用于检验方差是否相等;anderson_ksamp 用于进行安德森-达令(Anderson-Darling)的 K 样本检验等。

3. 其他函数

有时需要知道某数值在一个分布中的分位数,或者给定一个分布,求某分位上的数值。这可以通过 cdf 和 ppf 函数完成:

```
g_dist=stats.gamma(a=2)
print "quantiles of 2, 4 and 5:"
print g_dist.cdf([2, 4, 5])
print "Values of 25%, 50% and 90%:"
print g_dist.pdf([0.25, 0.5, 0.95])
quantiles of 2, 4 and 5:
[0.59399415  0.90842181  0.95957232]
Values of 25%, 50% and 90%:
[0.1947002  0.30326533  0.36740397]
```

对于一个给定的分布,可以用 moment 函数很方便地查看分布的矩信息。例如我们查看 N(0,1)的六阶原点矩:

```
stats.norm.moment(6, loc=0, scale=1)
Out[9]: 15.000000000895124
```

describe 函数提供对数据集的统计描述分析,包括数据样本的大小、极值、均值、方差、偏度和峰度:

```
norm_dist=stats.norm(loc=0, scale=1.8)
dat=norm_dist.rvs(size=100)
info=stats.describe(dat)
print "Data size is: " + str(info[0])
print "Minimum value is: " + str(info[1][0])
print "Maximum value is: " + str(info[1][1])
print "Arithmetic mean is: " + str(info[2])
print "Unbiased variance is: " + str(info[3])
print "Biased skewness is: " + str(info[4])
print "Biased kurtosis is: " + str(info[5])
Data size is: 100
Minimum value is: -4.41884319577
Maximum value is: 5.71520945675
Arithmetic mean is: 0.165282446834
Unbiased variance is: 3.60309718776
Biased skewness is: 0.278066378117
Biased kurtosis is: 0.408791537079
```

当我们知道一组数据服从某些分布的时候,可以调用 fit 函数得到对应分布参数的极大似然估计(Maximum-Likelihood Estimation,MLE)。以下代码示例了假设数据服从正态分布,用极大似然估计分布参数:

```
norm_dist=stats.norm(loc=0, scale=1.8)
dat=norm_dist.rvs(size=100)
mu, sigma=stats.norm.fit(dat)
print "MLE of data mean:" + str(mu)
print "MLE of data standard deviation:" + str(sigma)
MLE of data mean:-0.126592501904
MLE of data standard deviation:1.74446062629
```

pearsonr 和 spearmanr 函数可以计算 Pearson 和 Spearman 相关系数,这两个相关系数度量了两组数据的线性关联程度:

```
norm_dist=stats.norm()
dat1=norm_dist.rvs(size=100)
exp_dist=stats.expon()
dat2=exp_dist.rvs(size=100)
cor, pval=stats.pearsonr(dat1, dat2)
print "Pearson correlation coefficient: " + str(cor)
```

```
cor, pval = stats.spearmanr(dat1, dat2)
print "Spearman's rank correlation coefficient: " + str(cor)
```

Pearson correlation coefficient: −0.078269702955
Spearman's rank correlation coefficient: −0.0667146714671

其中的 P 值表示原假设(两组数据不相关)下相关系数的显著性。

最后,SciPy 也提供在金融数据分析中使用频繁的线性回归,我们来看一个例子:

```
x = stats.chi2.rvs(3, size=50)
y = 2.5 + 1.2 * x + stats.norm.rvs(size=50, loc=0, scale=1.5)
slope, intercept, r_value, p_value, std_err = stats.linregress(x, y)
print "Slope of fitted model is:", slope
print "Intercept of fitted model is:", intercept
print "R-squared:", r_value**2
```

Slope of fitted model is: 1.19360045909
Intercept of fitted model is: 1.90649803845
R-squared: 0.787978596903

在 SciPy 统计功能的网站上,可以查到大部分 stat 中的函数,本节仅做简单介绍,挖掘更多功能的最好方法还是直接读原始的文档。另外,StatsModels 模块提供了更多且更专业的与统计相关的函数。如果 SciPy 没有满足统计的需求,那么可以采用 StatsModels。

有关本章进一步的知识,望参考以下相关网站。

基础优化网站,https://docs.scipy.org/doc/scipy/reference/tutorial/optimize.html
进阶优化网站,https://cvxopt.org
基础统计网站,https://docs.scipy.org/doc/scipy/reference/tutorial/stats.html
进阶统计网站,https://www.statsmodels.org/stable/index.html

练习题

对本章中例题数据,使用 Python 重新操作一遍。

6

Python 工具库 Pandas 的数据结构

6.1 Pandas 介绍

Pandas 是 Python 在数据处理方面功能最为强大的扩展模块。在处理实际的金融数据时,通常包含了多种类型的数据,例如股票代码是字符串,收盘价是浮点型,而成交量是整数型等。在 Python 中,Pandas 包含了高级的数据结构 Series 和 DataFrame,使得在 Python 中处理数据变得非常方便、快速和简单。

Pandas 不同的版本之间存在一些不兼容性,为此,我们需要清楚使用的是哪一个版本。现在我们查看一下 Python 的 Pandas 版本:

```
import pandas as pd
pd.__version__
'0.22.0'
```

Pandas 主要的两个数据结构是 Series 和 DataFrame,随后将介绍如何由其他类型的数据结构得到这两种数据结构,或者自行创建这两种数据结构,我们先导入它们以及相关模块:

```
import numpy as np
from pandas import Series, DataFrame
```

6.2 Pandas 的数据结构:Series

一般意义上讲,Series 可以简单地被认作一维数组。Series 和一维数组最主要的区别在于:Series 具有索引(Index),可以和另一个编程中常见的数据结构哈希(Hash)联系起来。

6.2.1 创建 Series

创建一个 Series 的基本格式是 s=Series(data, index=index, name=name),以下

给出几个创建 Series 的例子。首先，我们从数组创建 Series：

```
a=np.random.randn(5)
print("a is an array:")
print(a)
s=Series(a)
print("s is a Series:")
print(s)
a is an array:
[-0.59756723  0.66740188 -0.20253763 -0.14664976 -0.49104286]
s is a Series:
0   -0.597567
1    0.667402
2   -0.202538
3   -0.146650
4   -0.491043
dtype: float64
```

可以在创建 Series 时添加 index，并可使用 Series.index 查看具体的 index。需要注意的是，当从数组创建 Series 时，如果指定 index，那么 index 的长度要和 data 的长度一致：

```
s=Series(np.random.randn(5), index=['a', 'b', 'c', 'd', 'e'])
print(s)
s.index
a    0.429151
b    0.332632
c   -0.468242
d   -1.452550
e   -2.592455
dtype: float64
Out[38]: Index(['a', 'b', 'c', 'd', 'e'], dtype='object')
```

创建 Series 的另一个可选项是 name，可指定 Series 的名称，可用 Series.name 访问。在随后的 DataFrame 中，每一列的列名在该列被单独提取出来时就成了 Series 的名称：

```
s=Series(np.random.randn(5), index=['a', 'b', 'c', 'd', 'e'], name='my_series')
print(s)
print(s.name)
a    2.276735
b    1.059246
c   -0.162185
d   -0.262463
e    0.643740
```

Name: my_series, dtype: float64
my_series

Series 还可以从字典创建：

d={'a': 0., 'b': 1, 'c': 2}
print("d is a dict:")
print(d)
s=Series(d)
print("s is a Series:")
print(s)
d is a dict:
{'a': 0.0, 'c': 2, 'b': 1}
s is a Series:
a   0.0
b   1.0
c   2.0
dtype: float64

下面是使用字典创建 Series 时指定 index 的情形（index 的长度不必和字典的长度相同）：

Series(d, index=['b', 'c', 'd', 'a'])
Out[33]:
b   1.0
c   2.0
d   NaN
a   0.0
dtype: float64

我们可以观察到两点：一是字典创建的 Series，数据将按 index 的顺序重新排列；二是 index 的长度可以和字典的长度不一致。如果 index 多了的话，Pandas 就会自动为多余的 index 分配 NaN；如果 index 少的话，就会截取部分字典内容。

如果数据是单一变量，如数字 4，那么 Series 将重复这个变量：

Series(4., index=['a', 'b', 'c', 'd', 'e'])
Out[34]:
a   4.0
b   4.0
c   4.0
d   4.0
e   4.0
dtype: float64

6.2.2 Series 数据的访问

访问 Series 数据可以和数组一样使用下标,也可以像字典一样使用索引,还可以使用一些条件过滤:

```
s=Series(np.random.randn(10),index=['a','b','c','d','e','f','g','h','i','j'])
s[0]
Out[5]：-1.8248093940893684
s[:2]
a    -1.824809
b    -2.067370
dtype：float64
s[[2,0,4]]
c    -1.427174
a    -1.824809
e    -0.066631
dtype：float64
s[['e','i']]
e    -0.066631
i     0.540318
dtype：float64
s[s>0.5]
d     0.520091
h     0.770663
i     0.540318
j     1.084185
dtype：float64
'e' in s
Out[10]：True
```

6.3 Pandas 的数据结构：DataFrame

在使用 DataFrame 之前,我们说明 DataFrame 的特性。DataFrame 是将数个 Series 按列合并而成的二维数据结构,每一列单独取出是一个 Series,这与从 SQL 数据库中取出的数据是类似的。所以,按列对一个 DataFrame 进行处理更为方便,用户在编程时应注意培养按列构建数据的思维。DataFrame 的优势在于可以方便地处理不同类型的列,就无须考虑如何对一个全是浮点型的 DataFrame 求逆之类的问题,处理矩阵求逆问题还是把数据存储为 NumPy 的 matrix 类型比较便捷。

6.3.1 创建 DataFrame

如何从字典创建 DataFrame?DataFrame 是一个二维数据结构,是多个 Series 的集

合体。我们先创建一个值是 Series 的字典,并转换为 DataFrame:

d={'one': Series([1., 2., 3.], index=['a', 'b', 'c']), 'two': Series([1., 2., 3., 4.], index=['a','b','c', 'd'])}
df=DataFrame(d)
print(df)
```
   one  two
a  1.0  1.0
b  2.0  2.0
c  3.0  3.0
d  NaN  4.0
```

可以指定所需的行和列,若字典中不含对应的元素,则设置为 NaN:

df=DataFrame(d, index=['r', 'd', 'a'], columns=['two', 'three'])
print(df)
```
   two  three
r  NaN  NaN
d  4.0  NaN
a  1.0  NaN
```

可以使用 DataFrame.index 和 DataFrame.columns 查看 DataFrame 的行和列,DataFrame.values 则以数组形式返回 DataFrame 元素:

print("DataFrame index:")
print(df.index)
print("DataFrame columns:")
print(df.columns)
print("DataFrame values:")
print(df.values)
```
DataFrame index:
Index(['r', 'd', 'a'], dtype='object')
DataFrame columns:
Index(['two', 'three'], dtype='object')
DataFrame values:
[[nan nan]
 [4.0 nan]
 [1.0 nan]]
```

DataFrame 也可以从值为数组的字典创建,但是各个数组的长度应相同:

d={'one': [1., 2., 3., 4.], 'two': [4., 3., 2., 1.]}
df=DataFrame(d, index=['a', 'b', 'c', 'd'])
print(df)
```
   one  two
a  1.0  4.0
```

```
b  2.0  3.0
c  3.0  2.0
d  4.0  1.0
```

当值非数组时,没有长度相同的限制,并且缺失值应补为 NaN:

```
d=[{'a': 1.6, 'b': 2}, {'a': 3, 'b': 6, 'c': 9}]
df=DataFrame(d)
print(df)
     a  b    c
0  1.6  2  NaN
1  3.0  6  9.0
```

在实际处理数据时,有时需要创建一个空的 DataFrame:

```
df=DataFrame()
print(df)
Empty DataFrame
Columns: []
Index: []
```

另一种创建 DataFrame 的方法也十分有用,那就是使用 concat 函数基于 Series 或者 DataFrame 创建一个 DataFrame:

```
import pandas as pd
a=Series(range(5))
b=Series(np.linspace(4, 20, 5))
df=pd.concat([a, b], axis=1)
print(df)
   0     1
0  0   4.0
1  1   8.0
2  2  12.0
3  3  16.0
4  4  20.0
```

其中:axis=1 表示按列进行合并;axis=0 表示按行合并,并且 Series 都处理成一列。比如这里如果选 axis=0 的话,将得到一个 10×1 的 DataFrame。下面这个例子展示了如何按行合并 DataFrame 为一个大的 DataFrame:

```
df=DataFrame()
index=['alpha', 'beta', 'gamma', 'delta', 'eta']
for i in range(5):
    a=DataFrame([np.linspace(i, 5*i, 5)], index=[index[i]])
    df=pd.concat([df, a], axis=0)
print(df)
```

```
         0    1    2    3     4
alpha  0.0  0.0  0.0  0.0   0.0
beta   1.0  2.0  3.0  4.0   5.0
gamma  2.0  4.0  6.0  8.0  10.0
delta  3.0  6.0  9.0 12.0  15.0
eta    4.0  8.0 12.0 16.0  20.0
```

6.3.2 DataFrame 数据的访问

再次强调一下 DataFrame 是以列作为操作基础的，先从 DataFrame 里取一列，再从 Series 里取元素即可。可以使用 DataFrame.column_name 选取列，也可以使用 DataFrame[ ] 选取列，我们发现前一种方法只能选取一列，而后一种方法可以选取多列。若 DataFrame 没有列名，[ ] 可以使用非负整数，也就是通过下标选取列；若有列名，则必须使用列名选取。另外，DataFrame.column_name 在没有列名的时候是无效的：

```
print(df[1])
print(type(df[1]))
df.columns=['a', 'b', 'c', 'd', 'e']
print(df['b'])
print(type(df['b']))
print(df.b)
print(type(df.b))
print(df[['a', 'd']])
print(type(df[['a', 'd']]))
alpha    0.0
beta     2.0
gamma    4.0
delta    6.0
eta      8.0
Name: 1, dtype: float64
<class 'pandas.core.series.Series'>
alpha    0.0
beta     2.0
gamma    4.0
delta    6.0
eta      8.0
Name: b, dtype: float64
<class 'pandas.core.series.Series'>
alpha    0.0
beta     2.0
gamma    4.0
delta    6.0
```

```
eta        8.0
Name: b, dtype: float64
<class 'pandas.core.series.Series'>
         a     d
alpha   0.0   0.0
beta    1.0   4.0
gamma   2.0   8.0
delta   3.0  12.0
eta     4.0  16.0
<class 'pandas.core.frame.DataFrame'>
```

以上代码使用 DataFrame.columns 为 DataFrame 赋列名。我们看到，单独取一列出来，其数据结构显示的是 Series，取两列及两列以上的结果仍是 DataFrame。为了访问特定的元素，可以如 Series 一样使用下标或者索引：

```
print(df['b'][2])
print(df['b']['gamma'])
4.0
4.0
```

若需要选取行，可以使用 DataFrame.iloc 按下标选取，或者使用 DataFrame.loc 按索引选取：

```
print(df.iloc[1])
print(df.loc['beta'])
a    1.0
b    2.0
c    3.0
d    4.0
e    5.0
Name: beta, dtype: float64
a    1.0
b    2.0
c    3.0
d    4.0
e    5.0
Name: beta, dtype: float64
```

还可以使用切片的方式或者布尔类型的向量选取行：

```
print("Selecting by slices:")
print(df[1:3])
bool_vec=[True, False, True, True, False]
print("Selecting by boolean vector:")
print(df[bool_vec])
```

```
Selecting by slices:
       a    b    c    d    e
beta   1.0  2.0  3.0  4.0  5.0
gamma  2.0  4.0  6.0  8.0  10.0
Selecting by boolean vector:
       a    b    c    d     e
alpha  0.0  0.0  0.0  0.0   0.0
gamma  2.0  4.0  6.0  8.0   10.0
delta  3.0  6.0  9.0  12.0  15.0
```

将行与列组合起来选取数据：

```
print(df[['b', 'd']].iloc[[1, 3]])
print(df.iloc[[1, 3]][['b', 'd']])
print(df[['b', 'd']].loc[['beta', 'delta']])
print(df.loc[['beta', 'delta']][['b', 'd']])
       b    d
beta   2.0  4.0
delta  6.0  12.0
       b    d
beta   2.0  4.0
delta  6.0  12.0
       b    d
beta   2.0  4.0
delta  6.0  12.0
       b    d
beta   2.0  4.0
delta  6.0  12.0
```

如果不访问特定的行与列，而只是访问某个特殊位置的元素，那么 DataFrame.at 和 DataFrame.iat 是最快的方式，可以分别使用索引和下标进行访问：

```
print(df.iat[2, 3])
print(df.at['gamma', 'd'])
8.0
8.0
```

DataFrame.ix 可以混合使用索引和下标进行访问，唯一需要注意的是行与列内部必须一致，不可以同时使用索引和下标访问行或列，否则，将会得到意外的结果：

```
print(df.ix['gamma', 4])
print(df.ix[['delta', 'gamma'], [1, 4]])
print(df.ix[[1, 2], ['b', 'e']])
print("Unwanted result:")
print(df.ix[['beta', 2], ['b', 'e']])
```

```
print(df.ix[[1, 2], ['b', 4]])
10.0
        b     e
delta   6.0  15.0
gamma   4.0  10.0
        b     e
beta    2.0   5.0
gamma   4.0  10.0
Unwanted result:
        b     e
beta    2.0   5.0
2       NaN   NaN
        b     4
beta    2.0  NaN
gamma   4.0  NaN
```

如需获取进一步的知识,可访问网站 https://pandas.pydata.org/pandas-docs/version/0.14.1/。

练习题

对本章中的例题,使用 Python 重新操作一遍。

7 Python 绘制图形

7.1 Matplotlib 绘图应用基础

Python 提供了非常多样的绘图功能,利用 Python 提供的工具 Matplotlib 可以绘制二维、三维图形。Seaborn 是 Python 中用于创建信息丰富和有吸引力的统计图形库,它是基于 Matplotlib 的,可以提供多种功能(如内置主题、调色板、函数和工具),以实现单因素、双因素、线性回归、数据矩阵、统计时间序列等的可视化,以便我们进一步构建更加复杂的可视化图形。

Matplotlib 库里的常用对象类的包含关系为:Figure ∋ Axes ∋ (Line2D, Text, etc.)。在 Matplotlib 中用 Axes 对象表示一个绘图区域,可以理解为子图,一个 Figure 对象可以包含多个子图。我们可以使用 subplot()函数快速绘制包含多个子图的图表,它的调用形式如下:

$$subplot(numRows, numCols, plotNum)$$

subplot 将整个绘图区域等分为"numRows(行) * numCols(列)"个子区域,然后按照从左到右、从上到下的顺序对每个子区域进行编号,左上方子区域的编号为 1。如果 numRows,numCols 和 plotNum 这三个数都小于 10 的话,那么可以把它们缩写为一个整数,例如 subplot(323)和 subplot(3,2,3)是相同的。subplot 在 plotNum 指定的区域中创建一个轴对象,如果新创建的轴和之前创建的轴重叠,之前的轴就会被删除。

这里不再详细说明 Matplotlib 在绘图方面的所有功能,因为每个绘图函数都有大量的选项,使得图形的绘制十分灵活多变。

Matplotlib 常用的制图功能有直方图、散点图、气泡图、箱图、饼图、条形图、折线图、曲线标绘图、连线标绘图等,下面我们通过实例说明 Matplotlib 这几种图形绘制方法。

7.2 直方图的绘制

直方图又叫柱状图,是一种统计报告图,由一系列高度不等的纵向条纹或线段表示数据分布情况,一般用横轴表示数据类型,纵轴表示分布情况。通过直方图,可以较为直观地传递有关数据的变化信息,使数据使用者能够较好地观察数据波动的状态,使数据决策者依据分析结果确定在什么地方需要集中力量改进工作。

例 7-1:为了解某公司雇员的销售量和收入情况,我们收集整理了某公司 10 个雇员的销售量和收入等方面的数据,如表 7-1 所示。试绘制直方图以直观呈现公司雇员的有关情况。

表 7-1 某公司雇员的的销售量和收入等情况

EMPID (雇员号)	Gender (性别)	Age (年龄/岁)	Sales (销售量/件)	BMI (体质指数)	Income (收入/美元)
EM001	M*	34	123	正常	350
EM002	F**	40	114	超重	450
EM003	F	37	135	肥胖	169
EM004	M	30	139	超重	189
EM005	F	44	117	超重	183
EM006	M	36	121	正常	80
EM007	M	32	133	肥胖	166
EM008	F	26	140	正常	120
EM009	M	32	133	正常	75
EM010	M	36	133	超重	40

注:* M,Male,男性;**F,Female,女性。

在目录 F:\2glkx\data2 下建立 al7-1.xls 数据文件后,导入图形库和数据集的命令如下:

```
import matplotlib.pyplot as plt
import pandas as pd
import numpy as np
df=pd.read_excel("F:/2glkx/data2/al7-1.xls")
df.head()
```

得到如下数据:

```
   EMPID  Gender Age  Sales  BMI         Income
0  EM001  M      34   123    Normal      350
1  EM002  F      40   114    Overweight  450
2  EM003  F      37   135    Obesity     169
3  EM004  M      30   139    Overweight  189
4  EM005  F      44   117    Overweight  183
```

绘制直方图命令如下：

fig=plt.figure()
ax=fig.add_subplot(1,1,1)
ax.hist(df['Age'],bins=7)
plt.show()

最后得到如图 7-1 所示的结果。

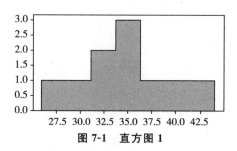

图 7-1　直方图 1

直方图可呈现各雇员年龄的分布情况。

上面的命令比较简单，分析过程及结果达到了解决实际问题的要求。但 Python 的强大之处在于，它同样提供了更加复杂的命令格式以满足用户更加个性化的需求。

1. 给图形增加标题

例如，我们要给图形增加标题：Age distribution。那么，上面的命令应为：

fig=plt.figure()
ax=fig.add_subplot(1,1,1)
ax.hist(df['Age'],bins=7)
plt.title('Age distribution')
plt.show()

输入之后，按回车键，得到如图 7-2 所示的结果。

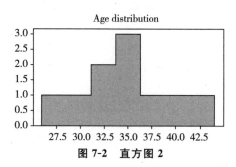

图 7-2　直方图 2

2. 给坐标轴增加符号标签

例如，我们要在图 7-2 的基础上给 X 轴和 Y 轴添加符号标签。那么，上面的命令应为：

fig=plt.figure()
ax=fig.add_subplot(1,1,1)
ax.hist(df['Age'],bins=7)

```
plt.title('Age distribution')
plt.xlabel('Age')
plt.ylabel('#Employee')
plt.show()
```

输入之后,按回车键,得到如图 7-3 所示的结果。

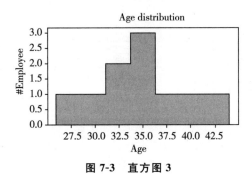

图 7-3　直方图 3

7.3　散点图的绘制

散点图就是点在坐标系平面上的分布图,它对数据预处理有很重要的作用。研究者对数据制作散点图的主要出发点是通过散点图来观察某变量随另一变量变化的大致趋势,据此探索数据之间的关联性,甚至选择合适的函数对数据点进行拟合。

例 7-2:具体数据见例 7-1。

要绘制年龄和销售量的散点图,输入如下命令:

```
fig=plt.figure()
ax=fig.add_subplot(1,1,1)
ax.scatter(df['Age'],df['Sales'])
plt.title('Age & Sales Scatter of Employee')
plt.xlabel('Age')
plt.ylabel('Sales')
plt.show()
```

输入上述命令后,按回车键,得到如图 7-4 所示的结果。

图 7-4　散点图

观察如图 7-4 所示的散点图,可以看出这些雇员的年龄和销售量的有关情况。

7.4 气泡图的绘制

例 7-3:具体数据见例 7-1。

可以通过 scatter()函数中的 s 参数绘制气泡图,如在绘制年龄和销售量的散点图时,通过气泡的大小反映收入的多少,操作命令如下:

```
fig=plt.figure()
ax=fig.add_subplot(1,1,1)
ax.scatter(df['Age'],df['Sales'],s=df['Income'])
#Added third variable income as size of the bubble
plt.xlabel('Age')
plt.ylabel('Sales')
plt.show()
```

输入上述命令后,按回车键,得到如图 7-5 所示的结果。

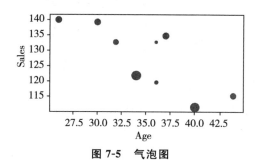

图 7-5 气泡图

观察如图 7-5 所示的气泡图,可以看出这些雇员的年龄和销售量的有关情况,还可以根据气泡的大小了解雇员的收入情况。

7.5 箱图的绘制

箱图又称箱线图、盒须图,是一种用于显示一组数据离散情况的统计图。箱图提供了一种只用 5 个点对数据集做简单总结的方式,这 5 个点包括中点、上下四分位数(Q_3 和 Q_1)、分部状态的高位和低位。数据分析者通过箱图,不仅可以直观明了地识别数据中的异常值,还可以据此判断数据的偏度、尾重以及比较几批数据的形状。

例 7-4:具体数据见例 7-1。

要绘制年龄的箱图,可输入如下命令:

```
import matplotlib.pyplot as plt
import pandas as pd
fig=plt.figure()
ax=fig.add_subplot(1,1,1)
```

```
#Variable
ax.boxplot(df['Age'])
plt.title(' Box figure of Age')
plt.show()
```

输入上述命令后,按回车键,得到如图 7-6 所示的结果。

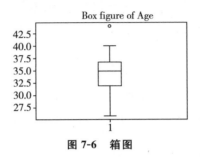

图 7-6 箱图

观察图 7-6,可以了解到很多信息。箱图把所有数据分成了 4 部分,第 1 部分是从顶线到箱子的上部,这部分数据值在全体数据中排名前 25%;第 2 部分是从箱子的上部到箱子中间的线,这部分数据值在全体数据中排名前 25% 以下、50% 以上;第 3 部分是从箱子的中间到箱子底部的线,这部分数据值在全体数据中排名前 50% 以下、75% 以上;第 4 部分是从箱子的底部到底线,这部分数据值在全体数据中排名后 25%。顶线和底线的间距在一定程度上表明数据的离散程度,间距越大表示数据越离散。就本例而言,可以看到年龄的中位数在 35 岁左右,年龄最高值可达 40 岁。

若要绘制多个属性的箱图,可使用如下代码:

```
vars=['Age','Sales']
data=df[vars]
plt.show(data.plot(kind='box'))
```

输入上述命令后,按回车键,得到如图 7-7 所示的结果。

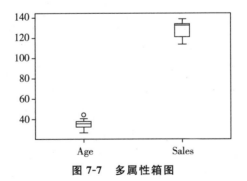

图 7-7 多属性箱图

7.6 饼图的绘制

饼图是数据分析中常见的一种经典图形,因其外形类似于圆饼而得名。在数据分析中,很多时候需要了解数据总体的各个组成部分的占比,我们可以将各个部分与总额相除计算占比,但这种数学比例的表示方法相对抽象,Python 提供了饼图制图工具,能够直接以图形的方式显示各个组成部分的占比,更加形象和直观。

1. 简单饼图的绘制

例 7-5:具体数据见例 7-1。

要绘制饼图,可输入如下命令:

```
var=df.groupby(['Gender']).sum().stack()
temp=var.unstack()
x_list=temp['Sales']
label_list=temp.index
plt.axis("equal")
plt.pie(x_list)
plt.title("Pastafatianism expenses")
plt.show()
```

输入上述命令后,按回车键,得到如图 7-8 所示的结果。

图 7-8　简单饼图

观察图 7-8,可以看出该公司雇员的销售量情况,男雇员销售量占 60% 左右,女雇员销售量占 40% 左右。

2. 复杂饼图绘制的改进

下面给出一个绘制复杂饼图的命令:

```
from pylab import *
figure(1, figsize=(6,6))
ax=axes([0.1, 0.1, 0.8, 0.8])
fracs=[60, 40]
explode=(0, 0.08)
labels='Male', 'Female'
pie(fracs,explode=explode,labels=labels,autopct='%1.1f%%', shadow=True, startangle=90, colors=("g", "r"))
title('Rate of Male and Female')
plt.show()
```

输入上述命令后,按回车键,得到如图 7-9 所示的结果。

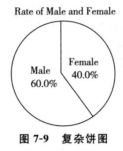

图 7-9 复杂饼图

7.7 条形图的绘制

相对于前面介绍的箱图,条形图本身所包含的信息相对较少,但仍然为平均数、中位数、合计数等多种统计值提供了简单又多样的展示,因而深受研究者的喜爱,经常出现在相关的研究论文或调查报告中。

1. 简单条形图的绘制

例 7-6:具体数据见例 7-1。

输入如下命令,可以绘制条形图。

```
var=df.groupby('Gender').Sales.sum()
# grouped sum of sales at Gender level
fig=plt.figure()
ax1=fig.add_subplot(1,1,1)
ax1.set_xlabel('Gender')
ax1.set_ylabel('Sum of Sales')
ax1.set_title("Gender Sum of Sales")
var.plot(kind='bar')
```

输入上述命令后,按回车键,得到如图 7-10 所示的结果。

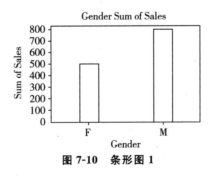

图 7-10 条形图 1

观察图 7-10,可以看出该公司男雇员的总销售量较大,女雇员的总销售量较小。

2. 复杂条形图的绘制

若我们先按体质指数分类,在每一类体质指数中按性别展示总销售量。可以输入如下命令:

```
var=df.groupby(['BMI','Gender']).Sales.sum()
var.unstack().plot(kind='bar',stacked=True,color=['red','blue'])
```

输入上述命令后,按回车键,得到如图 7-11 所示的结果。

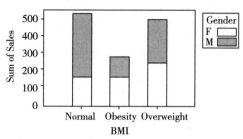

图 7-11　复杂条形图(或叫堆积柱形图)

观察图 7-11,可以看出不同体质指数雇员的销售量情况。体质指数为正常或超重的雇员的销售量差不多,体质指数为肥胖的雇员的销售量较小。

7.8　折线图的绘制

例 7-7:具体数据见例 7-1。

输入如下命令,可以绘制折线图。

```
var=df.groupby('BMI').Sales.sum()
fig=plt.figure()
ax1=fig.add_subplot(1,1,1)
ax1.set_xlabel('BMI')
ax1.set_ylabel('Sum of Sales')
ax1.set_title("BMI Sum of Sales")
var.plot(kind='line')
```

输入上述命令后,按回车键,得到如图 7-12 所示的结果。

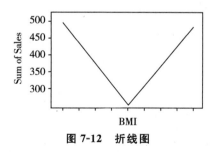

图 7-12　折线图

7.9　曲线标绘图的绘制

从形式上看,曲线标绘图与散点图的区别就是前者以一条线替代散点标志,这样做可以更加清晰和直观地看出数据走势,但无法观察到每个散点的准确定位。从用途上看,曲线标绘图常用于时间序列分析的数据预处理,用来观察变量随时间的变化趋势。此外,曲线标绘图可以同时反映多个变量随时间的变化情况,因而其应用范围还是非常广泛的。

例 7-8:某村有每年自行进行人口普查的习惯,该村近年的人口数据如表 7-2 所示。试绘制曲线标绘图以分析该村的人口变化趋势以及新生儿数对总人口数的影响程度。

表 7-2 某村人口普查资料

单位:人

年份(year)	总人口数(total)	新生儿数(new)
1997	128	15
1998	138	16
1999	144	16
2000	156	17
2001	166	21
2002	175	17
2003	180	18
2004	185	17
2005	189	30
2006	192	34
2007	198	37
2008	201	42
2009	205	41
2010	210	39
2011	215	38
2012	219	41

在目录 F:\2glkx\data2 下建立 a17－2.xls 数据文件后,使用如下命令读取数据:

import pandas as pd

import numpy as np

data=pd.DataFrame(pd.read_excel('F:\\2glkx\\data2\\a17－2.xls'))

data.head()

得到如下前 5 条记录的数据。

```
   year  total  new
0  1997   128   15
1  1998   138   16
2  1999   144   16
3  2000   156   17
4  2001   166   21
```

将上面数据框对象的数据代入数据变量中。命令如下：

t＝np.array(data[['year']])

x＝np.array(data[['total']])

y＝np.array(data[['new']])

再输入绘图命令：

import pylab as pl

pl.plot(t, x)

pl.plot(t, y)

pl.show()

输入命令后，按回车键，得到如图 7-13 所示的结果。

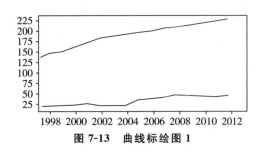

图 7-13　曲线标绘图 1

观察图 7-13，可以看出该村总人口数上升的速度较快，新生儿数小幅上升。

上面的 Python 命令虽然比较简单，但分析过程及结果已经达到解决实际问题的要求。Python 软件的强大之处在于，它同样提供了更加复杂的命令格式以满足用户更加个性化的需求。比如要给图形增加标题、给横纵坐标轴增加标签，命令应为：

import pylab as pl

pl.plot(t, x)

pl.plot(t, y)

pl.title('population census')

pl.xlabel('Time')

pl.ylabel('Population')

pl.show()

输入上述命令后，按回车键，得到如图 7-14 所示的结果。

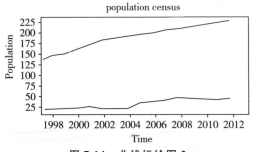

图 7-14　曲线标绘图 2

7.10 连线标绘图的绘制

在上节中我们提到,曲线标绘图用一条线代替散点标志,可以更加清晰和直观地看出数据走势,但无法观察到每个散点的准确定位。如何做到既可以满足观测数据走势的需要,又能实现每个散点的准确定位呢?Python的连线标绘图就可以解决这个问题。

例7-9:1998—2015年,我国上市公司的数量情况如表7-3所示。试绘制连线标绘图以分析我国上市公司数量的变化情况。

表7-3 1998—2015年我国上市公司的数量情况

年份	上市公司数量(个)
1998	851
1999	949
2000	1 088
2001	1 160
2002	1 224
2003	1 287
2004	1 377
2005	1 381
2006	1 434
2007	1 550
2008	1 625
2009	1 718
2010	2 063
2011	2 342
2012	2 494
2013	2 493
2014	2 631
2015	2 809

在目录 F:\2glkx\data2 下建立 a17-3.xls 数据文件后,使用如下命令读取数据:

```
import pandas as pd
import numpy as np
data=pd.DataFrame(pd.read_excel('F:\\2glkx\\data2\\a17-3.xls'))
data.tail()
```

得到如下最后5条记录的数据。

```
     year   number
13   2011   2342
14   2012   2494
15   2013   2493
16   2014   2631
17   2015   2809
```

将上面数据框对象的数据代入数据变量中。命令如下：

t=np.array(data[['year']])

x=np.array(data[['number']])

再输入绘图命令：

import pylab as pl

pl.plot(t, x)

pl.title('1998—2015 of A listed companies in china')

pl.xlabel('Time')

pl.ylabel('companies numbers')

pl.show()

输入命令后，按回车键，得到如图 7-15 所示的结果。

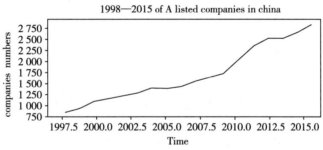

图 7-15　连线标绘图

观察图 7-15，可以看出随着年份的增加，中国 A 股市场上市公司数量基本上逐年增加，除了 2012—2013 年小幅下降。

若想要沿用散点的形状而非连线，则命令如下：

t=np.array(data[['year']])

x=np.array(data[['number']])

import pylab as pl

pl.plot(t, x,'ro')

pl.title('1998—2015 of A listed companies in china')

pl.xlabel('Time')

pl.ylabel('companies numbers')

pl.show()

输入命令后，按回车键，得到如图 7-16 所示的结果。

图 7-16　点图

观察图 7-16，也可以得出同图 7-15 一致的结论。

7.11　关于绘图中显示中文的处理

前面我们绘制的图形都不能显示中文，因为 Matplotlib 缺省配置文件中所使用的字体无法正确显示中文。为了在绘图中能正确显示中文，可以有以下几种解决方案：

（1）在程序中直接指定字体。

（2）在程序开头修改配置字典 rcParams。

（3）修改配置文件。

下面代码通过修改字体实现了绘图中显示中文。

```
from matplotlib.font_manager import FontProperties
import matplotlib.pyplot as plt
import numpy as np
font=FontProperties(fname=r"c:\windows\fonts\simsun.ttc", size=14)
t=np.linspace(0, 10, 1000)
y=np.sin(t)
plt.plot(t, y)
plt.xlabel(u"时间", fontproperties=font)
plt.ylabel(u"振幅", fontproperties=font)
plt.title(u"正弦波", fontproperties=font)
plt.show()
```

上面的代码生成如图 7-17 所示的图形。

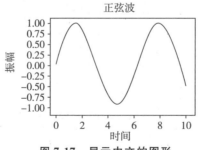

图 7-17　显示中文的图形

练习题

对本章例题中的数据文件，使用 Python 的绘图功能重新操作一遍。

第 2 篇

量化投资统计与计量分析方法

8

概率分布及 Python 应用

在讨论概率分布之前,先说说什么是随机变量(Random Variable)。随机变量是指对一次试验结果的量化。例如,一个表示抛硬币结果的随机变量可以表示成 $X=\{1,$如果正面朝上$;2,$如果反面朝上$\}$。

随机变量是一个变量,它取值于一组可能的值(离散或连续的),并服从某种随机性。随机变量每个可能的取值都与一个概率相关。随机变量所有可能的取值和与之关联的概率就称为概率分布(Probability Distribution)。

概率分布有两种类型:离散(Discrete)概率分布和连续(Continuous)概率分布。离散概率分布也称概率质量函数(Probability Mass Function)。离散概率分布的例子有伯努利分布、二项分布、泊松分布和几何分布等。连续概率分布也称概率密度函数(Probability Density Function),它们是具有连续取值(如一条实线上的值)的函数。正态分布、指数分布(Exponential Distribution)和贝塔分布等都属于连续概率分布。

8.1 二项分布

服从二项分布的随机变量 X 表示在 n 个独立的是/非试验中成功的次数,其中每次试验的成功概率为 p。

$$P(X=k) = \left(\frac{n!}{k!(n-k)!}\right) p^k (1-p)^{n-k}$$

$$E(X) = np, \mathrm{var}(X) = np(1-p)$$

$E(X)$ 表示分布的期望或均值,$\mathrm{var}(X)$ 表示分布的方差。

想知道每个函数的原理,可以在 IPython 笔记本中使用 help file 命令。键入 stats.binom,可以了解二项分布函数的更多信息。

例如:抛掷 10 次硬币,恰好两次正面朝上的概率是多少?

假设在该试验中正面朝上的概率为 0.3,这意味着平均来说,可以期待有 3 次硬币是正面朝上的。定义掷硬币的所有可能结果为 $k=$np.arange(0,11):可能观测到 0 次正面朝上、1 次正面朝上,一直到 10 次正面朝上。使用 stats.binom.pmf 计算每次观测的概率质量函数。它返回一个含有 11 个元素的列表,这些元素表示与每个观测关联的概率值。

```
import numpy as np
from numpy.random import randn
import scipy
n=10
p=0.3
k=np.arange(0,21)
binomial=stats.binom.pmf(k,n,p)
binomial
```

得到如下结果：

```
array([2.82475249e-02, 1.21060821e-01, 2.33474440e-01, 2.66827932e-01,
       2.00120949e-01, 1.02919345e-01, 3.67569090e-02, 9.00169200e-03,
       1.44670050e-03, 1.37781000e-04, 5.90490000e-06, 0.00000000e+00,
       0.00000000e+00, 0.00000000e+00, 0.00000000e+00, 0.00000000e+00,
       0.00000000e+00, 0.00000000e+00, 0.00000000e+00, 0.00000000e+00,
       0.00000000e+00])
```

然后输入如下代码：

```
import matplotlib.pyplot as plt
plt.plot(k,binomial,'o-')
plt.title('binomial,n=%i,p=%.2f' % (n,p),fontsize=15)
plt.xlabel('number of successes',fontsize=15)
plt.ylabel('Probability successes',fontsize=15)
plt.show()
```

执行上述代码后，得到如图 8-1 所示的结果。

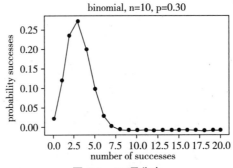

图 8-1　二项分布

可以使用 .rvs 函数模拟一个二项式随机变量，其中参数 size 指定要模拟的次数。让 Python 返回 10 000 个参数为 n 和 p 的二项式随机变量，代码如下：

```
binom_sim=data=stats.binom.rvs(n=10,p=0.3,size=10000)
print ("Mean: %g" % np.mean(binom_sim))
print ("SD: %g" % np.std(binom_sim,ddof=1))
plt.hist(binom_sim,bins=10,normed=True)
plt.xlabel("x")
```

```
plt.ylabel("density")
plt.show()
Mean:2.984
SD:1.45202
```

执行上述代码后,将输出这些随机变量的均值和标准差,然后画出所有随机变量的直方图,如图 8-2 所示。

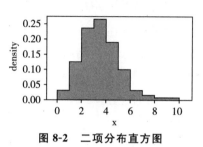

图 8-2　二项分布直方图

8.2　泊松分布

一个服从泊松分布的随机变量 X,表示在具有比率参数 λ 的一段固定时间间隔内,某事件发生的次数。参数 λ 为该事件发生的比率。随机变量 X 的均值和方差都是 λ。

$$P(X=k)=\frac{\lambda^k e^{-\lambda}}{k!}, E(X)=\lambda, \mathrm{var}(X)=\lambda$$

例如:已知某路口发生事故的比率是每天 2 起,那么此处一天内发生 4 起事故的概率是多少?

考虑这个平均每天发生 2 起事故的实例。泊松分布的实现和二项分布有些类似,在泊松分布中需要指定比率参数。泊松分布的输出是一个数列,包含了发生 0 次、1 次、2 次,直到 10 次事故的概率。

Python 代码如下:

```
rate=2
n=np.arange(0,10)
y=stats.poisson.pmf(n,rate)
y
```

得到如下结果:

```
array([1.35335283e-01, 2.70670566e-01, 2.70670566e-01, 1.80447044e-01,
       9.02235222e-02, 3.60894089e-02, 1.20298030e-02, 3.43708656e-03,
       8.59271640e-04, 1.90949253e-04])
import matplotlib.pyplot as plt
plt.plot(y,'o-')
plt.show()
```

执行上述代码,得到如图 8-3 所示的结果。

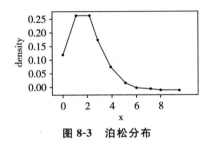

图 8-3 泊松分布

从图 8-3 可以看到,事故次数的峰值在均值附近。有兴趣的读者可以尝试不同的 λ 和 n 的值,然后看看泊松分布的形状是怎样变化的。

现在来模拟 1 000 个服从泊松分布的随机变量,Python 代码如下:

```
data=stats.poisson.rvs(mu=2,loc=0,size=1000)
print ("Mean:%g" % np.mean(data))
print ("SD:%g" % np.std(data,ddof=1))
plt.hist(data,bins=10,normed=True)
plt.xlabel("numbers of accidents")
plt.ylabel("simulating poisson random variable")
plt.show()
Mean:2.016
SD:1.48995
```

执行上述代码后,将输出这些随机变量的均值和标准差,然后画出所有随机变量的直方图,如图 8-4 所示。

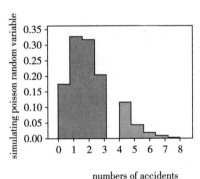

图 8-4 泊松分布直方图

8.3 正态分布

正态分布是一种连续分布,其函数可以在实线上的任何地方取值。正态分布由两个参数描述:分布的均值 μ 和方差 σ^2。

$$P(x;\mu,\sigma)=\frac{1}{\sqrt{2\pi}\sigma}\exp\left(-\frac{(x-\mu)^2}{2\sigma^2}\right), x \in (-\infty,\infty)$$

$$E(x)=\mu, \text{var}(x)=\sigma^2$$

正态分布的取值可以从$-\infty$到$+\infty$，可以用 stats.norm.pdf 得到正态分布的概率密度函数。正态分布的 Python 代码如下：

```
import numpy as np
import scipy.stats as stats
import matplotlib.pyplot as plt
mu=0
sigma=1
x=np.arange(-4,4,0.1)
y=stats.norm.pdf(x,0,1)
plt.plot(x,y)
plt.title('normal, $ \mu $ = %.1f, $ sigma^2 $ = %.1f' % (mu,sigma),fontsize=15)
plt.xlabel("x")
plt.ylabel("probability density")
plt.show()
```

执行上述代码，得到如图 8-5 所示的结果。

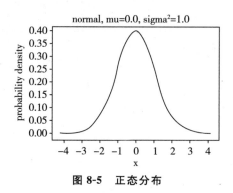

图 8-5　正态分布

现在来模拟 1 000 个均值为 0.0、标准差为 1.0 的服从正态分布的随机变量。Python 代码如下：

```
data=stats.norm.rvs(loc=0.0, scale=1.0, size=1000)
print("Mean: %g" % np.mean(data))
print ("SD: %g" % np.std(data,ddof=1))
plt.hist(data,bins=20,normed=True)
plt.xlabel("numbers of accidents")
plt.ylabel("norm distribution")
plt.show()
Mean:0.014575
SD:1.01368
```

执行上述代码后，将输出这些随机变量的均值和标准差，然后画出所有随机变量的直方图，如图 8-6 所示。

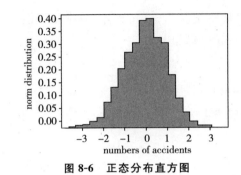

图 8-6　正态分布直方图

8.4　贝塔分布

贝塔分布是一个取值在[0,1]的连续分布,它由两个形态参数 α 和 β 的取值描述。

$$P(x,\alpha,\beta)=\frac{\Gamma(\alpha+\beta)}{\Gamma(\alpha)\Gamma(\beta)}x^{\alpha-1}(1-x)^{\beta-1}, x\in[0,1], \alpha>0, \beta>0$$

$$E(x)=\frac{\alpha}{\alpha+\beta}, \mathrm{var}(x)=\frac{\alpha\beta}{(\alpha+\beta)^2(\alpha+\beta+1)}$$

贝塔分布的形状取决于 α 和 β 的值。贝叶斯分析中大量使用了贝塔分布。

贝塔分布的 Python 代码如下:

```
a=0.5
b=0.5
x=np.arange(0.01,1,0.01)
y=stats.beta.pdf(x,a,b)
plt.plot(x,y)
plt.title('Beta:a=%.1f,b=%.1f' % (a,b))
plt.xlabel("x")
plt.ylabel("probability density")
plt.show()
```

执行上述代码,得到如图 8-7 所示的结果。

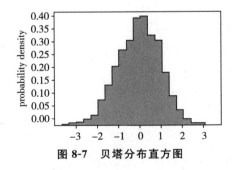

图 8-7　贝塔分布直方图

尝试不同的 α 和 β 取值,看看贝塔分布的形状是如何变化的。

8.5 均匀分布

在贝塔分布中，若将参数 α 和 β 都设置为 1，则该分布又称为均匀分布。均匀分布的 Python 代码如下：

```
a=1.0
b=1.0
x=np.arange(0.01,1,0.01)
y=stats.beta.pdf(x,a,b)
plt.plot(x,y)
plt.title('Beta:a=%.1f,b=%.1f ' % (a,b))
plt.xlabel("x")
plt.ylabel("probability density")
plt.show()
```

执行上述代码，得到如图 8-8 所示的结果。

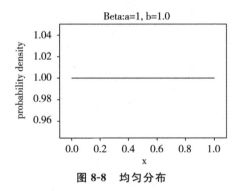

图 8-8　均匀分布

8.6 指数分布

指数分布是一种连续概率分布，用于表示独立随机事件发生的时间间隔，比如旅客进入机场的时间间隔、打进客服中心电话的时间间隔、中文维基百科新条目出现的时间间隔等。

$$P(x;\lambda)=\lambda e^{-\lambda x}, E(x)=1/\lambda, \mathrm{var}(x)=1/\lambda^2$$

将参数 λ 设置为 0.5，并将 x 的取值范围设置为 $[0,15]$。指数分布的 Python 代码如下：

```
lambd=0.5
x=np.arange(0,15,0.1)
y=lambd*np.exp(-lambd*x)
plt.plot(x,y)
```

```
plt.title('Exponential:: $ \lambda $ = %.2f' % lambd)
plt.xlabel("x")
plt.ylabel("probability density")
plt.show()
```

执行上述代码,得到如图 8-9 所示的结果。

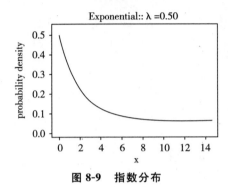

图 8-9　指数分布

接着,在指数分布下模拟 1 000 个随机变量,scale 参数表示 λ 的倒数。在函数 np.std 中,参数 ddof 等于标准差除以 $n-1$ 的值。

Python 代码如下:

```
from scipy import stats
data=stats.expon.rvs(scale=1.0,size=1000)
print ("Mean:%g" % np.mean(data))
print ("SD:%g" % np.std(data,ddof=1))
plt.hist(data,bins=20,normed=True)
plt.xlabel("numbers of accidents")
plt.ylabel("simulation expon distribution")
plt.show()
Mean:0.943494
SD:0.99544
```

执行上述代码后,将输出这些随机变量的均值和标准差,然后画出所有随机变量的直方图,如图 8-10 所示。

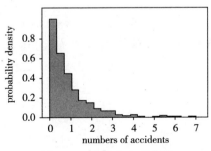

图 8-10　指数分布直方图

8.7　t 分布

t 分布与标准正态分布相似,也是对称分布,x 的取值范围为$(-\infty,\infty)$,即 t 分布的密度函数向左右两边无限延伸,无限接近 X 轴但始终在其上方。t 分布的 Python 代码如下:

```
from scipy import stats
import matplotlib.pyplot as plt
import numpy as np
x=np.arange(-4,4.004,0.004)
y=stats.t.pdf(x,5)
y1=stats.t.pdf(x,10)
plt.plot(x,stats.norm.pdf(x),label='Normal')
plt.plot(x,y,label='df=5')
plt.plot(x,y1,label='df=10')
plt.title('Probability Density Plot of t Distributions')
plt.legend()
```

执行上述代码,得到如图 8-11 所示的结果。

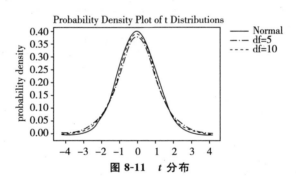

图 8-11　t 分布

t 分布与正态分布有以下区别:

(1) 正态分布有两个参数,即均值和方差;而 t 分布只有一个参数,就是 t 分布自由度,即 t 分布由其自由度完全描述。

(2) 与标准正态分布相比,t 分布的峰部较矮、两边尾部较高。形象地说,标准正态分布的观察点跑到两边就成了 t 分布。因此 t 分布又称"瘦峰厚尾分布"。

(3) 随着 t 分布自由度的增加,t 分布的峰部增高、两边尾部降低。随着 t 分布自由度的增加,t 分布越来越接近于标准正态分布。当自由度大于 30 时,t 分布就很接近于标准正态分布了。

8.8　卡方分布

若 n 个相互独立的随机变量服从标准正态分布(也称独立同分布于标准正态分布),

则这 n 个随机变量的平方和构成一个新的随机变量,其分布规律称为自由度为 n 的卡方分布。卡方分布的 Python 代码如下:

```
from scipy import stats
import matplotlib.pyplot as plt
import numpy as np
x=np.arange(0,5,0.002)
y=stats.chi.pdf(np.arange(0,5,0.002),3)
plt.plot(x,y)
plt.title('Probability Density Plot of Chi-Squre Distributions')
```

执行上述代码,得到如图 8-12 所示的结果。

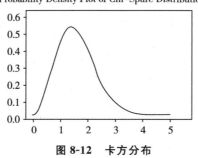

图 8-12　卡方分布

卡方分布主要有以下性质:
(1) 它由其自由度完全描述。
(2) x 的取值范围为 $[0,+\infty]$。
(3) 它是右偏的。

8.9　F 分布

F 分布定义为:设 X、Y 为两个独立的随机变量,X 服从自由度为 m 的卡方分布,Y 服从自由度为 n 的卡方分布,这两个随机变量相除后得到的新的随机变量,服从自由度为 (m,n) 的 F 分布,m 和 n 分别称为分子自由度和分母自由度。F 分布的 Python 代码如下:

```
x=np.arange(0,5,0.002)
y=stats.f.pdf(x,4,40)
plt.plot(x,y)
plt.title('Probability Density Plot of  F(4,40) Distributions')
```

执行上述代码,得到如图 8-13 所示的结果。

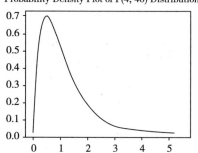

图 8-13　F 分布

F 分布的性质如下：

(1) 它由两个自由度（分子自由度和分母自由度）完全描述。

(2) x 的取值范围为 $[0, +\infty]$。

(3) 它是右偏的。

练习题

对本章的各种统计分布尝试不同的参数，并用 Python 绘制图形。

9 描述性统计及 Python 应用

9.1 描述性统计的 Python 工具

Python 中用于描述性统计的有 Pandas、NumPy 和 SciPy。其中,Pandas 中常用的统计功能如表 9-1 所示。

表 9-1 Pandas 中常用的统计功能

函数名称	作用
count	计算非 NA 值的数量
describe	针对 Series 或 DataFrame 的列汇总统计
min,max	求最小值和最大值
argmin,argmax	求最小值和最大值的索引位置(整数)
idxmin,idxmax	求最小值和最大值的索引值
quantile	求样本分位数(0 到 1)
sum	求和
mean	求均值(一阶矩)
median	求中位数
mad	根据均值计算平均绝对离差
var	求方差(二阶矩)
std	求标准差
skew	求样本值的偏度(三阶矩)
kurt	求样本值的峰度(四阶矩)
cumsum	求样本值的累计和
cummin,cummax	求样本值的累计最大值和累计最小值
cumprod	求样本值的累计积
diff	计算一阶差分(对时间序列很有用)
pct_change	计算百分数变化

NumPy 和 SciPy 中常用的统计功能如表 9-2 所示。

表 9-2　NumPy 和 SciPy 中常用的统计功能

程序包	功能	作用
numpy	array	创建一组数
numpy.random	normal	创建一组服从正态分布的定量数
numpy.random	randint	创建一组服从均匀分布的定性数
numpy	mean	计算均值
numpy	median	计算中位数
scipy.stats	mode	计算众数
numpy	ptp	计算极差
numpy	var	计算方差
numpy	std	计算标准差
numpy	cov	计算协方差
numpy	corrcoef	计算相关系数

9.2　数据集中趋势的度量

1. 算术平均值

算术平均值非常频繁地用于描述一组数据的"平均值"。它被定义为观测值的总和除以观测个数：

$$\mu = \frac{\sum_{i=1}^{n} x_i}{n}$$

这里 $x_1, \cdots, x_n$ 是观测值。

使用两个常用的统计包：

```
import scipy.stats as stats
import numpy as np
```

我们以两个数据集来举例：

```
x1=[1, 2, 2, 3, 4, 5, 5, 7]
x2=x1 + [100]
print('x1 的平均值:', sum(x1), '/', len(x1), '=', np.mean(x1))
print('x2 的平均值:', sum(x2), '/', len(x2), '=', np.mean(x2))
x1 的平均值：29 / 8＝3.625
x2 的平均值：129 / 9＝14.333333333333334
```

2. 加权算术平均值

我们还可以定义一个加权算术平均值。加权算术平均值被定义为：

$$\sum_{i=1}^{n} w_i x_i$$

这里 $\sum_{i=1}^{n} w_i = 1$。在通常的加权算术平均值计算中，对所有的 i 都有 $w_i = 1/n$，$\sum_{i=1}^{n} w_i = 1$。

3. 中位数

顾名思义，一组数据的中位数是指当数据以递增或递减顺序排列时出现在中间位置的数值。当我们有奇数 n 个数据时，中位数就是位置 $(n+1)/2$ 的数值。当我们有偶数 n 个数据时，数据集分成两半，中间位置没有任何数据，这时我们将中位数定义为位置 $n/2$ 和 $(n+2)/2$ 对应的两个数值的平均值。

中位数不容易受极端数值的影响，代码如下：

```
print('x1 的中位数：', np.median(x1))
print('x2 的中位数：', np.median(x2))
x1 的中位数：3.5
x2 的中位数：4.0
```

4. 众数

众数是数据集里出现次数最多的数据。与平均值和中位数不同，众数可以应用于非数值数据。

SciPy 内置求众数功能，但它只返回一个值，即使两个值出现相同的次数，也是只返回一个值。

```
print('One mode of x1：', stats.mode(x1)[0][0])
```

我们自定义一个求众数的函数：

```
def mode(l):
    counts={}
    for e in l:
        if e in counts:
            counts[e]+=1
        else:
            counts[e]=1
    maxcount=0
    modes={}
    for (key, value) in counts.items():
        if value > maxcount:
            maxcount=value
            modes={key}
        elif value==maxcount:
            modes.add(key)
```

```
    if maxcount > 1 or len(l)==1:
        return list(modes)
    return 'No mode'
print('All of the modes of x1:', mode(x1))
One mode of x1: 2
All of the modes of x1: [2, 5]
```

可以看出,我们自定义的 mode 函数更加合理。

对于可能呈现不同数值的数据,比如收益率,在这种情形下,我们可以使用 bin 值,正如构建直方图一样,此时我们统计哪个 bin 里的数据点出现次数最多。

```
import scipy.stats as stats
import numpy as np
start='2014-01-01'
end='2015-01-01'
pricing=D.history_data('000002.SZA', fields=['close'], start_date=start, end_date=end)['close']
returns=pricing.pct_change()[1:]
print('收益率众数:', stats.mode(returns))
hist, bins=np.histogram(returns, 20)
maxfreq=max(hist)
print('Mode of bins:', [(bins[i], bins[i+1]) for i, j in enumerate(hist) if j==maxfreq])
收益率众数:ModeResult(mode=array([0.], dtype=float32), count=array([7]))
Mode of bins: [(-0.0030533790588378878, 0.0055080294609069907)]
```

对于收益率数据,计算众数的方式显得有失偏颇。我们转换思路,不是计算众数,而是将数据分成很多个组,然后找出数据点出现次数最多的组来代替收益率数据的众数。

5. 几何平均值

几何平均值计算如下:

$$G = \sqrt[n]{x_1 \cdots x_n}$$

上式等价于:

$$\ln G = \frac{1}{n} \sum_{i=1}^{n} \ln x_i$$

几何平均值总是小于或等于算术平均值(当使用非负观测值时)。当所有观测值都相同时,几何平均值和算术平均值相等。

```
print('x1 几何平均值:', stats.gmean(x1))
print('x2 几何平均值:', stats.gmean(x2))
x1 几何平均值:3.0941040249774403
x2 几何平均值:4.552534587620071
```

在计算几何平均值时遇到观测值为负数，怎么办呢？资产收益率这个例子可以这样解决，因为收益率最低为－1，我们可以对每个观测值＋1将其转化为正数。我们可以这样计算几何平均收益率：

$$R_G = \sqrt[T]{(1+R_1)\cdots(1+R_T)} - 1$$

```
import scipy.stats as stats
import numpy as np
ratios = returns + np.ones(len(returns))
R_G = stats.gmean(ratios) - 1
print('收益率的几何平均值:', R_G)
收益率的几何平均值: 0.00249162454468
```

几何平均收益率是将各个单个期间的收益率相乘，然后开 n 次方。这里的几何平均收益率体现了复利的思想，从而克服了算术平均收益率有时会出现的上偏倾向。我们来看下面的例子：

```
T = len(returns)
init_price = pricing[0]
final_price = pricing[T]
print('最初价格:', init_price)
print('最终价格:', final_price)
print('通过几何平均收益率计算的最终价格:', init_price * (1 + R_G) ** T)
最初价格: 933.813
最终价格: 1713.82
通过几何平均收益率计算的最终价格: 1713.81465868
```

从上例可以看出，几何平均收益率的优势在于体现了复利的思想。知道初始资金和几何平均收益率，很容易计算出终期资金。

6. 调和平均值

调和平均值又称倒数平均数，是总体各统计变量倒数的算术平均值的倒数。

$$H = \frac{n}{\sum_{i=1}^{n} 1/x_i}$$

调和平均值恒小于或等于算术平均值。当所有观测值相等时，调和平均值和算术平均值相等。

调和平均值可以应用于距离相同但速度不同时平均速度的计算。比如一段路程，前半段时速 60 千米，后半段时速 30 千米（两段距离相等），则其平均速度为两者的调和平均值时速 40 千米。现实中很多例子需要使用调和平均值。

```
print('x1 的调和平均值:', stats.hmean(x1))
print('x2 的调和平均值:', stats.hmean(x2))
```

x1 的调和平均值：2.55902513328

x2 的调和平均值：2.86972365624

平均值的计算隐藏了大量的信息，因为它们将整个数据分布整合成一个数值。因此，常常使用"点估计"或一个数值的指标往往具有欺骗性。我们应该小心地确保不会因使用平均值而丢失数据分布的关键信息。

9.3 数据离散状况的度量

本节将讨论如何使用离散度来描述一组数据。

离散度能够更好地测量一个数据分布。这在金融领域尤其重要，因为风险的主要测量方法之一就是看历史收益率数据的分布特征。如果收益率紧挨着平均值，我们就不用特别担心风险。如果收益率中有很多数据点远离平均值，风险就不小。离散度低的数据围绕平均值聚集，而离散度高的数据则表现为许多非常大和非常小的数据点。

让我们生成一个随机整数：

```
import numpy as np
np.random.seed(121)
```

再生成 20 个小于 100 的随机整数：

```
X=np.random.randint(100, size=20)
```

对其进行分类并求解平均值：

```
X=np.sort(X)
print('X：% s' %(X))
mu=np.mean(X)
print('X 的平均值：', mu)
X：[3  8 34 39 46 52 52 52 54 57 60 65 66 75 83 85 88 94 95 96]
X 的平均值：60.2
```

1. 范围

范围（Range）是指数据集中最大值和最小值之间的差异。毫不奇怪，它对异常值非常敏感。我们使用 NumPy 的 ptp 函数计算 Range。

```
print('Range of X：% s' %(np.ptp(X)))
Range of X：93
```

2. 平均绝对偏差

平均绝对偏差（Mean Absolute Deviation，MAD）是数据点距离算术平均值的偏差。我们使用偏差的绝对值，它使得比平均值大 5 的数据点和比平均值小 5 的数据点对 MAD 的贡献均为 5。

$$\text{MAD} = \frac{\sum_{i=1}^{n} |X_i - \mu|}{n}$$

这里 n 是数据点的个数，μ 是数据点的平均值。

```
abs_dispersion=[np.abs(mu - x) for x in X]
MAD=np.sum(abs_dispersion)/len(abs_dispersion)
print('X 的平均绝对偏差：', MAD)
X 的平均绝对偏差：20.52
```

3. 方差和标准差

数据离散状况最常用的度量指标是方差和标准差。在金融市场上更是如此，诺贝尔经济学奖得主马科维茨创造性地将投资风险定义为收益率的方差，由此为现代金融工程大厦打下了坚实的基础。量化投资更是如此，对于风险的度量大多是通过方差、标准差来完成的。方差 σ^2 的定义如下：

$$\sigma^2 = \frac{\sum_{i=1}^{n}(X_i - \mu)^2}{n}$$

标准差被定义为方差的平方根 σ。标准差的应用更为广泛，因为它和观测值在同一个数据维度，可以进行加减运算。

```
print('X 的方差：', np.var(X))
print('X 的标准差：', np.std(X))
X 的方差：670.16
X 的标准差：25.887448696231154
```

解释标准差的一种方式是切比雪夫不等式。它告诉我们，对于任意的值 $k(k>1)$，平均值的 k 个标准差（即在 k 倍标准差的距离内）的样本比例至少为 $1-1/k^2$。我们来检验一下这个定理是否正确。

```
k=1.25
dist=k * np.std(X)
l=[x for x in X if abs(x - mu) <=dist]
print('k 值', k, '在 k 倍标准差距离内的样本为：', l)
print('验证', float(len(l))/len(X), '>', 1 - 1/k**2)
k 值 1.25 在 k 倍标准差距离内的样本为：[34, 39, 46, 52, 52, 52, 54, 57, 60, 65, 66, 75, 83, 85, 88]
验证 0.75 > 0.36
```

4. 下偏方差和下偏标准差

虽然方差和标准差可以告诉我们收益率是如何波动的，但它们并不区分向上偏差和向下偏差。通常情况下，在金融投资中，我们更加担心向下偏差。

下偏方差是目标导向，认为只有负的收益才是投资真正的风险。下偏方差的定义与方差类似，唯一的区别在于下偏方差仅使用低于平均值的收益率样本。

下偏方差的定义如下：

$$\frac{\sum_{X_i < \mu}(X_i - \mu)^2}{n_{less}}$$

这里 n_{less} 表示小于均值的数据样本数量。

下偏标准差就是下偏方差的平方根。

没有现成的计算下偏方差的函数，我们手动计算：

```
lows=[e for e in X if e<=mu]
semivar=np.sum((lows-mu)**2)/len(lows)
print('X 的下偏方差：', semivar)
print('X 的下偏标准差：', np.sqrt(semivar))
```

得到如下结果：

X 的下偏方差：689.5127272727273

X 的下偏标准差：26.258574357202395

5. 目标下偏方差

目标下偏方差是指仅关注低于某一目标的样本，定义如下：

$$\frac{\sum_{X_i<B}(X_i-B)^2}{n_B}$$

目标下偏标准差是目标下偏方差的平方根。

目标下偏方差和目标下偏标准差的 Python 代码如下：

```
B=19
lows_B=[e for e in X if e<=B]
semivar_B=sum(map(lambda x: (x-B)**2,lows_B))/len(lows_B)
print('X 的目标下偏方差：', semivar_B)
print('X 的目标下偏标准差：', np.sqrt(semivar_B))
```

得到如下结果：

X 的目标下偏方差：188.5

X 的目标下偏标准差：13.729530217745982

最后要提醒读者注意的是：所有这些计算将给出样本统计，即数据的标准差。但这是否反映了真正的标准差呢？其实还需要做出更多的努力来确定这一点，比如绘制出数据样本直方图、概率密度图，这样能更全面地了解数据分布状况。金融市场尤其如此，由于所有金融数据都是时间序列数据，均值和方差可能随时间而变化。

9.4 峰度、偏度与正态性检验

本节介绍峰度和偏度以及如何运用这两个统计指标对数据进行正态性检验。

峰度和偏度这两个统计指标，在统计学上是非常重要的。在金融市场上，我们并不需要对其有深入了解，本节只是普及一些相关知识，重点是让读者明白峰度、偏度是什么以及如何通过这两个指标对数据进行正态性检验。

之所以金融市场上正态性检验如此重要，是因为很多模型假设数据服从正态分布。

我们在使用模型前应该对数据进行正态性检验,因为如果假设都没有满足,那么模型预测结果将没有意义。

先做好如下准备工作:

```
import matplotlib.pyplot as plt
import numpy as np
import scipy.stats as stats
```

有时候,均值和方差不足以描述数据分布。当计算方差时,我们对均值的偏差进行了平方。在偏差很大的情况下,我们不知道它们可能是积极的还是消极的,这里涉及分布的偏斜度和对称性。在一个分布中,如果均值的一侧是另一侧的镜像,那么分布是对称的。例如,正态分布是对称的。均值为 μ 和标准差为 σ 的正态分布定义为:

$$f(x)=\frac{1}{\sigma\sqrt{2\pi}}e^{-\frac{(x-\mu)^2}{2\sigma^2}}$$

我们可以绘制图形以确认它是否对称:

```
xs=np.linspace(-6,6,300)
normal=stats.norm.pdf(xs)
plt.plot(xs, normal);
```

得到如图 9-1 所示的图形:

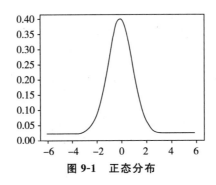

图 9-1 正态分布

1. 偏度

偏度是描述数据分布形态的一个常用统计量,描述的是某总体取值分布的对称性。这个统计量同样需要与正态分布相比较,偏度为 0 表示数据分布形态与正态分布的偏斜程度相同;偏度大于 0 表示其数据分布形态与正态分布相比为正偏或右偏,即有一条长尾巴拖在右边,数据右端有较多的极端值;偏度小于 0 表示其数据分布形态与正态分布相比为负偏或左偏,即有一条长尾巴拖在左边,数据左端有较多的极端值。偏度的绝对值越大,表示其数据分布形态的偏斜程度越大。

例如,分布可以具有许多小的正值和数个大的负值,这种情况是偏度为负,但仍然具有 0 的平均值,反之亦然。在正偏度分布中,均值>中位数>众数。在负偏度分布中则刚好相反,均值<中位数<众数。在一个完全对称的分布中,偏度为 0,此时均值=中位数=众数。

偏度的计算公式为：

$$S_K = \frac{n}{(n-1)(n-2)} \frac{\sum_{i=1}^{n}(X_i-\mu)^3}{\sigma^3}$$

这里 n 是所有观测值的个数，μ 是均值，σ 是标准差。

偏度的正负符号描述了数据分布的偏斜方向。我们可以绘制一个正偏度和负偏度的分布，看看其形状。

对于单峰分布，负偏度通常表示尾部在左侧较大（长尾巴拖在左边），而正偏度表示尾部在右侧较大（长尾巴拖在右边）。

首先导入数据：

```
xs2=np.linspace(stats.lognorm.ppf(0.01, .7, loc=-.1), stats.lognorm.ppf(0.99, .7, loc=-.1), 150)
```

当偏度大于 0 时：

```
lognormal=stats.lognorm.pdf(xs2, .7)
plt.plot(xs2, lognormal, label='Skew > 0')
```

当偏度小于 0 时：

```
plt.plot(xs2, lognormal[::-1], label='Skew < 0')
plt.legend();
```

得到如图 9-2 所示的结果。

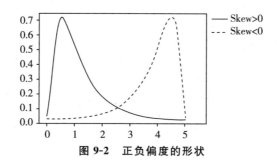

图 9-2　正负偏度的形状

在绘制离散数据集时，虽然偏度不太明显，但我们仍然可以计算它。例如，下面是 2016—2018 年沪深 300 指数收益率的偏度、均值和中位数。

```
start='2016-01-01'
end='2018-01-01'
pricing=D.history_data('000300.SHA', start_date=start, end_date=end, fields='close')['close']
returns=pricing.pct_change()[1:]

print('Skew:', stats.skew(returns))
print('Mean:', np.mean(returns))
print('Median:', np.median(returns))
```

```
plt.hist(returns, 30);
```

得到如下结果,如图 9-3 所示:

```
Skew: -1.4877266883850098
Mean: 0.00036299755447544416
Median: 0.000798583
```

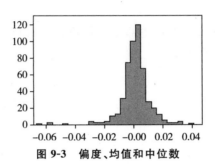

图 9-3　偏度、均值和中位数

沪深 300 指数日收益率数据从图形上可以看出(但不是很明显),尾巴是拖在了左侧,因此有点左偏,这和计算的偏度值 Skew=-1.49 为负是一致的。

2. 峰度

峰度是描述总体中所有取值分布形态陡缓程度的统计量。这个统计量需要与正态分布相比较,峰度为 3 表示总体数据分布形态与正态分布的陡缓程度相同;峰度大于 3 表示总体数据分布形态与正态分布相比较为陡峭,为尖顶峰;峰度小于 3 表示总体数据分布形态与正态分布相比较为平坦,为平顶峰。峰度绝对值的数值越大,表示总体数据分布形态的陡缓程度与正态分布的差异程度越大。

峰度的计算公式为:

$$K = \frac{n(n+1)}{(n-1)(n-2)(n-3)} \times \frac{\sum_{i=1}^{n}(X_i - \mu)^4}{\sigma^4}$$

在 SciPy 中,使用峰度与正态分布峰度的差值来定义分布形态的陡缓程度——超额峰度,用 K_E 表示:

$$K_E = \frac{n(n+1)}{(n-1)(n-2)(n-3)} \times \frac{\sum_{i=1}^{n}(X_i - \mu)^4}{\sigma^4} - \frac{3(n-1)^2}{(n-2)(n-3)}$$

如果数据量很大,那么:

$$K_E \approx \frac{1}{n} \times \frac{\sum_{i=1}^{n}(X_i - \mu)^4}{\sigma^4} - 3$$

在 Python 中进行如下操作:

```
plt.plot(xs,stats.laplace.pdf(xs), label='Leptokurtic')
print('尖峰的超额峰度:',(stats.laplace.stats(moments='k')))
plt.plot(xs, normal, label='Mesokurtic (normal)')
print('正态分布超额峰度:',(stats.norm.stats(moments='k')))
plt.plot(xs,stats.cosine.pdf(xs), label='Platykurtic')
```

```
print('平峰超额峰度:', (stats.cosine.stats(moments='k')))
plt.legend();
```

得到如下结果,如图 9-4 所示:

尖峰的超额峰度:3.0

正态分布超额峰度:0.0

平峰超额峰度:−0.5937628755982794

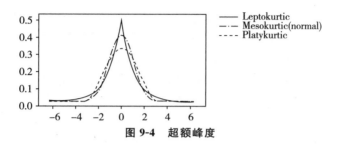

图 9-4　超额峰度

下面以沪深 300 指数为例,我们可以使用 SciPy 包计算沪深 300 指数日收益率的超额峰度。

```
print("沪深 300 的超额峰度:", stats.kurtosis(returns))
```

沪深 300 的超额峰度:10.313874715180733

3. Jarque-Bera 检验

Jarque-Bera 检验是一个通用的统计检验,可以比较样本数据是否具有与正态分布一样的偏度和峰度。Jarque-Bera 检验的零假设是数据服从正态分布。P 值默认为 0.05。

如果要检验沪深 300 日收益率数据是否服从正态分布,操作如下:

```
from statsmodels.stats.stattools import jarque_bera
_, pvalue, _, _ = jarque_bera(returns)

if pvalue > 0.05:
    print('沪深 300 日收益率数据服从正态分布.')
else:
    print('沪深 300 日收益率数据并不服从正态分布.')
```

9.5　异常数据处理

在金融数据分析中,常常会遇到一些值过大或过小的情况,当用这些值来构造其他特征时,可能使得其他特征也成为异常点,这将严重影响对金融数据的分析。接下来,我们学习一些常用的处理异常数据的方法。

1. 固定比例法

这种方法非常容易理解,我们把±1%的值重新设置:若大于 99%分位数的数值,则将其设置为 99%分位数值;若低于 1%分位数的数值,则将其重新设置为 1%分位数值。

2. 均值标准差法

这种方法的思路来自正态分布,假设 $X \sim N(\mu, \sigma^2)$,那么:

$$P(|X-\mu|>k*\sigma)=\begin{cases}0.317, k=1\\0.046, k=2\\0.003, k=3\end{cases}$$

通常把 3 倍标准差之外的值都视为异常值,不过要注意的是样本均值和样本标准差都不是稳健统计量,其计算本身受极值的影响非常大,可能会出现一种情况,那就是我们从数据分布图上能非常明显地看到异常点,但按照上面的计算方法,这个异常点可能仍处于均值 3 倍标准差的范围内。因此,按照这种方法剔除异常值后,需要重新观察数据的分布情况,看是否仍然存在显著的异常点,若存在则继续重复上述步骤寻找异常点。

3. MAD 法

MAD 法是对均值标准差法的改进,把均值和标准差替换为稳健统计量,样本均值用样本中位数代替,样本标准差用样本绝对偏差中位数代替:

$$\text{md} = \text{median}(x_i, i=1,2,\cdots,n)$$
$$\text{MAD} = \text{median}(|x_i - \text{md}|, i=1,2,\cdots,n)$$

一般将偏离中位数三倍以上的数据视为异常值,与均值标准差法相比,中位数和 MAD 不受异常值的影响。

4. BOXPLOT 法

我们知道箱图上会注明异常值,假设 Q_1 和 Q_3 分别为数据从小到大排列的 25% 和 75% 分位数,记 $\text{IQR} = Q_1 - Q_3$,把 $(-\infty, Q_1 - 3*\text{IQR}) \cup (Q_3 + 3*\text{IQR}, +\infty)$ 里的数据标示为异常点。由于分位数也是稳健统计量,因此 BOXPLOT 法对极值不敏感,但当样本数据正偏严重且右尾分布明显偏厚时,BOXPLOT 法会把过多的数据划分为异常数据,因此 Hubert & Vandervieren 对原有 BOXPLOT 法进行了偏度调整。首先,样本偏度定义采用 Brys(2004) 提出的 Medcouple 法:

$$\text{md} = \text{median}(x_i, i=1,2,\cdots,n)$$
$$\text{mc} = \text{median}\left(\frac{(x_i - \text{md}) - (\text{md} - x_i)}{x_i - x_j}, x_i \geq \text{md}, x_j \leq \text{md}\right)$$

然后,给出经偏度调整后的 BOXPLOT 法的上下限:

$$L = \begin{cases} Q_1 - 1.5 * \exp(-3.5 * \text{mc}) * \text{IQR}, \text{mc} \geq 0 \\ Q_1 - 1.5 * \exp(-4 * \text{mc}) * \text{IQR}, \text{mc} < 0 \end{cases}$$

$$U = \begin{cases} Q_3 + 1.5 * \exp(4 * \text{mc}) * \text{IQR}, \text{mc} \geq 0 \\ Q_3 + 1.5 * \exp(3.5 * \text{mc}) * \text{IQR}, \text{mc} < 0 \end{cases}$$

5. 异常数据的影响和识别

我们以 2017 年 4 月 21 日 A 股所有股票的净资产收益率数据为例,这是横截面数据:

```
fields=['fs_roe_0']
start_date='2017-04-21'
end_date='2017-04-21'
instruments=D.instruments(start_date, end_date)
roe=D.features(instruments, start_date, end_date, fields=fields)['fs_roe_0']
```

(1) 描述性统计。操作如下：

```
print('均值:',roe.mean())
print('标准差:',roe.std())
roe.describe()
```

得到如下结果：

均值：6.318794955342129

标准差：21.524061060590586

```
count    2782.000000
mean        6.318795
std        21.524061
min      -190.077896
25%         1.918450
50%         5.625300
75%        10.413725
max       949.800476
Name: fs_roe_0, dtype: float64
```

可以看出，近 2 800 家公司净资产收益率的均值为 6.32、标准差为 21.52、最大值为 949.8、最小值为－190.08。

(2) 绘制直方图。操作如下：

```
roe.hist(bins=100)
```

得到如图 9-5 所示的图形。

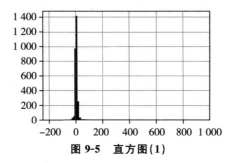

图 9-5　直方图(1)

下面分别以实际操作说明前面介绍的四种异常值处理方法。

第一，固定比例法。操作如下：

```
roe=D.features(instruments, start_date, end_date, fields=fields)['fs_roe_0']
roe[roe>=roe.quantile(0.99)]=roe.quantile(0.99)
```

roe[roe<=roe.quantile(0.01)]=roe.quantile(0.01)
print('均值:',roe.mean())
print('标准差:',roe.std())
roe.hist(bins=100)
均值:6.284804923675365
标准差:8.226735672980485

结果如图 9-6 所示:

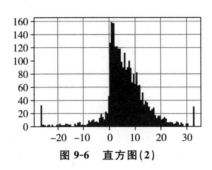

图 9-6　直方图(2)

第二,均值标准差法。操作如下:

roe=D.features(instruments, start_date, end_date, fields=fields)['fs_roe_0']
roe[roe>=roe.mean()+3*roe.std()]=roe.mean()+3*roe.std()
roe[roe<=roe.mean()-3*roe.std()]=roe.mean()-3*roe.std()
print('均值:',roe.mean())
print('标准差:',roe.std())
roe.hist(bins=100)
均值:6.377399763114386
标准差:8.908700726872697

结果如图 9-7 所示。

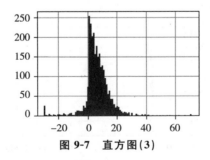

图 9-7　直方图(3)

第三,MAD 法。操作如下:

roe=D.features(instruments, start_date, end_date, fields=fields)['fs_roe_0']
roe=roe.dropna()
median=np.median(list(roe))
MAD=np.mean(abs(roe)-median)

```
roe=roe[abs(roe-median)/MAD<=6]
print('均值:',roe.mean())
print('标准差:',roe.std())
roe.hist(bins=100)
均值：6.377008957729898
标准差：5.919701879745745
```

结果如图9-8所示。

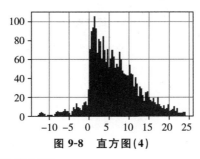

图9-8 直方图(4)

第四,BOXPLOT法。操作如下：

```
from statsmodels.stats.stattools import medcouple
roe=D.features(instruments, start_date, end_date, fields=fields)['fs_roe_0']
roe=roe.dropna()
def boxplot(data):
    mc=medcouple(data)
    data.sort()
    q1=data[int(0.25 * len(data))]
    q3=data[int(0.75 * len(data))]
    iqr=q3-q1
    if mc>=0:
        l=q1-1.5 * np.exp(-3.5 * mc) * iqr
        u=q3 + 1.5 * np.exp(4 * mc) * iqr
    else:
        l=q1 - 1.5 * np.exp(-4 * mc) * iqr
        u=q3 + 1.5 * np.exp(3.5 * mc) * iqr
    data=pd.Series(data)
    data[data < l]=l
    data[data > u]=u
    return data

print('均值',boxplot(list(roe)).mean())
print('标准差',boxplot(list(roe)).std())
boxplot(list(roe)).hist(bins=100)
均值 6.730327574702665
标准差 7.026104852061193
```

结果如图 9-9 所示。

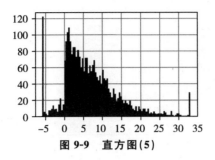

图 9-9　直方图(5)

练习题

对本章例题的数据,使用 Python 重新操作一遍。

10

参数估计及 Python 应用

10.1 参数估计与置信区间的含义

根据样本推断总体的分布和分布的数值特征称为统计推断。本章讨论统计推断的一个基本问题——参数估计。参数估计有两类：一类是点估计，就是以某个统计量的样本观测值作为未知参数的估计值；另一类是区间估计，就是用两个统计量所构成的区间估计未知参数。我们在估计总体均值的时候，用样本均值作为总体均值的估计，这就是点估计。在做置信区间估计之前，必须先规定一个置信度，如 95%。置信度以概率 $1-\alpha$ 表示，这里的 α 就是假设检验里的显著性水平。因此，95%的置信度相当于 5%的显著性水平。

置信区间估计的一般公式为：

$$\text{点估计} \pm (\text{关键值} \times \text{样本均值的标准误})$$

$$\bar{x} \pm z_{\alpha/2} \times s/\sqrt{n}$$

这里的关键值就是以显著性水平 α 做双尾检验的关键值，可以是 z 关键值或 t 关键值。z 关键值和 t 关键值的选择如表 10-1 所示。

表 10-1 z 关键值与 t 关键值的选择

	正态总体 $n<30$	$n \geqslant 30$
已知总体方差	z	z
未知总体方差	t	t 或 z

假设一位投资分析师从股权基金中选取一个随机样本，并计算出平均夏普比率。其中，样本的容量为 100，平均夏普比率为 0.45，样本标准差为 0.30。利用一个基于标准正态分布的临界值，计算并解释所有股权基金总体均值的 90%置信区间。在这个例子中，由于 90%置信区间的临界值为 $z_{0.05}=1.65$，故置信区间为 $\bar{x} \pm z_{0.05}\dfrac{s}{\sqrt{n}}=0.45 \pm 1.65\dfrac{0.30}{\sqrt{100}}$，即 0.4005~0.4995，表示分析师有 90%的信心认为这个区间包含总体均值。

10.2 点估计的 Python 应用

由大数定律可知,若总体 X 的 k 阶矩存在,则样本的 k 阶矩以概率收敛到总体的 k 阶矩,样本矩的连续函数收敛到总体矩的连续函数。这启发我们可以用样本矩作为总体矩的估计量,这种用相应的样本矩去估计总体矩的估计方法称为矩估计法。

设 $X_1,\cdots,X_n$ 为来自某总体的一个样本,样本 k 阶原点矩为:

$$A_k = \frac{1}{n}\sum_{i=1}^{n} X_i^k, k=1,2,\cdots,n$$

若总体 X 的 k 阶原点矩 $\mu_k = E(X^k)$ 存在,则按矩估计的思想,用 A_k 估计 μ_k:$\hat{\mu}_k = A_k$。

设总体 X 的分布函数含有 k 个未知参数 $\theta=(\theta_1,\cdots,\theta_k),j=1,2\cdots,k$,分布的前 k 阶矩存在,且都是 $\theta_1,\cdots,\theta_k$ 的函数,此时求 $\theta_j(j=1,2,\cdots,k)$ 矩估计的步骤如下:

(1) 求出 $E(X^j)=\mu_j, j=1,2,\cdots,k$,并假定:

$$\mu_j = g_j(\theta_1,\cdots,\theta_k), j=1,2,\cdots,k \quad ①$$

(2) 解方程①得到:

$$\theta_i = h_i(\mu_1,\cdots,\mu_k), i=1,2,\cdots,k \quad ②$$

(3) 在方程②中用 A_j 代替 $\mu_j, j=1,2,\cdots,k$,即得 $\theta=(\theta_1,\cdots,\theta_k)$ 的矩估计:

$$\theta_i = h_i(A_1,\cdots,A_k), i=1,2,\cdots,k \quad ③$$

若将样本观测值 $x_1,\cdots,x_n$ 代入方程③,即可得到 $\theta=(\theta_1,\cdots,\theta_k)$ 的估计值。

由于函数 g_j 的表达式不同,求解上述方程或方程组会相当困难,这时需要应用迭代算法求解数值。这里应具体问题具体分析,我们不可能用固定的 Python 语言程序来直接估计 θ,只能利用 Python 的计算功能,根据具体问题编写相应的 Python 程序,下面看一个例子。

例 10-1:设 $X_1,\cdots,X_n$ 为来自 $b(1,\theta)$ 的一个样本,θ 表示某事件成功的概率,通常事件的成败机会比 $g(\theta)=\theta/(1-\theta)$ 是人们更感兴趣的参数,可以利用矩估计轻松给出 $g(\theta)$ 一个很不错的估计。因为 θ 是总体均值,由矩估计法,记 $\bar{x}=\frac{1}{n}\sum_{i=1}^{n}X_i$,则 $h(\bar{x})=\frac{1-\bar{x}}{\bar{x}}$ 是 $g(\theta)$ 的一个矩估计。

例 10-2:记录某个篮球运动员在一次比赛中投篮命中与否(1 为命中,0 为未命中),观测数据如下:

1 1 0 1 0 0 1 0 1 1 1 0 1 1 0 1 1 0 1
0 0 1 0 1 0 1 0 0 1 1 0 1 1 0 1

编写 Python 程序估计这个篮球运动员投篮的成败机会比。

```
importnumpy as np
x=[1,1,0,1,0,0,1,0,1,1,1,0,1,1,0,1,0,0,1,0,1,0,1,0,0,1,1,0,1,1,0,1]
theta=np.mean(x)
```

h=theta/(1-theta)
print('h=',h)
h=1.2857142857142858

我们得到 $g(\theta)$ 的矩估计为 $h=1.2857142857142858$。

10.3 单正态总体均值区间估计的 Python 应用

上一节讨论了点估计,由于点估计值只是估计量的一个近似值,因而点估计本身既没有反映这种近似值的精度(即指出用估计值去估计的误差范围有多大),也没有指出这个误差范围以多大的概率包括未知参数。这正是区间估计要解决的问题。本节讨论单正态总体均值的区间估计问题。

1. 方差 σ^2 已知,μ 的置信区间

设来自正态总体 $N(\mu,\sigma^2)$ 的随机样本和样本值记为 $X_1,X_2,\cdots,X_n$,样本均值 $\bar{x}$ 是总体均值 μ 的一个很好的估计量,利用 $\bar{x}$ 的分布,可以得出总体均值 μ 的置信度为 $1-\alpha$ 的置信区间(通常取 $\alpha=0.05$)。

$\bar{x}\sim N(\mu,\sigma^2)$,有 $Z=\dfrac{\bar{x}-\mu}{\sigma/\sqrt{n}}\sim N(0,1)$,由 $P(-z_{1-\alpha/2}<Z<z_{1-\alpha/2})=1-\alpha$,即得:

$$P\left(\bar{x}-\frac{\sigma}{\sqrt{n}}z_{1-\alpha/2}<\mu<\bar{x}+\frac{\sigma}{\sqrt{n}}z_{1-\alpha/2}\right)=1-\alpha$$

对于单正态总体 $N(\mu,\sigma^2)$,当 $\sigma_0=\sigma$ 已知,μ 的置信度为 $1-\alpha$ 的置信区间为 $(\bar{x}-\dfrac{\sigma}{\sqrt{n}}z_{1-\alpha/2},\bar{x}+\dfrac{\sigma}{\sqrt{n}}z_{1-\alpha/2})$。

例 10-3:某车间生产的滚珠直径 X 服从正态分布 $N(\mu,0.6)$。现从某天的产品中抽取 6 个,测得直径(单位:mm)如下:14.6、15.1、14.9、14.8、15.2、15.1。试求平均直径置信度为 95% 的置信区间。

解:置信度 $1-\alpha=0.95$,$\alpha=0.05$。$\alpha/2=0.025$,查表可得 $Z_{0.025}=1.96$,又由样本值得 $\bar{x}=14.95,n=6,\sigma=\sqrt{0.6}$。

$$\text{置信下限 } \bar{x}-Z_{1-\alpha/2}\frac{\sigma_0}{\sqrt{n}}=14.95-1.96\times\sqrt{\frac{0.6}{6}}=14.3302$$

$$\text{置信上限 } \bar{x}+Z_{1-\alpha/2}\frac{\sigma_0}{\sqrt{n}}=14.95+1.96\times\sqrt{\frac{0.6}{6}}=15.5698$$

由上可知,均值的置信区间为 $(14.3302,15.5698)$[①]。
为此,我们编制 Pyhton 程序如下:

importnumpy as np

[①] 若无其他说明,本书置信区间数值均默认保留小数点后 4 位。

```
importscipy.stats as ss
n=6; p=0.025; sigma=np.sqrt(0.6)
x=[14.6,15.1,14.9,14.8,15.2,15.1]
xbar=np.mean(x)
low=xbar - ss.norm.ppf(q=1 - p) * (sigma / np.sqrt(n))
up=xbar + ss.norm.ppf(q=1 - p) * (sigma / np.sqrt(n))
print ('low=',low)
print ('up=',up)
```

得到如下结果:

low=14.330204967695439
up=15.569795032304564

2. 方差 σ^2 未知，μ 的置信区间

$$Z=\frac{\bar{x}-\mu}{\sigma/\sqrt{n}}\sim N(0,1),\frac{(n-1)S^2}{\sigma^2}\sim\chi^2(n-1)，且二者独立，所以有：$$

$$T=\frac{\bar{x}-\mu}{S/\sqrt{n}}\sim t(n-1)$$

同样由 $P[-t_{1-\alpha/2}(n-1)<T<t_{1-\alpha/2}(n-1)]=1-\alpha$ 得到:

$$P\left(\bar{x}-\frac{S}{\sqrt{n}}t_{1-\alpha/2}(n-1)<\mu<\bar{x}+\frac{S}{\sqrt{n}}t_{1-\alpha/2}(n-1)\right)=1-\alpha$$

所以当方差 σ^2 未知时，μ 的置信度为 $1-\alpha$ 的置信区间为:

$$\left(\bar{x}-\frac{S}{\sqrt{n}}t_{1-\alpha/2}(n-1),\bar{x}+\frac{S}{\sqrt{n}}t_{1-\alpha/2}(n-1)\right)$$

其中，$t_p(n)$ 为自由度为 n 的 t 分布的下侧 p 分位数。

注：$S=\sqrt{\frac{1}{n-1}\sum_{i=1}^{n}(X_i-\bar{x})^2}$。

例 10-4：某糖厂为自动包装机装糖，设各糖包重量服从正态分布 $N(\mu,\sigma^2)$。某日开工后测得 9 包重量（单位：kg）为：99.3、98.7、100.5、101.2、98.3、99.7、99.5、102.1、100.5。试求 μ 的置信度为 95% 的置信区间。

解：置信度 $1-\alpha=0.95$，查表得 $t_{1-\alpha/2}(n-1)=t_{0.025}(8)=2.306$，又由样本值得 $\bar{x}=99.978$，$S^2=1.47$，故：

$$置信下限\ \bar{x}-t_{1-\alpha/2}(n-1)\frac{S}{\sqrt{n}}=99.978-2.306\times\sqrt{\frac{1.47}{9}}\approx 99.0458$$

$$置信上限\ \bar{x}+t_{1-\alpha/2}(n-1)\frac{S}{\sqrt{n}}=99.978+2.306\times\sqrt{\frac{1.47}{9}}\approx 100.9097$$

所以，μ 的置信度为 95% 的置信区间为 (99.0458,100.9097)。

为此，我们编制 Python 程序如下：

```
importnumpy as np
```

```
importscipy.stats as ss
fromscipy.stats import t
n=9;p=0.025;s=np.sqrt(1.47)
x=[99.3,98.7,100.5,101.2,98.3,99.7,99.5,102.1,100.5]
xbar=np.mean(x)
low=xbar － ss.t.ppf(1－p,n－1) * (s / np.sqrt(n))
up=xbar ＋ ss.t.ppf(1－p,n－1) * (s / np.sqrt(n))
print ('low=',low)
print ('up=',up)
```

得到如下结果：

low=99.04581730209804
up=100.9097382534575

10.4　单正态总体方差区间估计的 Python 应用

虽然可以就均值是否已知分两种情形讨论方差的区间估计，但在现实中，μ 已知的情形是极为罕见的，这里只讨论 μ 未知条件下方差 σ^2 的置信区间。

$\chi^2 = (n-1)S^2/\sigma^2 \sim \chi^2(n-1)$，由 $P\left(\chi^2_{\alpha/2}(n-1) < \dfrac{(n-1)S^2}{\sigma^2} < \chi^2_{1-\alpha/2}(n-1)\right) = 1-\alpha$ 可以得出 σ^2 置信度为 $1-\alpha$ 的置信区间为：

$$\left(\dfrac{(n-1)S^2}{\chi^2_{\alpha/2}(n-1)}, \dfrac{(n-1)S^2}{\chi^2_{1-\alpha/2}(n-1)}\right)$$

例 10-5：从某车间加工的同类零件中抽取 16 件，测得零件的平均长度为 12.8 厘米、方差为 0.0023。假设零件的长度服从正态分布，试求总体方差的置信区间（置信度为 95%）。

解：已知 $n=16, S^2=0.0023, 1-\alpha=0.95$

查表得：

$$\chi^2_{1-\alpha/2}(n-1) = \chi^2_{0.975}(15) = 6.262$$
$$\chi^2_{\alpha/2}(n-1) = \chi^2_{0.025}(15) = 27.488$$

代入数据，可求得总体方差的置信区间为 $(0.0013, 0.0055)$。

为此，我们编制 Python 程序如下：

```
fromscipy.stats import chi2
n=16;sq=0.0023;p=0.025
low=((n－1) * sq)/ chi2.ppf(1－p, n－1)
up=((n－1) * sq)/ chi2.ppf(p, n－1)
print ('low=',low)
print ('up=',up)
```

得到如下结果：

low=0.0012550751937877682

up=0.005509300678006194

10.5 双正态总体均值差区间估计的 Python 应用

本节讨论双正态总体均值差的区间估计问题。

1. 两方差已知,两均值差的置信区间

假设 σ_1^2 和 σ_2^2 已知,求 $\mu_1-\mu_2$ 置信度为 $1-\alpha$ 的置信区间。

$\bar{x} \sim N(\mu_1,\sigma_1^2), \bar{Y} \sim N(\mu_2,\sigma_2^2)$ 且两者独立,得到:

$$\bar{x}-\bar{Y} \sim N(\mu_1-\mu_2, \sigma_1^2/n_1+\sigma_2^2/n_2)$$

有 $Z=\dfrac{(\bar{x}-\bar{Y})-(\mu_1-\mu_2)}{\sqrt{\sigma_1^2/n_1+\sigma_2^2/n_2}} \sim N(0,1)$,由 $P(-z_{1-\alpha/2}<Z<z_{1-\alpha/2})=1-\alpha$ 得:

$$P(\bar{x}-\bar{Y}-z_{1-\alpha/2}\sqrt{\sigma_1^2/n_1+\sigma_2^2/n_2}<\mu_1-\mu_2<\bar{x}-\bar{Y}+z_{1-\alpha/2}\sqrt{\sigma_1^2/n_1+\sigma_2^2/n_2})=1-\alpha$$

所以,两均值差的置信区间为:

$$(\bar{x}-\bar{Y}-z_{1-\alpha/2}\sqrt{\sigma_1^2/n_1+\sigma_2^2/n_2}, \bar{x}-\bar{Y}+z_{1-\alpha/2}\sqrt{\sigma_1^2/n_1+\sigma_2^2/n_2})$$

例 10-6:为比较两种农产品的产量,选择 18 块条件相似的试验田,采用相同的耕作方法做试验,结果播种甲品种的 8 块试验田的单位面积产量和播种乙品种的 10 块试验田的单位面积产量(单位:斤)分别为:

甲品种:628、583、510、554、612、523、530、615

乙品种:535、433、398、470、567、480、498、560、503、426

假定每个品种的单位面积产量均服从正态分布,甲品种产量的方差为 2 140,乙品种产量的方差为 3 250,试求两个品种平均面积产量差的置信区间(取 $\alpha=0.05$)。

为此,我们编制 Python 程序如下:

```
import numpy as np
import scipy.stats as ss
x=[628,583,510,554,612,523,530,615]
y=[535,433,398,470,567,480,498,560,503,426]
n1=len(x);n2=len(y)
xbar=np.mean(x);ybar=np.mean(y)
sigmaq1=2140;sigmaq2=3250;p=0.025
low=xbar－ybar－ss.norm.ppf(q=1－p) * np.sqrt(sigmaq1/n1+sigmaq2/n2)
up=xbar－ybar+ss.norm.ppf(q=1－p) * np.sqrt(sigmaq1/n1+sigmaq2/n2)
print ('low=',low)
print ('up=',up)
```

得到如下结果:

low=34.66688380095825

up=130.08311619904174

可知,两个品种平均面积产量差的置信度为 0.95 的置信区间为(34.6669,130.0831)。

2. 两方差均未知,两均值差的置信区间

设两方差均未知,但 $\sigma_1^2=\sigma_2^2=\sigma^2$,此时 $Z=\dfrac{\bar{x}-\bar{Y}-(\mu_1-\mu_2)}{\sqrt{\sigma_1^2/n_1+\sigma_2^2/n_2}}\sim N(0,1)$,$\dfrac{(n_1-1)S_1^2}{\sigma^2}\sim\chi^2(n_1-1)$,$\dfrac{(n_2-1)S_2^2}{\sigma^2}\sim\chi^2(n_2-1)$,所以 $\dfrac{(n_1-1)S_1^2}{\sigma^2}+\dfrac{(n_2-1)S_2^2}{\sigma^2}\sim\chi^2(n_1+n_2-2)$,由此可得:

$$T=\dfrac{\bar{x}-\bar{Y}-(\mu_1-\mu_2)}{\sqrt{(1/n_1+1/n_2)S^2}}\sim t(n_1-n_2-2)$$

其中,$S^2=\dfrac{(n_1-1)S_1^2+(n_2-1)S_2^2}{(n_1-1)+(n_2-1)}$。

同样由 $P(-t_{1-\alpha/2}(n_1+n_2-2)<T<t_{1-\alpha/2}(n_1+n_2-2))=1-\alpha$,解不等式得两均值差置信度为 $1-\alpha$ 的置信区间为 $(\bar{x}-\bar{Y}-t_{1-\alpha/2}(n_1+n_2-2)\sqrt{(1/n_1+1/n_2)S^2})$

例 10-7:在例 10-6 中,假设不知道两个品种产量的方差但已知两者相同,求置信区间。

为此,我们编制 Python 程序如下:

```
importnumpy as np
importscipy.stats as ss
x=[628,583,510,554,612,523,530,615]
y=[535,433,398,470,567,480,498,560,503,426]
n1=1.0*len(x);n2=1.0*len(y)
s1=np.var(x);s2=np.var(y)
xbar=np.mean(x);ybar=np.mean(y)
p=0.025
sq=((n1-1)*s1+(n2-1)*s2)/(n1-1+n2-1)
low=xbar — ybar-ss.t.ppf(1-p,n1+n2-2)*np.sqrt(sq*(1/n1+1/n2))
up=xbar — ybar+ss.t.ppf(1-p,n1+n2-2)*np.sqrt(sq*(1/n1+1/n2))
print ('low=',low)
print ('up=',up)
```

得到如下结果:

low=32.42092781838556
up=132.32907218161444

可见,两个品种平均面积产量差的置信水平为 0.95 的置信区间为(32.4209,132.3291)。

10.6 双正态总体方差比区间估计的 Python 应用

虽然可以就均值是否已知分两种情形讨论方差的区间估计,但在现实中,μ 已知的情形是极为罕见的,所以只讨论 μ 未知条件下方差 σ^2 的置信区间。

$(n_1-1)S_1^2/\sigma^2 \sim \chi^2(n_1-1), (n_2-1)S_2^2/\sigma^2 \sim \chi^2(n_2-1)$ 且 S_1^2 与 S_2^2 相互独立,故:

$$F = (S_1^2/\sigma_1^2)/(S_2^2/\sigma_2^2) \sim F(n_1-1, n_2-1)$$

对于给定的置信度 $1-\alpha$,由:

$$P(F_{\alpha/2}(n_1-1, n_2-1) < (S_1^2/\sigma_1^2)/(S_2^2/\sigma_2^2) < F_{1-\alpha/2}(n_1-1, n_2-1)) = 1-\alpha$$

可以得出两方差比置信度为 $1-\alpha$ 的置信区间为:

$$\left(\frac{S_1^2}{S_2^2} \frac{1}{F_{1-\alpha/2}(n_1-1, n_2-1)}, \frac{S_1^2}{S_2^2} \frac{1}{F_{\alpha/2}(n_1-1, n_2-1)} \right)$$

其中,$F_p(m, n)$ 是自由度为 (m, n) 的 F 分布的下侧 p 分位数。

例 10-8:甲、乙两台机床分别加工某种轴承,轴承直径分别服从正态分布 $N(\mu_1, \sigma_1^2)$ 和 $N(\mu_2, \sigma_2^2)$,从各自加工的轴承中分别抽取若干个轴承测直径,结果如表 10-2 所示。

表 10-2 机床轴承直径

单位:毫米

总体	样本容量	直径
X(甲机床)	8	20.5、19.8、19.7、20.4、20.1、20.0、19.0、19.9
Y(乙机床)	7	20.7、19.8、19.5、20.8、20.4、19.6、20.2

试求两台机床加工的轴承直径方差比的置信度为 0.95 的置信区间。

为此,我们编制 Python 程序如下:

```
importnumpy as np
fromscipy.stats import f
x=[20.5,19.8,19.7,20.4,20.1,20.0,19.0,19.9]
y=[20.7,19.8,19.5,20.8,20.4,19.6,20.2]
sq1=np.var(x);sq2=np.var(y)
n1=8;n2=7;p=0.025
f.ppf(0.025, n1-1, n2-1)
low=sq1/sq2 * 1/f.ppf(1-p, n1-1, n2-1)
up=sq1/sq2 * 1/f.ppf(p, n1-1, n2-1)
print ('low=',low)
print ('up=',up)
low=0.1421688673708112
up=4.144622814076891
```

运行上面的程序显示,两台机床加工的轴承直径方差比的置信度为 0.95 置信区间是 (0.1422, 4.1447)。

练习题

对本章例题,使用 Python 重新操作一遍。

11

参数假设检验及 Python 应用

参数假设检验是指对参数的均值、方差、比率等特征进行的统计检验。参数假设检验一般假设总体样本的具体分布是已知的,但是其中一些参数或取值范围不确定,主要分析目的是估计这些未知参数的取值,或者对这些参数进行假设检验。参数假设检验不仅能够对总体样本的特征参数进行推断,还能够对两个或多个总体样本的参数进行比较。常用的参数假设检验包括单样本 t 检验、两个总体样本均值差异的假设检验、总体样本方差的假设检验、总体样本比率的假设检验等。本章先介绍参数假设检验的基本理论,然后通过实例说明 Python 在参数假设检验中的具体应用。

11.1 参数假设检验的基本理论

1. 假设检验的概念

为了推断总体样本的某些性质,我们会提出总体样本性质的各种假设。假设检验就是根据样本提供的信息对假设做出判断的过程。

原假设是我们想要拒绝的假设,记为 H_0。备择假设是我们拒绝原假设后得到的结论,记为 H_a。

假设都是关于总体参数的。例如,我们想知道总体均值是否等于某个常数 μ_0,那么原假设是 $H_0: \mu = \mu_0$,备择假设是 $H_a: \mu \neq \mu_0$。

上面这种假设,我们称为双尾检验,因为备择假设是双边的。

下面两种假设的检验称为单尾检验:

$$H_0: \mu \geq \mu_0 \qquad H_a: \mu < \mu_0$$
$$H_0: \mu \leq \mu_0 \qquad H_a: \mu > \mu_0$$

注意:无论是单尾检验还是双尾检验,等号永远在原假设一边,这是用来判断原假设的唯一标准。

2. 第一类错误和第二类错误

我们在做假设检验时会犯两类错误:第一,原假设是正确的而你判断它为错误的;第二,原假设是错误的而你判断它为正确的。我们分别称为第一类错误和第二类错误。总结如下：

第一类错误：原假设是正确的，却拒绝了原假设。

第二类错误：原假设是错误的，却没有拒绝原假设。

这类似于法官判案时，被告是好人却被判为坏人，这是第一类错误（错杀好人或以真为假）；被告是坏人却被判为好人，这是第二类错误（放走坏人或以假为真）。

在其他条件不变的情况下，如果要求犯第一类错误的概率越低，那么犯第二类错误的概率就会越高。通俗地理解，当我们要求错杀好人的概率降低，往往会放走坏人。

同样，在其他条件不变的情况下，如果要求犯第二类错误的概率越低，那么犯第一类错误的概率就越高。通俗地理解，当我们要求放走坏人的概率降低，往往就会错杀好人。

其他条件不变主要是指样本量 n 不变。换言之，要想少犯第一类错误和第二类错误，就要增大样本量 n。

在做假设检验的时候，我们会规定允许犯第一类错误的概率（如 5%），称为显著性水平，记为 α。我们通常只规定犯第一类错误的概率，而不规定犯第二类错误的概率。

检验的势定义为：在原假设为错误的情况下正确拒绝原假设的概率。检验的势等于 1 减去犯第二类错误的概率。

我们用表 11-1 说明显著性水平和检验的势。

表 11-1　显著性水平和检验的势

	原假设正确	原假设不正确
拒绝原假设	第一类错误 显著性水平 α	判断正确 检验的势＝$1-P$（第二类错误）
没有拒绝原假设	判断正确	第二类错误

要做假设检验，我们先要计算两个值：检验统计量和关键值。

检验统计量是基于样本数据计算得来的，其一般形式为：

检验统计量＝（样本统计量－在 H_0 中的总体参数值）/样本统计量的标准误差

关键值是查表得到的。关键值的计算需要明确以下三点：

（1）检验统计量是什么分布，这决定了我们要查哪张表。

（2）显著性水平。

（3）是双尾检验还是单尾检验。

3. 决策规则

（1）基于检验统计量和关键值的决策准则。

计算检验统计量和关键值之后，怎样判断是拒绝原假设还是不拒绝原假设呢？

首先，要明确我们做的是双尾检验还是单尾检验。如果是双尾检验，那么拒绝域在两边。以双尾 z 检验为例，首先画出 z 分布（标准正态分布），在两边画出阴影的拒绝区域，如图 11-1 所示。拒绝区域的面积应等于显著性水平。以 $\alpha=0.05$ 为例，左右两块拒绝区域的面积之和应等于 0.05，可知交界处的数值为 ± 1.96，± 1.96 即关键值。

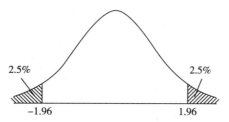

图 11-1　双边拒绝区域的正态分布

如果基于样本数据计算得出的检验统计量落在拒绝区域(小于-1.96或大于1.96),就拒绝原假设;如果检验统计量没有落在拒绝区域(在-1.96和1.96之间),就不能拒绝原假设。

如果是单尾检验,那么拒绝区域在一边。拒绝区域在哪一边,要看备择假设在哪一边。以单尾 z 检验为例,如果原假设为 $H_0: \mu \leqslant \mu_0$,备择假设为 $H_a: \mu > \mu_0$,那么拒绝区域在右边。首先画出 z 分布(标准正态分布),在右边画出阴影的拒绝区域,如图 11-2 所示。拒绝区域的面积还是等于显著性水平。以 $\alpha = 0.05$ 为例,因为只有一块拒绝区域,因此其面积为 0.05,可知交界处的数值为 1.65,1.65 即关键值。

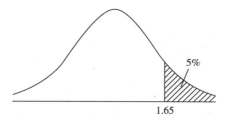

图 11-2　右边拒绝区域的正态分布

如果基于样本数据计算得出的检验统计量落在拒绝区域(大于1.65),就拒绝原假设;如果检验统计量没有落在拒绝区域(小于1.65),就不能拒绝原假设。

(2) 基于 P 值和显著性水平的决策规则。

在实际中,如统计软件经常给出的是 P 值,可以将 P 值与显著性水平做比较,以决定拒绝还是不拒绝原假设,这是基于 P 值和显著性水平的决策规则。

首先来看看 P 值到底是什么。在双尾检验中有两个检验统计量,两个检验统计量两边的面积之和就是 P 值。因此,每一边的面积是 P/2,如图 11-3 所示。

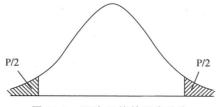

图 11-3　双边 P 值的正态分布

在单尾检验中只有一个检验统计量,检验统计量左边或右边上的面积就是 P 值,如图 11-4 所示。

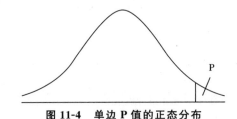

图 11-4 单边 P 值的正态分布

计算 P 值的目的是与显著性水平做比较。若 P 值小于显著性水平,则说明检验统计量落在拒绝区域,拒绝原假设;若 P 值大于显著性水平,则说明检验统计量没有落在拒绝区域,不能拒绝原假设。

综上,P 值定义为:可以拒绝原假设的最小显著性水平。

(3) 结论的陈述。

在程序语言中,如果不能拒绝原假设,我们不能说接受原假设(accept H_0),只能说 can not reject H_0 或 fail to reject H_0。

在做出判断之后,我们还要陈述结论。如果拒绝原假设,那么我们说总体均值显著不相等。

4. 单个总体均值的假设检验

我们想知道一个总体均值是否等于(或大于等于、小于等于)某个常数 μ_0,可以使用 z 检验或 t 检验。双尾检验和单尾检验的原假设和备择假设如下:

$$H_0: \mu = \mu_0 \qquad H_a: \mu \neq \mu_0$$
$$H_0: \mu \geq \mu_0 \qquad H_a: \mu < \mu_0$$
$$H_0: \mu \leq \mu_0 \qquad H_a: \mu > \mu_0$$

表 11-2 说明了使用 z 检验和 t 检验的情况。

表 11-2 z 检验与 t 检验适用条件

	正态总体,$n<30$	$n \geq 30$
总体方差已知	z 检验	z 检验
总体方差未知	t 检验	t 检验或 z 检验

下面,我们要计算 z 统计量和 t 统计量。

如果总体方差已知,那么 z 统计量的公式为:

$$z = \frac{\bar{x} - \mu_0}{\sigma\sqrt{n}}$$

其中,$\bar{x}$ 为样本均值,σ 为总体标准差,n 为样本容量。

如果总体方差未知,那么 z 统计量的公式为:

$$z = \frac{\bar{x} - \mu_0}{s\sqrt{n}}$$

其中,$\bar{x}$ 为样本均值,s 为样本标准差,n 为样本容量。

注:$n > 30, s^2 = \frac{1}{n} \sum_{i=1}^{n}(x_i - \bar{x})^2; n \leq 30, s^2 = \frac{1}{n-1} \sum_{i=1}^{n}(x_i - \bar{x})^2)$。

t 统计量的公式为：

$$t_{n-1} = \frac{\bar{x} - \mu_0}{s/\sqrt{n}}$$

其中，$\bar{x}$ 为样本均值，s 为样本标准差，n 为样本容量。下标 $n-1$ 是 t 分布的自由度，我们在查表找关键值时要使用到它。

例 11-1：一家已经在市场上生存了 24 个月的中等市值成长型基金。在此期间，该基金实现了 1.50% 的月平均收益率，而且月收益率的样本标准差为 3.60%。给定该基金面临的系统性风险（市场风险）水平，并根据一个定价模型，我们预期基金在此期间应该获得 1.10% 的月平均收益率。假定收益率服从正态分布，那么实际结果是否和 1.10% 这个理论上的月平均收益率或者总体月平均收益率相一致？

(1) 给出与该研究问题的语言描述相一致的原假设和备择假设。
(2) 找出对(1)中假设进行检验的检验统计量。
(3) 求出 0.10 显著性水平下(1)中所检验的假设的拒绝点。
(4) 确定是否应该在 0.10 显著性水平下拒绝原假设。

解：(1) 我们有一个"不等"的备择假设，其中 μ 是该基金对应的平均收益率。

因而原假设和备择假设如下：

$$H_0: \mu = 1.10 \qquad H_a: \mu \neq 1.10$$

(2) 由于总体方差是未知的，我们使用自由度为 23 的 t 检验。

(3) 由于这是一个双边检验，拒绝点为 $t = t_{0.05, 23}$。在 t 分布表中，在自由度为 23 的行和 0.05 的列找到 1.714。即双边检验的两个拒绝点是 1.714 和 −1.714。如果发现 $t > 1.714$ 或 $t < 1.714$，那么我们将拒绝原假设。

(4) $t_{23} = \dfrac{\bar{x} - \mu_0}{s/\sqrt{n}} = \dfrac{1.50 - 1.10}{3.60/\sqrt{24}} = 0.544331 < 1.714$。

因此，在 0.10 显著性水平下，我们应拒绝原假设。

5. 两个独立总体均值的假设检验

我们想知道两个相互独立的正态分布的总体均值是否相等，可以使用 t 检验来完成。双尾检验和单尾检验的原假设和备选假设如下：

$$H_0: \mu_1 = \mu_2 \qquad H_a: \mu_1 \neq \mu_2$$
$$H_0: \mu_1 \geqslant \mu_2 \qquad H_a: \mu_1 < \mu_2$$
$$H_0: \mu_1 \leqslant \mu_2 \qquad H_a: \mu_1 > \mu_2$$

下标 1 和 2 分别表示取自第一个总体的样本和取自第二个总体的样本，这两个样本相互独立。

在开始做假设检验之前，我们先要区分两种情况：第一种，两个总体方差未知但假设相等；第二种，两个总体方差未知且假设不等。

对于第一种情况，我们用 t 检验，自由度为 $n_1 + n_2 - 2$。t 统计量的计算公式为：

$$t_{n_1 + n_2 - 2} = \frac{(\bar{x}_1 - \bar{x}_2) - (\mu_1 - \mu_2)}{\sqrt{\dfrac{s_p^2}{n_1} + \dfrac{s_p^2}{n_2}}}$$

其中，$s_p^2 = \dfrac{(n_1-1)s_1^2 + (n_2-1)s_2^2}{n_1 + n_2 - 2}$，$s_1^2$ 为第一个样本的样本方差，s_2^2 为第二个样本的样本方差，n_1 为第一个样本的样本量，n_2 为第二个样本的样本量。

例 11-2：20 世纪 80 年代的标准普尔 500 指数已实现的月平均收益率似乎与 20 世纪 70 年代的月平均收益率有着巨大的差异，那么这个差异在统计上是否显著呢？表 11-3 的数据表明，我们没有充足的理由拒绝这两个 10 年区间的月平均收益率的总体方差是相同的。

表 11-3 两个 10 年区间的标准普尔 500 指数的月平均收益率及其标准差

10 年区间	月份数(n)	月平均收益率(%)	标准差
20 世纪 70 年代	120	0.580	4.598
20 世纪 80 年代	120	1.470	4.738

(1) 给出与双边假设检验一致的原假设和备择假设。

(2) 找出(1)中假设的检验统计量。

(3) 求出(1)中检验的假设分别在 0.10、0.05 和 0.01 显著性水平下的拒绝点。

(4) 确定在 0.10、0.05 和 0.01 显著性水平下是否应拒绝原假设。

解：(1) 令 μ_1 表示 20 世纪 70 年代的总体平均收益率，μ_2 表示 20 世纪 80 年代的总体平均收益率，于是我们给出如下假设：

$$H_0: \mu_1 = \mu_2 \quad H_a: \mu_1 \neq \mu_2$$

(2) 因为两个样本分别取自不同的 10 年区间，所以它们是独立样本。总体方差是未知的，但是可以被假设为相等。给定所有这些条件，我们可利用自由度为 238 的 t 检验。

(3) 在 t 分布表中，最接近 238 的自由度为 200。对于一个双边检验，在 df=200 的 0.10、0.05 和 0.01 显著性水平下的拒绝点分别为 ± 1.653、± 1.972、± 2.601。在 0.10 的显著性水平下，如果 $t < -1.653$ 或 $t > 1.653$，我们将拒绝原假设；在 0.05 显著性水平下，如果 $t < -1.972$ 或 $t > 1.972$，我们将拒绝原假设；在 0.01 显著性水平下，如果 $t < -2.601$ 或 $t > 2.601$，我们将拒绝原假设。

(4) 在计算检验统计量时，先计算合并方差的估计值：

$$s_p^2 = \dfrac{(n_1-1)s_1^2 + (n_2-1)s_2^2}{n_1 + n_2 - 2} = \dfrac{(120-1)(4.598)^2 + (120-1)(4.738)^2}{120 + 120 - 2} = 21.795124$$

$$t_{n_1+n_2-2} = \dfrac{(\bar{x}_1 - \bar{x}_2) - (\mu_1 - \mu_2)}{\sqrt{\dfrac{s_p^2}{n_1} + \dfrac{s_p^2}{n_2}}} = \dfrac{(0.580 - 1.470) - 0}{\left(\dfrac{21.795124}{120} + \dfrac{21.795124}{120}\right)^{1/2}} = \dfrac{-0.89}{0.602704} \approx -1.477$$

显然，$t = -1.477$ 在 0.10 显著性水平下不显著，在 0.05 和 0.01 显著性水平下也不显著。因此，我们无法在任一个显著性水平下拒绝原假设。

当我们能假设两个总体服从正态分布，但是不知道总体方差，而且不能假设总体方差相等时，基于独立随机样本的近似，检验统计量的公式如下：

$$t = \dfrac{(\bar{x}_1 - \bar{x}_2) - (\mu_1 - \mu_2)}{\sqrt{\dfrac{s_1^2}{n_1} + \dfrac{s_2^2}{n_2}}}$$

其中，s_1^2 为第一个样本的样本方差，s_2^2 为第二个样本的样本方差，n_1 为第一个样本的样本量，n_2 为第二个样本的样本量。我们使用"修正的"自由度，其计算公式为 $df = \dfrac{(s_1^2/n_1 + s_2^2/n_2)^2}{(s_1^2/n_1)^2/n_1 + (s_2^2/n_2)^2/n_2}$ 的数值表。

例 11-3：有风险公司债券的收益率是如何决定的？两个重要的考虑因素为预期违约概率和违约发生情况下预期能够回收的金额。Altman & Kishore 首次记录了按行业和信用等级分层的违约债券的平均回收率。在他们的研究区间 1971—1995 年，Altman & Kishore 发现公共事业公司、化工类公司、石油公司以及塑胶制造公司的违约债券的平均回收率明显高于其他行业。这一差别能否通过在高回收率行业中的高信用担保债券比较来解释？他们检验按信用等级分层的回收率，对此进行研究。这里，我们仅讨论他们对高信用担保债券的研究结果。其中，μ_1 表示公共事业公司高信用担保债券的总体平均回收率，而 μ_2 表示其他行业（非公共事业）公司高信用担保债券的总体平均回收率，假设：

$$H_0: \mu_1 = \mu_2 \quad H_a: \mu_1 \neq \mu_2$$

表 11-4 摘自他们的部分研究结果：

表 11-4 高信用担保债券的回收率

	公共事业样本			非公共事业样本		
	观测数	违约时的平均价格（美元）	标准差	观测数	违约时的平均价格（美元）	标准差
高信用担保债券	21	64.42	14.03	64	55.75	25.17

根据他们的研究假设，总体服从正态分布，并且样本是独立的。根据表 11-4 中的数据，回答下列问题：

（1）为什么 Altman & Kishore 会选择 $t = \dfrac{(\bar{x}_1 - \bar{x}_2) - (\mu_1 - \mu_2)}{\sqrt{\dfrac{s_1^2}{n_1} + \dfrac{s_2^2}{n_2}}}$，而不是 $t_{n_1+n_2-2} = \dfrac{(\bar{x}_1 - \bar{x}_2) - (\mu_1 - \mu_2)}{\sqrt{\dfrac{s_p^2}{n_1} + \dfrac{s_p^2}{n_2}}}$ 的检验统计量。

（2）计算上述给出的原假设的检验统计量。

（3）该检验的修正自由度的数值为多少？

（4）确定在 0.10 显著性水平下是否应该拒绝原假设。

解：（1）拥有高信用担保债券的公共事业公司回收率的样本标准差 14.03 小于非公共事业公司回收率的样本标准差 25.17。因为不假设它们的方差相等的选择是恰当的，所

以采用 $t=\dfrac{(\bar{x}_1-\bar{x}_2)-(\mu_1-\mu_2)}{\sqrt{\dfrac{s_1^2}{n_1}+\dfrac{s_2^2}{n_2}}}$ 检验。

(2) 检验统计量为：

$$t=\dfrac{(\bar{x}_1-\bar{x}_2)-(\mu_1-\mu_2)}{\sqrt{\dfrac{s_1^2}{n_1}+\dfrac{s_2^2}{n_2}}}$$

其中，$\bar{x}_1$ 表示公共事业公司的样本平均回收率，等于 64.42；$\bar{x}_2$ 表示非公共事业公司的样本平均回收率，等于 55.75，$s_1^2=14.03^2=196.8409$，$s_2^2=25.17^2=633.5289$，$n_1=21$，$n_2=64$，因此：

$$t=\dfrac{(\bar{x}_1-\bar{x}_2)-(\mu_1-\mu_2)}{\sqrt{\dfrac{s_1^2}{n_1}+\dfrac{s_2^2}{n_2}}}=\dfrac{64.42-55.75}{[196.8409/21+633.5289/64]^{1/2}}=1.975$$

(3) $\mathrm{df}=\dfrac{(s_1^2/n_1+s_2^2/n_2)^2}{(s_1^2/n_1)^2/n_1+(s_2^2/n_2)^2/n_2}$

$=\dfrac{(196.8409/21+633.5289/64)^2}{(196.8409/21)^2/21+(633.5289/64)^2/64}=64.99$

即自由度为 65。

(4) 在 t 分布表中，数值最接近 df=65 的一栏是 df=60。对于 $\alpha=0.10$，我们找到 $t_{\alpha/2}=1.671$。因此，如果 $t<-1.671$ 或 $t>1.671$，我们就会拒绝原假设。基于所计算的 $t=1.975$，我们在 0.10 显著性水平下拒绝原假设。

6. 成对比较检验

上面讲的是两个相互独立的正态分布总体均值的检验，两个样本是相互独立的。如果两个样本相互不独立，我们做均值检验时要使用成对比较检验。成对比较检验也采用 t 检验，双尾检验和单尾检验的原假设和备择假设如下：

$H_0:\mu_d=\mu_0 \qquad H_a:\mu_d\neq\mu_0$

$H_0:\mu_d\geqslant\mu_0 \qquad H_a:\mu_d<\mu_0$

$H_0:\mu_d\leqslant\mu_0 \qquad H_a:\mu_d>\mu_0$

其中，μ_d 表示两个样本均值之差，为常数；μ_0 通常等于 0。t 统计量的自由度为 $n-1$，计算公式如下：

$$t=\dfrac{\bar{d}-\mu_0}{s_{\bar{d}}}$$

其中，$\bar{d}$ 是样本差的均值。我们获得两个成对的样本之后，对应相减，就得到一组样本差数据，求这一组数据的均值，就是 $\bar{d}$。$s_{\bar{d}}$ 是 $\bar{d}$ 的标准误差，即 $s_{\bar{d}}=s_d/\sqrt{n}$。

例 11-4：McQueen，Shields & Thorley 检验了一个流行的投资策略（投资于道琼斯工业平均指数中收益率最高的 10 只股票）与一个买入并持有策略（投资于道琼斯工业平均指数中所有的 30 只股票）的业绩比较，研究区间是 1946—1995 年，如表 11-5 所示。

表 11-5　道 10 和道 30 投资组合年收益率汇总(1946—1995 年)

投资策略	平均收益率	标准差
道 10	16.77%	19.10%
道 30	13.71%	16.64%
差别	3.06%	6.62%*

注：* 差别的样本标准差。

(1) 给出与道 10 和道 30 投资策略收益率差别的均值等于 0 这个双边检验一致的原假设和备择假设。

(2) 找出对(1)中假设进行检验的检验统计量。

(3) 求出 0.01 显著性水平下(1)中所检验的假设的拒绝点。

(4) 确定 0.01 显著性水平下是否应该拒绝原假设。

(5) 讨论为什么选择成对比较检验。

解：(1) μ_d 表示道 10 和道 30 投资策略收益率差别的均值，原假设和备择假设如下：

$$H_0: \mu_d = 0 \qquad H_a: \mu_d \neq 0$$

(2) 因为总体方差未知，所以检验统计量为自由度 49 的 t 检验。

(3) 在 t 分布表中，我们查阅自由度为 49 的一行、显著性水平为 0.05 的一列，得到 2.68。当 $t > 2.68$ 或 $t < -2.68$ 时，我们将拒绝原假设。

(4) $t = \dfrac{3.06}{6.62/\sqrt{50}} \approx 3.2685$，因为 3.2685 > 2.68，所以我们拒绝原假设。

(5) 道 30 包含道 10，两者不是相互独立的样本。通常，道 10 和道 30 投资策略收益率的相关系数为正。由于样本是相互依赖的，因而成对比较检验是恰当的。

7. 单个总体方差的假设检验

首先是关于单个总体方差是否等于(大于等于或小于等于)某个常数的假设检验，我们要使用卡方检验。

双尾检验和单尾检验的原假设和备择假设如下：

$$H_0: \sigma^2 = \sigma_0^2 \qquad H_a: \sigma^2 \neq \sigma_0^2$$
$$H_0: \sigma^2 \geq \sigma_0^2 \qquad H_a: \sigma^2 < \sigma_0^2$$
$$H_0: \sigma^2 \leq \sigma_0^2 \qquad H_a: \sigma^2 > \sigma_0^2$$

卡方统计量的自由度为 $n-1$，计算公式如下：

$$\chi^2 = \frac{(n-1)s^2}{\sigma_0^2}$$

其中，s^2 为样本方差。

例 11-5：某股票的历史月收益率标准差为 5%，这一数据是基于 2003 年以前的历史数据测定的。现在，我们选取 2004—2006 年 36 个月的月收益率数据，检验其标准差是否仍为 5%。我们测得这 36 个月的月收益率标准差为 6%。以显著性水平为 0.05，检验其标准差是否仍为 5%。

解：原假设和备择假设如下：

$$H_0: \sigma^2 = (5\%)^2 \qquad H_a: \sigma^2 \neq (5\%)^2$$

卡方检验为：

$$\chi^2 = \frac{(n-1)s^2}{\sigma_0^2} = (36-1) \times (6\%)^2/(5\%)^2 = 50.4$$

查表得到卡方关键值。对于 0.05 显著性水平，由于是双尾检验，两边拒绝区域的面积均为 0.025、自由度为 35，由此得到关键值为 20.569 和 53.203。由于 20.569＜50.4＜53.203，卡方统计量没有落在拒绝区域，因此我们不能拒绝原假设。

最后我们陈述结论：该股票的标准差没有显著地不等于 5%。

8. 两个总体方差的假设检验

双尾检验和单尾检验的原假设和备择假设如下：

$$H_0: \sigma_1^2 = \sigma_2^2 \qquad H_a: \sigma_1^2 \neq \sigma_2^2$$
$$H_0: \sigma_1^2 \geq \sigma_2^2 \qquad H_a: \sigma_1^2 < \sigma_2^2$$
$$H_0: \sigma_1^2 \leq \sigma_2^2 \qquad H_a: \sigma_1^2 > \sigma_2^2$$

F 统计量的自由度为 n_1-1 和 n_2-1，F 统计量的表达式为：

$$F = s_1^2/s_2^2$$

注意：永远把较大的样本方差放在分子上，即 F 统计量大于 1，这样，我们只需考虑右边的拒绝区域，而不管 F 检验是单尾检验还是双尾检验。

例 11-6：为检验 IBM 股票和 HP 股票的月收益率标准差是否相等，我们选取 2004—2006 年 36 个月的月收益率数据，测得它们的月收益率标准差分别为 5% 和 6%。以显著性水平为 0.05，检验其标准差是否相等。

解：原假设和备择假设如下：

$$H_0: \sigma_1^2 = \sigma_2^2 \qquad H_a: \sigma_1^2 \neq \sigma_2^2$$

使用 F 检验：

$$F = s_1^2/s_2^2 = 0.0036/0.0025 = 1.44$$

由显著性水平 0.05，查表得到关键值 2.07。由于 1.44＜2.07，F 统计量没有落在拒绝区域，因此我们不能拒绝原假设。

最后我们陈述结论：IBM 股票和 HP 股票的标准差没有显著不相等。

11.2 单样本 t 检验的 Python 应用

单样本 t 检验是假设检验中最基本也是最常用的方法之一。与所有的假设检验一样，单样本 t 检验依据的基本原理也是统计学中的"小概率反证法"。单样本 t 检验可以对样本均值和总体均值进行比较。检验的基本步骤是：首先提出原假设和备择假设，设定检验的显著性水平；然后确定适当的检验统计量，并计算检验统计量的值；最后依据计算值和临界值的比较做出统计决策。

例 11-7：某电脑公司销售经理人均月销售 500 台电脑，现采取新的广告策略，半年后，随机抽取该公司 20 名销售经理人均月销售量数据，如表 11-6 所示。广告策略能否影响销售经理人均月销售量？

表 11-6 某电脑公司人均月销售量

编号	人均月销售量(台)	编号	人均月销售量(台)
1	506	11	510
2	503	12	504
3	489	13	512
4	501	14	499
5	498	15	487
6	497	16	507
7	491	17	503
8	502	18	488
9	490	19	521
10	511	20	517

在目录 F:\2glkx\data2 下建立 al11－1.xls 数据文件后,使用如下命令取数:

```
import pandas as pd
import numpy as np
data=pd.DataFrame(pd.read_excel('F:\\2glkx\\data2\\al11-1.xls '))
data.head()
```

得到前 5 条记录的数据如下:

```
     sale
0    506
1    503
2    489
3    501
4    498
```

```
x=np.array(data[['sale']])
mu=np.mean(x)
from scipy import stats as ss
print(mu,ss.ttest_1samp(a=x,popmean=500))
501.8 Ttest_1sampResult(statistic=array([0.83092969]), pvalue=array([0.41633356]))
```

观察上面的分析结果,可以看出样本均值是 501.8,样本 t 值为 0.83092969,P 值为 0.41633356,远大于 0.05,因此不能拒绝原假设。也就是说,新广告策略不能影响销售经理人均月销售量。

11.3 两个独立样本 t 检验的 Python 应用

Python 的独立样本 t 检验是假设检验中最基本也是最常用的方法之一。与所有的假设检验一样,其依据的基本原理也是统计学中的"小概率反证法"。独立样本 t 检验可以对两个独立样本的均值进行比较。两个独立样本 t 检验的基本步骤是:首先提出原假设和备择假设,设定检验的显著性水平;然后确定适当的检验统计量,并计算检验统计量的值;最后依据计算值和临界值的比较做出统计决策。

例 11-8:表 11-7 给出了 a、b 两家基金公司各自管理的 40 只基金的价格。试用独立样本 t 检验方法研究两家基金公司所管理基金的价格之间有无明显的差别(设定显著性水平为 0.05)。

表 11-7　a、b 两家基金公司各自管理的 40 只基金的价格

单位:元

编号	价格	
	a 基金公司	b 基金公司
1	145	101
2	147	98
3	139	87
4	138	106
5	145	101
…	…	…
38	138	105
39	144	99
40	102	108

虽然两家基金公司的样本数量相同,但要注意的是:两个独立样本 t 检验并不要求两者样本量相同。

在目录 F:\2glkx\data2 下建立 a11-2.xls 数据文件后,取数的命令如下:

```
import pandas as pd
import numpy as np
data=pd.DataFrame(pd.read_excel('F:\\2glkx\\data2\\a11-2.xls'))
data.head()
    fa   fb
0  145  101
1  147   98
2  139   87
3  138  106
4  135  105
x=np.array(data[['fa']])
y=np.array(data[['fb']])
from scipy.stats import ttest_ind
```

```
t,p=ttest_ind(x,y)
print ('t=',t)
print ('p=',p)
```

得到如下结果:

t=[14.04978844]

p=[4.54986161e−23]

观察上面的分析结果,可以看出 t 值为 14.04978844,P 值为 4.54986161e−23,远小于 0.05,因此应拒绝原假设。也就是说,两家基金公司所管理的 40 只基金价格之间存在明显的差别。

11.4 成对样本 t 检验的 Python 应用

Python 的成对样本 t 检验也是假设检验的方法之一。与所有的假设检验一样,成对样本 t 检验依据的基本原理也是统计学中的"小概率反证法"。成对样本 t 检验可以对成对数据的样本均值进行比较。它与独立样本 t 检验的区别是:两个样本来自同一总体,而且数据的顺序不能调换。成对样本 t 检验的基本步骤与独立样本 t 检验相同,不再赘述。

例 11-9:为了研究一种政策的效果,特抽取 50 只股票进行试验,政策实施前后的股票价格如表 11-8 所示。试用成对样本 t 检验方法判断该政策能否引起股票价格明显变化(设定显著性水平为 0.05)。

表 11-8 政策实施前后的股票价格

编号	政策实施前价格(元)	政策实施后价格(元)
1	88.60	75.60
2	85.20	76.50
3	75.20	68.20
4	78.40	67.20
5	76.00	69.90
...	...	...
48	82.70	78.10
49	82.40	75.30
50	75.60	69.90

在目录 F:\2glkx\data2 下建立 al11−3.xls 数据文件后,取数的命令如下:

```
import pandas as pd
import numpy as np
data=pd.DataFrame(pd.read_excel('F:\\2glkx\\data2\\al11−3.xls'))
data.head()
```

```
     qian       hou
0   88.599998  75.599998
1   85.199997  76.500000
2   75.199997  68.199997
3   78.400002  67.199997
4   76.000000  69.900002
```
x=np.array(data[['qian']])

y=np.array(data[['hou']])

from scipy.stats import ttest_rel

t,p=ttest_rel(x,y)

print ('t=',t)

print ('p=',p)

得到如下结果：

t=[12.43054293]

p=[9.13672682e-17]

观察上面的分析结果，可以看出 t 值为 12.43054293，P 值为 $9.13672682e-17$，远小于 0.05，因此应拒绝原假设。也就是说，该政策的实施能引起股票价格明显变化。

11.5　单样本方差假设检验的 Python 应用

方差经常用于反映金融市场的波动。单样本方差假设检验的基本步骤是：首先提出原假设和备择假设，设定检验的显著性水平；然后确定适当的检验统计量，并计算检验统计量的值；最后依据计算值和临界值的比较做出统计决策。

例 11-10：为了研究某基金收益率的波动情况，某课题组对该基金连续 50 天的收益率情况进行调查研究，得到的数据经整理后如表 11-9 所示。试应用 Python 对数据资料进行假设检验，确认其方差（收益率波动）是否等于 1‰（设定显著性水平为 0.05）。

表 11-9　某基金收益率的波动情况

编号	收益率
1	0.564409
2	0.264802
3	0.947743
4	0.2769151
5	0.118016
...	...
48	−0.9678734
49	0.582323
50	0.795300

在目录 F:\2glkx\data2 下建立 al11－4.xls 数据文件后,取数的命令如下：

import pandas as pd

import numpy as np

data＝pd.DataFrame(pd.read_excel('F:\\2glkx\\data2\\al11－4.xls'))

data.head()

	bh	syl
0	1	0.564409
1	2	0.264802
2	3	0.947743
3	4	0.276915
4	5	0.118016

import numpy as np

x＝np.array(data[['syl']])

n＝len(x)

s2＝np.var(x)

chisquare＝(n－1)＊s2/0.01

print (chisquare)

1074.950717665163

查表得卡方关键值为 56。

由于卡方统计值 1 074.950717665163 远大于卡方关键值 56,卡方统计值落在拒绝区域,因此我们拒绝原假设,即该股票的方差显著不等于 1%。

11.6 双样本方差假设检验的 Python 应用

双样本方差假设检验是用来判断两个样本的波动情况是否相同,在金融市场领域的应用相当广泛。其基本步骤与单样本方差假设检验相同。

例 11-11:为了研究基金 A 和基金 B 的收益率波动情况是否相同,某课题组对两只基金连续 20 天的收益率情况进行调查研究,得到的数据经整理后如表 11-10 所示。试使用 Python 对数据资料进行假设检验,确认其方差是否相同(设定显著性水平为 0.05)。

表 11-10 两只基金的收益率波动情况

编号	基金 A 的收益率	基金 B 的收益率
1	0.424156	0.261075
2	0.898346	0.165021
3	0.521925	0.760604
4	0.841409	0.371380
5	0.211008	0.379541
...	...	

(续表)

编号	基金 A 的收益率	基金 B 的收益率
18	0.564409	0.967873
19	0.264802	0.582328
20	0.947743	0.795300

准备工作如下：

```
import pandas as pd
import numpy as np
from scipy import stats
from statsmodels.formula.api import ols
from statsmodels.stats.anova import anova_lm
```

在目录 F:\2glkx\data2 下建立 a111-5.xls 数据文件后，取数的命令如下：

```
df=pd.DataFrame(pd.read_excel('F:\\2glkx\\data2\\a111-5.xls'))
df.head()
     returnA   returnB
0   0.424156  0.261075
1   0.898346  0.165021
2   0.521925  0.760604
3   0.841409  0.371380
4   0.211008  0.379541
```

Python 中的 anova_lm() 函数可完成两样本的 F 检验，即双样本方差假设检验。

```
formula='returnA~returnB'
model=ols(formula,df).fit()
results=anova_lm(model)
print(results)
```

输入命令后，按回车键，得到如下分析结果。

```
            df    sum_sq    mean_sq        F    PR(>F)
returnB    1.0  0.000709   0.000709  0.007744  0.93085
Residual  18.0  1.648029   0.091557       NaN      NaN
```

观察上面的分析结果，可以看出 F 值为 0.007744，P 值为 0.93085，远大于 0.05，因此应接受原假设。也就是说，两只基金收益率方差（波动）显著相同。

练习题

对本章例题数据文件，使用 Python 重新操作一遍，并理解命令结果的统计意义。

12

相关性分析与回归分析及 Python-statsmodels 应用

12.1 相关性分析及 Python 应用

1. 相关系数的概念

相关系数经常用于度量两个变量的相关性，本节将对相关系数做简单介绍。

诺贝尔经济学奖得主马科维茨曾说过"资产配置多元化是投资的唯一免费午餐"。投资中有句俗语，不要把鸡蛋放在一个篮子里，实际上讲的就是选择相关性不高的资产进行配置。资产之间的相关性用什么指标衡量呢？著名统计学家卡尔·皮尔逊设计了统计指标——相关系数，用于反映变量之间关系的密切程度。

两个变量 X、Y 的相关系数可以用 ρ_{XY} 表示。ρ_{XY} 的计算公式为：

$$\rho_{XY} = \frac{\text{cov}(X,Y)}{\sigma_X \sigma_Y} = \frac{E[(X-\mu_X)(Y-\mu_Y)]}{\sigma_X \sigma_Y}$$

其中，σ_X 表示 X 的方差，σ_Y 表示 Y 的方差，$\text{cov}(X,Y)$ 表示变量 X 与变量 Y 的协方差，μ_X 表示 X 的均值，μ_Y 表示 Y 的均值。

相关系数 ρ_{XY} 取值在 -1 和 1 之间，当 $\rho_{XY}=0$ 时，称 X 与 Y 不相关；当 $|\rho_{XY}|=1$ 时，称 X 和 Y 完全相关，此时，X 和 Y 之间具有线性函数关系；当 $|\rho_{XY}|<1$ 时，X 的变动引起 Y 的变动，$|\rho_{XY}|$ 值越大，X 的变动引起 Y 的变动就越大。当 $|\rho_{XY}|>0.8$ 时，X 和 Y 为高度相关；当 $|\rho_{XY}|<0.3$ 时，X 和 Y 为低度相关，其他时候则为中度相关。$\rho_{XY}>0$ 时，称 X 和 Y 为正相关，$\rho_{XY}<0$ 时，称 X 和 Y 为负相关。

2. 使用 Python 计算变量间相关系数和绘图

导入程序包：

```
import numpy as np
import statsmodels.tsa.stattools as sts
import matplotlib.pyplot as plt
import pandas as pd
```

```
import seaborn as sns
import statsmodels.api as sm
```

（1）生成随机变量并绘制图形。

```
X=np.random.randn(1000)
Y=np.random.randn(1000)
plt.scatter(X,Y)
plt.show()
print("correlation of X and Y is ")
np.corrcoef(X,Y)[0,1]
correlation of X and Y is
0.010505052938688659
```

可以得到如图 12-1 所示的结果。

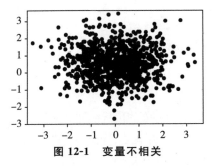

图 12-1　变量不相关

可以看出，随机变量几乎不相关。

（2）使用生成的相关序列，并加入正态分布的噪声。

```
X=np.random.randn(1000)
Y=X + np.random.normal(0,0.1,1000)
plt.scatter(X,Y)
plt.show()
print("correlation of X and Y is ")
np.corrcoef(X,Y)[0,1]
correlation of X and Y is
0.9946075329656785
```

可以得到如图 12-2 所示的结果。

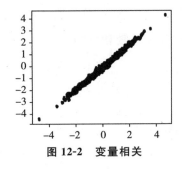

图 12-2　变量相关

可以看出，随机变量正相关。

（3）实际数据相关性的例子。

我们在考察两只股票的相关性时，因为对金融市场上价格的分析较少，而对收益率的关注较多，所以相关性也是基于收益率的角度。

导入中国铁建股份有限公司（以下简称"中国铁建"）股票数据：

Stock1＝D.history_data(["601186.SHA"],start_date='2016-12-01',end_date='2017-05-01',fields=['close'])['close'].pct_change()[1:]

导入中国中铁股份有限公司（以下简称"中国中铁"）股票数据：

Stock2＝D.history_data(["601390.SHA"],start_date='2016-12-01',end_date='2017-05-01',fields=['close'])['close'].pct_change()[1:]

plt.scatter(Stock1,Stock2)
plt.xlabel("601186.SHA daily return")
plt.ylabel("601390.SHA daily return")
plt.show()
print("the corrlation for two stocks is: ")
Stock2.corr(Stock1)
the corrlation for two stocks is:
0.85911029840323649

可以得到如图 12-3 所示的结果。

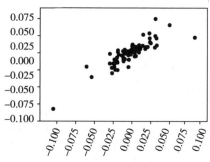

图 12-3　两只股票的相关性

可以看出，两者的相关性较大。

（4）计算滚动相关系数。

相关系数的计算离不开一个时间窗口，通过时间窗口我们也能看出相关性随时间的变动情况。

导入中国铁建及中国中铁的股票数据：

Stock1＝D.history_data(["601186.SHA"],start_date='2010-01-01',end_date='2017-05-01',fields=['close'])['close'].pct_change()[1:]

Stock2＝D.history_data(["601390.SHA"],start_date='2010-01-01',end_date='2017-05-01',fields=['close'])['close'].pct_change()[1:]

rolling_corr＝pd.rolling_corr(Stock1,Stock2,60)
rolling_corr.index＝D.trading_days(start_date='2010-01-01',end_date='2017-05-01').date[1:]

```
plt.plot(rolling_corr)
plt.xlabel('Day')
plt.ylabel('60-day Rolling Correlation')
plt.show()
```

得到如图 12-4 所示的结果。

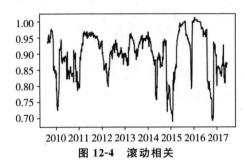

图 12-4　滚动相关

对于成百上千的股票,怎样才能找到高度相关的股票对?

我们以 10 只股票举例:

```
instruments=D.instruments()[:10]
Stock_matrix=D.history_data(instruments,start_date='2016-01-01',end_date='2016-09-01',fields=['close'])
```

不用收盘价数据,而是用收益率数据。通过 pivot-table 函数将 Stock-matrix 整理成一个以股票日收益率为列的 df。

```
Stock_matrix=pd.pivot_table(Stock_matrix,values='close',index=['date'],columns=['instrument']).apply(lambda x:x.pct_change())Stock_matrix.head()
```

instrument date	000001.SZA	000002.SZA	000004.SZA	000005.SZA	000006.SZA	000007.SZA	000008.SZA	000009.SZA	000010.SZA	000011.SZA
2016-01-04	NaN	NaN	NaN	NaN	NaN	NaN	NaN	NaN	NaN	NaN
2016-01-05	0.006178	0.0	-0.063665	-0.015487	-0.032755	0.0	0.018850	-0.047030	-0.056044	-0.042081
2016-01-06	0.011404	0.0	0.012926	0.031461	0.025897	0.0	0.013876	0.036364	0.040745	0.022364
2016-01-07	-0.051171	0.0	-0.100051	-0.099129	-0.100000	0.0	-0.088504	-0.100251	-0.099553	-0.100000
2016-01-08	0.016453	0.0	0.006239	0.003628	0.009709	0.0	-0.002002	0.009749	0.001242	0.006944

```
Stock_matrix.corr()
```

instrument instrument	000001.SZA	000002.SZA	000004.SZA	000005.SZA	000006.SZA	000007.SZA	000008.SZA	000009.SZA	000010.SZA	000011.SZA
000001.SZA	1.000000	0.018993	0.595322	0.600269	0.622749	0.027863	0.531736	0.657898	0.591505	0.458707
000002.SZA	0.018993	1.000000	0.000170	0.050937	0.138133	0.169131	0.026653	0.018328	0.054138	0.072238
000004.SZA	0.595322	0.000170	1.000000	0.597882	0.659429	-0.000203	0.528496	0.621535	0.642140	0.544813
000005.SZA	0.600269	0.050937	0.597882	1.000000	0.665327	0.060434	0.590306	0.681779	0.665582	0.568800
000006.SZA	0.622749	0.138133	0.659429	0.665327	1.000000	0.055961	0.507439	0.681861	0.670731	0.777092
000007.SZA	0.027863	0.169131	-0.000203	0.060434	0.055961	1.000000	0.054658	0.043501	0.032836	0.002523
000008.SZA	0.531736	0.026653	0.528496	0.590306	0.507439	0.054658	1.000000	0.554532	0.562442	0.421347
000009.SZA	0.657898	0.018328	0.621535	0.681779	0.681861	0.043501	0.554532	1.000000	0.672703	0.523347
000010.SZA	0.591505	0.054138	0.642140	0.665582	0.670731	0.032836	0.562442	0.672703	1.000000	0.591624
000011.SZA	0.458707	0.072238	0.544813	0.568800	0.777092	0.002523	0.421347	0.523347	0.591624	1.000000

（5）通过相关关系热力图可视化股票相关性。

操作命令如下：

mask＝np.zeros_like(Stock_matrix.corr(), dtype＝np.bool)
mask[np.triu_indices_from(mask)]＝True
cmap＝sns.diverging_palette(220, 10, as_cmap＝True)
sns.heatmap(Stock_matrix.corr(), mask＝mask, cmap＝cmap)
plt.show()

得到如图 12-5 所示的图形。

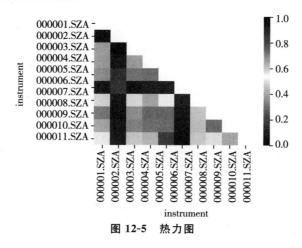

图 12-5　热力图

12.2　一元线性回归分析及 Python-statsmodels 应用

1. 基本知识

一元线性回归模型的最大特点就是简单高效，本节将对线性回归做介绍。

线性回归是衡量两个变量之间线性关系的一种建模技术。我们有一个变量 X 和一个依赖变量 X 的变量 Y，则线性回归分析可以确定哪个线性模型 $Y＝\alpha＋\beta X$ 能够最好地解释数据。

Python 的 statsmodels 库具有内置的线性回归功能。它将给出最能拟合数据的一条直线，并且能帮助我们决定该线性关系是否显著。线性回归的输出还包括一些有关模型的数值统计信息，如 R^2 和 F 值，可以帮助我们量化投资模型的实际解释能力。

2. 一元线性回归的应用

例如，考虑浦发银行股票和沪深 300 指数的价格，我们想知道浦发银行股票收益率如何随着沪深 300 指数收益率的变化而变化。我们可以对这两个标的的日收益率进行回归。

```
import numpy as np
from statsmodels import regression
import statsmodels.api as sm
import matplotlib.pyplot as plt
import math
```

编辑线性回归函数：

```
def linreg(X,Y):
    X=sm.add_constant(X)
    model=regression.linear_model.OLS(Y, X).fit()
    a=model.params[0]
    b=model.params[1]
    X=X[:, 1]
    X2=np.linspace(X.min(), X.max(), 100)
    Y_hat=X2 * b + a
    plt.scatter(X, Y, alpha=0.3)
    plt.plot(X2, Y_hat, 'r', alpha=0.9);
    plt.xlabel('X Value')
    plt.ylabel('Y Value')
    return model.summary()
start_date='2016-01-01'
end_date='2017-04-11'
```

获取浦发银行股票的价格数据：

```
asset=D.history_data('600000.SHA',start_date,end_date,fields=['close']).set_index('date')['close']
benchmark=D.history_data('000300.SHA',start_date,end_date,fields=['close']).set_index('date')['close']
```

利用价格数据计算收益率并删除第一个元素，因为其为缺失值：

```
r_a=asset.pct_change()[1:]
r_b=benchmark.pct_change()[1:]
linreg(r_b.values, r_a.values)
```

OLS Regression Results

Dep. Variable:	y	R-squared:	0.196
Model:	OLS	Adj. R-squared:	0.194
Method:	Least Squares	F-statistic:	74.53
Date:	Sat, 14 Apr 2018	Prob (F-statistic):	3.37e-16
Time:	07:01:40	Log-Likelihood:	967.26
No. Observations:	307	AIC:	-1931.
Df Residuals:	305	BIC:	-1923.
Df Model:	1		
Covariance Type:	nonrobust		

	coef	std err	t	P>|t|	[0.025	0.975]
const	5.152e-05	0.001	0.087	0.931	-0.001	0.001
x1	0.4253	0.049	8.633	0.000	0.328	0.522

Omnibus:	91.263	Durbin-Watson:	1.880
Prob(Omnibus):	0.000	Jarque-Bera (JB):	4735.483
Skew:	-0.037	Prob(JB):	0.00
Kurtosis:	22.240	Cond. No.	83.0

图 12-6 中的每个点表示每一个交易日，X 坐标轴是沪深 300 指数收益率，Y 坐标轴是浦发银行股票收益率。我们可以看到，拟合度最好的直线告诉我们，沪深 300 指数收益率每增加 1 个百分点，浦发银行股票收益率会增加 0.42%。当然，对于收益率的下降，我们也会看到浦发银行的损失大约不到一半。因此，浦发银行股票收益率比沪深 300 指数收益率更稳定。

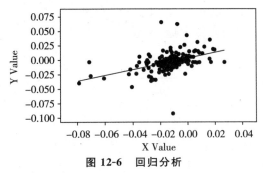

图 12-6　回归分析

3．了解参数与估计值

非常重要的是，使用线性回归得到的 α 和 β 参数只是估计值。除非知道数据产生的的真实过程，否则永远不会知道真实的参数。今天得到的估计值和明天得到的估计值很可能不一样，即使使用相同的分析方法，参数也可能会不断变化。因此，在实际分析时关注参数估计的标准误差是非常重要的。关于标准误差的更多资料，我们将在后文中介绍。了解估计值的稳定性的一种方法是使用滚动数据窗口。

现在看看，如果我们对两个随机变量进行回归会发生什么。

```
X＝np.random.rand(100)
Y＝np.random.rand(100)
linreg(X, Y)
```

```
                          OLS Regression Results
==============================================================================
Dep. Variable:                      y   R-squared:                       0.027
Model:                            OLS   Adj. R-squared:                  0.017
Method:                 Least Squares   F-statistic:                     2.743
Date:                Sat, 14 Apr 2018   Prob (F-statistic):              0.101
Time:                        07:07:50   Log-Likelihood:                -14.052
No. Observations:                 100   AIC:                             32.10
Df Residuals:                      98   BIC:                             37.32
Df Model:                           1
Covariance Type:            nonrobust
==============================================================================
                 coef    std err          t      P>|t|      [0.025      0.975]
------------------------------------------------------------------------------
const          0.5496      0.061      9.032      0.000       0.429       0.670
x1            -0.1630      0.098     -1.656      0.101      -0.358       0.032
==============================================================================
Omnibus:                        8.048   Durbin-Watson:                   1.902
Prob(Omnibus):                  0.018   Jarque-Bera (JB):                3.529
Skew:                           0.168   Prob(JB):                        0.171
Kurtosis:                       2.143   Cond. No.                         4.62
==============================================================================
```

图 12-7 显示了一个具有正态分布的云点。需要注意的是,即使有 100 个随机样本,拟合的直线依然具有可见的斜率。这就是为什么使用统计数据而不是可视化来验证结果更重要。

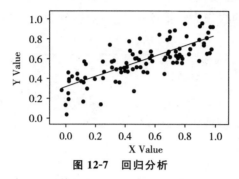

图 12-7 回归分析

现在,我们在 X 变量的基础上加随机噪声来构造变量 Y。

```
Y=X + 0.2 * np.random.randn(100)
linreg(X,Y)
```

```
                            OLS Regression Results
=============================================================================
Dep. Variable:                   y   R-squared:                   0.614
Model:                         OLS   Adj. R-squared:              0.610
Method:              Least Squares   F-statistic:                 156.0
Date:             Sat, 14 Apr 2018   Prob (F-statistic):        5.56e-22
Time:                     07:12:06   Log-Likelihood:             10.778
No. Observations:              100   AIC:                        -17.56
Df Residuals:                   98   BIC:                        -12.35
Df Model:                        1
Covariance Type:         nonrobust
=============================================================================
             coef    std err      t     P>|t|    [0.025    0.975]
-----------------------------------------------------------------------------
const      0.0268      0.047    0.565   0.574    -0.067    0.121
x1         0.9586      0.077   12.488   0.000     0.806    1.111
=============================================================================
Omnibus:          0.093   Durbin-Watson:       1.564
Prob(Omnibus):    0.955   Jarque-Bera (JB):    0.266
Skew:             0.016   Prob(JB):            0.875
Kurtosis:         2.749   Cond. No.            4.62
```

结合图 12-8 来看,拟合度最高的直线对因变量 Y 的建模确实很好(因为具有较高的 R^2)。

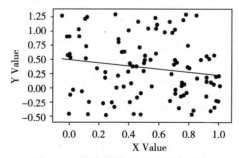

图 12-8 具有置信区间的回归分析

基于模型进行预测时，不仅输出预测值，而且输出置信区间通常是非常有用的。我们可以使用 Python 的 seaborn 库进行可视化，不仅能绘制出拟合直线，还会突出显示拟合直线的 95%（默认）置信区间：

```
import seaborn
start_date='2016-01-01'
end_date='2017-05-08'
asset=D.history_data('600000.SHA',start_date,end_date,fields=['close']).set_index('date')['close']
benchmark=D.history_data('000300.SHA',start_date,end_date,fields=['close']).set_index('date')['close']
```

删除第一个元素（0th），因为其为缺失值：

```
r_a=asset.pct_change()[1:]
r_b=benchmark.pct_change()[1:]
seaborn.regplot(r_b.values, r_a.values)
```

12.3 多元线性回归分析及 Python 应用

1. 基本理论

多元线性回归的实际应用比较普遍，本节将对其做相关介绍。

金融理论从资本资产定价模型发展到套利定价模型，在数理统计方面就是从应用一元线性回归发展到应用多元线性回归。在实际运用中，多元线性回归比较普遍。

一元线性回归研究的是一个因变量和一个自变量的线性关系模型，多元线性回归研究的是一个因变量和多个自变量的线性关系模型。多元线性回归模型表示为：

$$Y_i = \beta_0 + \beta_1 X_{1i} + \beta_2 X_{2i} + \cdots + \beta_K X_{Ki} + u_i$$

其中，$i=1,2,\cdots,n$，n 表示样本容量，K 表示自变量的个数。

与一元线性回归分析相同，多元线性回归的基本思路是根据普通最小二乘（OLS）原理求解 β_0、β_1、β_2、$\cdots\beta_K$，使得全部观测值 Y_i 与回归值 $\hat{Y}_i$ 的残差平方和最小。该方法旨在最小化预测值和观测值之间的平方误差。残差平方和表示如下：

$$Q = \sum_{i=1}^{n}(Y_i - \hat{Y}_i)^2 = \sum_{i=1}^{n}[Y_i - (\hat{\beta}_0 + \hat{\beta}_1 X_{1i} + \cdots + \hat{\beta}_K X_{Ki})]^2$$

2. 多元线性回归的使用

多元线性回归的程序命令如下：

```
import numpy as np
import pandas as pd
import statsmodels.api as sm
from statsmodels import regression
import matplotlib.pyplot as plt
```

```
Y = np.array([1, 3.5, 4, 8, 12])
Y_hat = np.array([1, 3, 5, 7, 9])
print('Error ' + str(Y_hat - Y))
```

计算残差平方:

```
SE = (Y_hat - Y) ** 2
print('Squared Error' + str(SE))
print('Sum Squared Error ' + str(np.sum(SE)))
Error [ 0.  -0.5  1.  -1.  -3. ]
Squared Error[ 0.    0.25  1.   1.   9. ]
Sum Squared Error 11.25
```

一旦使用多元线性回归确定回归的系数,我们将能用新的 X 观测值来预测 Y 值。

系数 β_i 告诉我们,在所有其他自变量保持不变的情况下,如果 X_i 变动 1 个单位,Y_i 将会变动多少。这使我们可以分离不同自变量变化导致因变量变化所产生的边际贡献。

首先构建一个已知精确关系的 Y、X_1 和 X_2(见图 12-9):

```
X1 = np.arange(100)
#   X2 = X1^2 + X1
X2 = np.array([i ** 2 for i in range(100)]) + X1
Y = X1 + X2

plt.plot(X1, label='X1')
plt.plot(X2, label='X2')
plt.plot(Y, label='Y')
plt.legend();
```

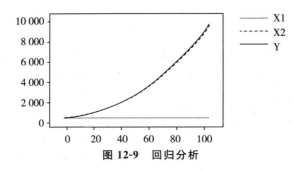

图 12-9　回归分析

使用 column_stack 连接 X_1 和 X_2 两个变量,然后将单位向量作为截距项:

```
X = sm.add_constant( np.column_stack( (X1, X2) ) )
```

运行回归模型:

```
results = regression.linear_model.OLS(Y, X).fit()
print('Beta_0:', results.params[0])
print('Beta_1:', results.params[1])
print('Beta_2:', results.params[2])
```

Beta_0: 2.55795384874e-13

Beta_1: 1.0

Beta_2: 1.0

可以看出, X_1 的系数为 1, 即在保持 X_2 不变的情况下如果 X_1 增加 1%, Y 也增加 1%。这表明, 多元线性回归能够分析不同变量的边际贡献。

如果使用一元线性回归分析两个变量的关系, 那么我们很可能会得到一个比较高的 β 值, 这样的分析有失偏颇, 因此需要加入另外一个变量。请看下面的例子。

导入贵州茅台、中国平安、沪深 300 指数的股票数据:

```
start_date='2017-01-01'
end_date='2018-01-01'
asset1= D.history_data('600519.SHA',start_date,end_date,fields=['close']).set_index('date')['close']
asset2= D.history_data('000001.SZA',start_date,end_date,fields=['close']).set_index('date')['close']
benchmark=D.history_data('000300.SHA',start_date,end_date,fields=['close']).set_index('date')['close']
slr=regression.linear_model.OLS(asset1, sm.add_constant(asset2)).fit()
print('SLR beta of asset2:', slr.params[1])
```

得到如下结果:

SLR beta of asset2: 3.92434836702

将 asset2 和 benchmark 两个变量当作自变量, 然后进行多元回归:

```
mlr=regression.linear_model.OLS(asset1, sm.add_constant(np.column_stack(asset2, benchmark))).fit()
prediction=mlr.params[0] + mlr.params[1] * asset2 + mlr.params[2] * benchmark
prediction.name='Prediction'
print('MLR beta of asset2:', mlr.params[1], '\nMLR beta of 000300:', mlr.params[2])
```

得到如下结果:

MLR beta of asset2: -0.162039221282

MLR beta of 000300: 2.99864058519

可以看出, 一元线性回归获得了一个较高的 β 值。

在得到分析结果以后, 下一步我们看看是否可以相信该结果。一个简单有效的方法就是将变量值和预测值绘制在图表中进行观察。

```
asset1.name='asset1'
asset2.name='asset2'
benchmark.name='benchmark'
asset1.plot()
asset2.plot()
```

```
benchmark.plot()
prediction.plot(color='y')
plt.xlabel('Price')
plt.legend(bbox_to_anchor=(1,1),loc=2);
```

依据结果绘制图表,如图12-10所示:

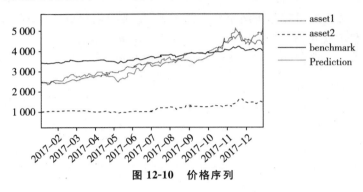

图 12-10　价格序列

只看观测值和预测值,可以看出预测的走势还是比较接近的。

```
asset1.plot()
prediction.plot(color='y')
plt.xlabel('Price')
plt.legend();
```

依据结果绘制图表,如图12-11所示:

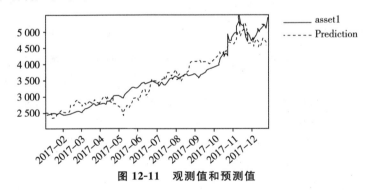

图 12-11　观测值和预测值

3. 选择模型

在选择应该包括哪些自变量的最优模型时,有几种不同的方法。如果使用的自变量太多,可能会增加模型过度拟合的风险;但如果使用的自变量太少,可能会使模型拟合较差。决定最优模型的一个常用方法是逐步回归。前向逐步回归从空模型开始,并测试每个变量,选择可以形成最优模型的变量,通常用 AIC 值或 BIC 值(该值越小越好)判定;然后依次添加一个其余变量,在回归中测试每个随后的变量组合,并在每个步骤中计算 AIC 值或 BIC 值;在回归结束时,选择具有最低 AIC 值或 BIC 值的模型,并将其确定为最终模型。但这也有局限性,因为它不能测试所有变量中的每一个可能的组合,如果在逐步回归中提前删除某个特定的变量,那么最终模型可能不是理论上的最优模型。因此,逐步回归应结合对模型变量的初始判断。

Python 程序命令如下：

```
X1=np.arange(100)
X2=[i**2 for i in range(100)] - X1
X3=[np.log(i) for i in range(1, 101)] + X2
X4=5 * X1
Y=2 * X1 + 0.5 * X2 + 10 * X3 + X4
plt.plot(X1, label='X1')
plt.plot(X2, label='X2')
plt.plot(X3, label='X3')
plt.plot(X4, label='X4')
plt.plot(Y, label='Y')
plt.legend();

results=regression.linear_model.OLS(Y, sm.add_constant(np.column_stack((X1,X2,X3,X4)))).fit()
print("Beta_0: ", results.params[0])
print("Beta_1: ", results.params[1])
print("Beta_2: ", results.params[2])
print("Beta_3: ", results.params[3])
print("Beta_4: ", results.params[4])
```

得到如下结果：

Beta_0: $-6.36646291241e-12$
Beta_1: 0.269230769231
Beta_2: 0.499999999994
Beta_3: 10.0
Beta_4: 1.34615384615

绘制如图 12-12 所示图形：

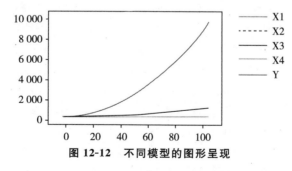

图 12-12　不同模型的图形呈现

```
data=pd.DataFrame(np.column_stack((X1,X2,X3,X4)), columns=['X1','X2','X3','X4'])
response=pd.Series(Y, name='Y')
```

逐步回归：

```
def forward_aic(response, data):
    explanatory=list(data.columns)
```

```python
        selected=pd.Series(np.ones(data.shape[0]), name="Intercept")
    current_score, best_new_score=np.inf, np.inf
    while current_score==best_new_score and len(explanatory)!=0:
        scores_with_elements=[]
        count=0
        for element in explanatory:
            tmp=pd.concat([selected, data[element]], axis=1)
            result=regression.linear_model.OLS(Y, tmp).fit()
            score=result.aic
            scores_with_elements.append((score, element, count))
            count+=1
        scores_with_elements.sort(reverse=True)
        best_new_score, best_element, index=scores_with_elements.pop()
        if current_score > best_new_score:
            explanatory.pop(index)
            selected=pd.concat([selected, data[best_element]],axis=1)
            current_score=best_new_score
    model=regression.linear_model.OLS(Y, selected).fit()
    return model
result=forward_aic(Y, data)
result.summary()
```

OLS Regression Results

Dep. Variable:	y	R-squared:	1.000
Model:	OLS	Adj. R-squared:	1.000
Method:	Least Squares	F-statistic:	8.784e+26
Date:	Sat, 14 Apr 2018	Prob (F-statistic):	0.00
Time:	07:57:46	Log-Likelihood:	1752.9
No. Observations:	100	AIC:	-3498.
Df Residuals:	96	BIC:	-3487.
Df Model:	3		
Covariance Type:	nonrobust		

	coef	std err	t	P>|t|	[0.025	0.975]
Intercept	4.684e-11	4.16e-09	0.011	0.991	-8.21e-09	8.3e-09
X3	10.0000	2.52e-09	3.97e+09	0.000	10.000	10.000
X1	0.2692	7.69e-12	3.5e+10	0.000	0.269	0.269
X2	0.5000	2.52e-09	1.99e+08	0.000	0.500	0.500
X4	1.3462	3.85e-11	3.5e+10	0.000	1.346	1.346

Omnibus:	14.003	Durbin-Watson:	0.001
Prob(Omnibus):	0.001	Jarque-Bera (JB):	10.024
Skew:	0.651	Prob(JB):	0.00666
Kurtosis:	2.156	Cond. No.	5.01e+17

从模型的构建中,可以很明显地看到变量 X_4 与变量 X_1 密切相关,只是将其乘以一个标量而已。然而,逐步回归的方法并没有捕捉到这个信息,而是简单地调整了 X_1 项的系数。我们只能基于自己的判断在建模时剔除变量 X_4,这显示出逐步回归的局限性。

练习题

现代投资分析的特征线涉及如下回归方程:

$$r_t = \beta_0 + \beta_1 r_{mt} + u_t$$

其中:r 表示股票或债券的收益率;r_m 表示有价证券的收益率,用市场指数表示,如标准普尔500指数;t 表示时间。在投资分析中,β_1 被称为债券的安全系数,用来度量市场风险程度,即市场的发展对公司的财产有何影响。依据 1956~1976 年 240 个月的数据,Fogler & Ganpathy 得到 IBM 股票收益率的回归方程,其中市场指数是芝加哥大学建立的市场有价证券指数:

$$\hat{r}_t = 0.7264 + 1.0598 r_{mt} \qquad r^2 = 0.4710$$
$$\quad (0.3001) \quad (0.0728)$$

要求:(1)解释回归参数的意义;(2)如何解释 r^2?(3)安全系数 $\beta > 1$ 的证券称为不稳定证券,建立适当的原假设及备择假设,并用 t 检验进行检验($\alpha = 5\%$)。

13

多重共线性及 Python 应用

13.1 多重共线性的概念

所谓多重共线性,是指线性回归模型中的若干自变量或全部自变量的样本观测值之间具有某种线性关系。

对于多元线性回归模型:
$$y_i = \beta_0 + \beta_1 x_{i1} + \beta_2 x_{i2} + \cdots + \beta_p x_{ip} + \varepsilon_i, i=1,2,\cdots,N$$
即
$$Y = X\beta + \varepsilon$$

其参数 β 的最小二乘法估计为:
$$\hat{\beta} = (X^T X)^{-1} X^T Y \tag{13-1}$$

式(13-1)要求自变量的观测值矩阵为:
$$X = \begin{pmatrix} 1 & x_{11} & x_{12} & \cdots & x_{1p} \\ 1 & x_{21} & x_{22} & \cdots & x_{2p} \\ \vdots & \vdots & \vdots & & \vdots \\ 1 & x_{N1} & x_{N2} & \cdots & x_{Np} \end{pmatrix}, N \geqslant P+1$$

该矩阵必须是满秩的,即要求:
$$\text{rank}(X) = p+1 \tag{13-2}$$

也就是要求 X 的 $p+1$ 个列向量线性无关。

1. 完全多重共线性

若 $\text{rank}(X) < p+1$,即 p 个自变量的观测值数据之间存在线性关系,就称为完全多重共线性。此时,$\text{rank}(X^T X) < p+1$,$X^T X$ 是奇异矩阵,不存在逆矩阵 $(X^T X)^{-1}$,也就是无法由式(13-1)求得 β 的最小二乘法估计值 $\hat{\beta}$。完全多重共线性的情况在实际样本中是极为罕见的,不是本节讨论的重点。

2. 不完全多重共线性

在经济计量模型中,比较常见的是各自变量存在近似的线性关系,即存在一组不全为 0 的常数 $\lambda_j, j=0,1,2,\cdots,p$,使得:

$$\lambda_0 + \lambda_1 x_{i1} + \lambda_2 x_{i2} + \ldots + \lambda_p x_{ip} \approx 0, i = 1, 2, \cdots, N \qquad (13\text{-}3)$$

这种情况就称为不完全多重共线性。

完全多重共线性和不完全多重共线性统称多重共线性。本章主要讨论不完全多重共线性。

13.2 多重共线性的后果

由式(13-1)可知,当存在完全多重共线性时,模型参数估计值是无法得到的,自然也就无法得到所要求的回归方程,除非在建模时错误地将两个本质上完全相同的经济指标(比如价格不变条件下的销售量和销售额)同时引入模型,否则是不大可能出现完全多重共线性情况的,故以下仅讨论不完全多重共线性问题。当样本中的自变量之间存在较强的线性相关时,就会产生如下严重后果:

(1) 参数 β 虽然是可估计的,但是它们的方差随各 x_j 之间的线性相关程度的提高而迅速增大,使得估计精度大大降低。

(2) 参数的估计值 $\hat{\beta}$ 对样本数据非常敏感,样本数据稍有变化,就可能引起 $\hat{\beta}$ 值发生较大变化,使得到的回归方程处于不稳定状态,也就失去了应用的价值。

(3) 当自变量间存在较高程度的线性相关时,必然导致不显著的回归系数,这就必须从模型中剔除某个或若干个自变量。由于计量经济模型中的数据是被动取得的,人们无法通过不同的试验条件加以控制,被剔除的变量很可能是较重要的,由此会引起模型设定不当。

(4) 由于参数估计值的方差增大,使得预测和控制的精度大大降低,失去应用价值。

13.3 产生多重共线性的原因

多重共线性是计量经济模型中普遍存在的问题,其产生的原因主要有以下几个方面。

1. 各经济变量之间存在相关性

在经济领域中,许多经济变量之间普遍存在相关性,当同时以某些高度相关的经济变量作为模型的自变量时,就会产生多重共线性问题。

例如,在研究企业生产函数模型时,资本投入量和劳动投入量是两个自变量。通常在相同时期的同一行业中,大规模企业的资本和劳动投入都会较多,因此所取得的资本和劳动投入的样本数据就可能是高度线性相关的。特别是当样本数据取自地区的经济发展水平大致相当时,这种情况更为明显,由此可能产生严重的多重共线性问题。又如,在研究农业生产函数时,建立如下模型:

$$Y = \beta_0 + \beta_1 X_1 + \beta_2 X_2 + \beta_3 X_3 + \beta_4 X_4 + \varepsilon \qquad (13\text{-}4)$$

式(13-4)中:Y 表示产量,X_1 表示种植面积,X_2 表示肥料用量,X_3 表示劳动投入,X_4 表示水利投入。

通常种植面积和肥料用量、劳动力投入之间存在较高的线性相关性。

2. 某些经济变量存在相同的变动趋势

在时间序列的计量经济模型中,作为自变量的多个经济变量往往会存在同步增长或同步下降的趋势。例如,在经济繁荣期,各种基本的经济变量(如收入、消费、储蓄、投资、物价、就业、对外贸易等)会呈现同步增长趋势;而在经济衰退期,它们又会几乎一致地放慢增长速度,于是这些变量在时间序列的样本数据中就会存在近似的比例关系。当模型含有多个有相同变化趋势的自变量时,就会产生多重共线性。

3. 模型中引入了滞后自变量

不少计量经济模型需要引入滞后自变量。例如,居民本期消费不仅与本期收入有关,而且与以前各期收入有很大的关系;经济发展速度不仅与本期投资有关,而且与前期投资有很大的关系。而同一经济变量前后期数据之间往往是高度相关的,这也会使模型产生多重共线性问题。

13.4 多重共线性的识别和检验

对于样本数据是否存在显著的多重共线性,通常可采用以下方法进行识别和检验。

1. 使用简单相关系数进行判别

当模型仅含有两个自变量 x_1 和 x_2 时,可计算它们的简单相关系数,记为 r_{12}。

$$r_{12} = \frac{\sum (x_{i1} - \bar{x}_1)(x_{i2} - \bar{x}_2)}{\sqrt{\sum (x_{i1} - \bar{x}_1)^2} \sqrt{\sum (x_{i2} - \bar{x}_2)^2}}$$

其中,$\bar{x}_1$、$\bar{x}_2$ 分别为 x_1 和 x_2 的样本均值。简单相关系数 $|r|$ 反映了两个变量之间的线性相关程度。$|r|$ 越接近 1,说明两个变量之间的线性相关程度越高,可以用来判别是否存在多重共线性。但这一方法有很大的局限性,原因如下:

(1) 很难根据 r 的大小来判定两个变量之间的线性相关程度到底有多高,因为这还和样本容量 N 有关。不难验证,当 $N=2$ 时,总有 $|r|=1$,但这并不能说明两个变量完全线性相关。

(2) 当模型中有多个自变量时,即使所有自变量两两间的简单相关系数 $|r|$ 都不大,也不能说明自变量间不存在多重共线性。这是因为多重共线性并不仅仅表现为自变量两两间的线性相关性,还包括多个自变量间的线性相关,见式(13-3)。

2. 使用回归检验法

我们知道,线性回归模型是用来描述变量之间的线性相关关系,可以通过分别以某一自变量 X_k 对其他自变量进行线性回归,以检验自变量之间是否存在多重共线性。建立如下 p 个 $p-1$ 元的线性回归模型:

$$X_k = b_{0k} + \sum_{j \neq k} b_{ik} X_j + \varepsilon_k, k=1,2,\ldots,p$$

接下来,分别对 p 个回归模型进行逐步回归,若存在显著的回归方程,则说明存在多重共线性。若有多个显著的回归方程,则取临界显著性水平最高的回归方程,该回归方程就反映了自变量之间线性相关的具体形式。若所有回归方程都不显著,则说明不存在多重共线性。

由此可见,如果存在多重共线性,回归检验法还可以确定究竟是哪些变量引起了多重共线性,这对消除多重共线性的影响是有用的。

3. 通过对原模型回归系数的检验结果来判定

最简单的方法是通过对原模型回归系数的检验结果来判定是否存在多重共线性。如果回归方程检验是高度显著的,但各回归系数检验的 t 统计量值都偏小,且存在不显著的变量,而且在剔除了某个或若干不显著变量后,其他回归系数的 t 统计量值有很大的提高,就可以判定存在多重共线性。这是由于当某些自变量之间高度线性相关时,其中某个自变量就可以由其他自变量近似地线性表示。在剔除该自变量后,它在回归中的作用就转移到与其线性相关的其他自变量上,自此引起其他自变量的显著性水平明显提高。但如果在剔除不显著的变量后对其他自变量回归系数的 t 统计量值并无明显影响,则并不能说明原模型不存在多重共线性,只能说明被剔除的自变量与因变量之间并无线性相关关系。

如果经检验,原模型的所有回归系数都是显著的,则可以判定不存在多重共线性问题。

4. 通过方差膨胀因子的大小来判定

方差膨胀因子(Variance Inflation Factor,VIF)是指回归系数的估计量由于自变量共线性使得方差增加的一个相对度量。对第 j 个回归系数($j=1,2,\cdots,m$),它的方差膨胀因子定义为:

$$\text{VIF}_j = 第 j 个回归系数的方差 / 自变量不相关时第 j 个回归系数的方差$$
$$= \frac{1}{1-R_j^2} = \frac{1}{\text{TOL}_j}$$

其中,R_j^2 是自变量 x_j 与模型中其他自变量之间的判定系数,VIF_j 的倒数 TOL_j 也称容忍度。

一般来讲,若 $\text{VIF}_j > 10$,则表明模型存在很严重的共线性问题。

13.5　消除多重共线性的方法

通常可以采用以下方法消除多重共线性问题。

1. 剔除引起多重共线性的自变量

由前述判定是否存在多重共线性的第 3 种方法可知,当存在多重共线性时,最简单的方法就是从模型中剔除不显著的变量,也可以采用逐步回归方法直接得到无多重共线性的回归方程。但采用此方法时,应注意结合有关经济理论知识和分析问题的实际经济背景慎重进行。有时产生多重共线性的原因是样本数据的来源存在一定问题,而在许多计量经济模型中,人们往往只能被动地获取已有的数据。如果处理不当,就有可能从模型中剔除对因变量有重要影响的经济变量,从而引起更为严重的模型设定错误。因此,应注意从模型中剔除的应当是意义相对次要的经济变量。

2. 利用自变量之间存在的某种关系

有时候,根据经济理论、统计资料或经验,我们就可以掌握自变量之间的某种关系,这些关系如好好加以利用就有可能消除模型中多重共线性的影响。

例如,对生产函数模型

$$Y = AK^{\alpha}L^{\beta}e^{\varepsilon} \tag{13-5}$$

式(13-5)中:Y 表示产量,K 表示资本,L 表示劳动。

将其线性化后为:

$$\ln Y = \ln A + \alpha \ln K + \beta \ln L + \varepsilon \tag{13-6}$$

前面已经分析过,资本和劳动通常是高度线性相关的,$\ln K$ 和 $\ln L$ 也存在线性相关性,因此式(13-6)就可能存在多重共线性。为解决这一问题,可利用经济学中的规模报酬不变假定,即

$$\alpha + \beta = 1$$

将它代入式(13-6),得到:

$$\ln Y = \ln A + \alpha \ln K + (1-\alpha)\ln L + \varepsilon$$

经过整理后,可得到:

$$\ln \frac{Y}{L} = \ln A + \alpha \ln \frac{K}{L} + \varepsilon$$

令 $Y^* = \ln \dfrac{Y}{L}$,$X^* = \ln \dfrac{K}{L}$,$\alpha_0 = \ln A$,可以得到无多重共线性的一元线性回归模型:

$$Y^* = \alpha_0 + \alpha X^* + \varepsilon \tag{13-7}$$

显然,经过以上变换后并没有丢失 K 和 L 的信息。利用普通最小二乘法估计出 $\hat{\alpha}_0$ 和 $\hat{\alpha}$ 后,可由 $\hat{\beta} = 1 - \hat{\alpha}$ 得到原模型的 $\hat{\beta}$。

3. 改变模型的形式

当回归方程主要是用于预测和控制,并不侧重于分析每一自变量对因变量的影响程度时,可适当改变模型的形式,以消除多重共线性。

例如,设某商品的需求模型为:

$$Y = \beta_0 + \beta_1 X_1 + \alpha_1 Z_1 + \alpha_2 Z_2 + \varepsilon \tag{13-8}$$

式(13-8)中:Y 表示需求量,X_1 表示居民家庭收入水平,Z_1 表示该商品价格,Z_2 表示替代商品价格。在 Z_1 和 Z_2 具有大约相同变化比例的条件下,式(13-8)可能存在多重共线性。但在实际应用中人们显然更重视两种商品的价格比,可令:

$$X_2 = Z_1/Z_2$$

从而将需求模型(13-8)变换为:

$$Y = \beta_0 + \beta_1 X_1 + \beta_2 X_2 + \varepsilon \tag{13-9}$$

这就避免了原模型中的多重共线性。

又如,设置消费模型为:

$$y_t = \beta_0 + \beta_1 x_t + \beta_2 x_{t-1} + \varepsilon_t \tag{13-10}$$

式(13-10)中：y_t 表示 t 期的消费支出，x_t 表示 t 期的收入，x_{t-1} 表示 $t-1$ 期的收入。

显然，前后期收入之间是高度相关的，因此式(13-10)可能存在多重共线性。但是如果我们关心的不是前期收入对本期消费支出的影响，而是收入的增减变化对消费支出的影响，则可令 $\Delta x_t = x_t - x_{t-1}$，原模型就变为如下形式：

$$y_t = b_0 + b_1 x_t + b_2 \Delta x_t + \varepsilon_t \tag{13-11}$$

通常情况下，x_t 与 Δx_t 之间的相关程度要远低于 x_t 和 x_{t-1} 之间的相关程度，因此式(13-11)基本上可消除多重共线性。此外，式(13-10)与式(13-11)的参数之间还有如下关系：

$$\beta_1 = b_1 + b_2, \quad \beta_2 = -b_2, \quad \beta_0 = b_0$$

求得式(13-11)的参数估计后，也就得到式(13-10)的参数估计。

再如，设时间序列的计量经济模型为：

$$y_t = \beta_0 + \beta_1 x_{t1} + \beta_2 x_{t2} + \varepsilon_t \tag{13-12}$$

假设 x_1 和 x_2 是高度线性相关的，由式(13-12)有：

$$y_{t-1} = \beta_0 + \beta_1 x_{t-1,1} + \beta_2 x_{t-1,2} + \varepsilon_{t-1} \tag{13-13}$$

将式(13-12)减去式(13-13)，得：

$$y_t - y_{t-1} = \beta_1(x_{t1} - x_{t-1,1}) + \beta_2(x_{t2} - x_{t-1,2}) + \varepsilon_t - \varepsilon_{t-1}$$

做差分变换，令：

$$\begin{cases} y_t^* = y_t - y_{t-1} \\ x_{t1}^* = x_{t1} - x_{t-1,1} \\ x_{t2}^* = x_{t2} - x_{t-1,2} \\ V_t = \varepsilon_t - \varepsilon_{t-1} \end{cases}$$

可得原模型的差分模型为：

$$y_t^* = \beta_1 x_{t1}^* + \beta_2 x_{t2}^* + V_t, \quad t = 1, 2, \cdots, n \tag{13-14}$$

通常，经差分变换后数据的相关程度较低，这有可能消除多重共线性。但需要指出的是，经过上述变换后，式(13-14)中的随机误差序列 V_t 可能会产生自相关性。然而，当 ε_t 本身是一阶高度正相关时，即

$$\varepsilon_t = \rho \varepsilon_{t-1} + V_t$$

且 $\rho \approx 1$，则：

$$\varepsilon_t - \varepsilon_{t-1} \approx V_t$$

反而比较好地消除了自相关性。

4. 增加样本容量

我们在前面的分析中已经指出，计量经济模型中存在的共线性现象有可能是因样本数据来源存在一定的局限性，如果能增加样本容量，就有可能降低甚至消除多重共线性问题。数理统计理论告诉我们，样本容量越大，参数估计的方差就越小，多重共线性的不良后果都是因参数估计的方差增大所致。可以说，增加样本容量是解决多重共线性问题的最优途径。但由于计量经济模型中许多数据的来源均受到很大的限制，要增加样本容量是有一定难度的。

13.6 多重共线性诊断的 Python 应用

例 13-1：企业在技术创新过程中，新产品的利润往往受到人力、财力和以往技术水平的影响，以历年专利申请量作为技术水平，各项指标的数据如表 13-1 所示。试对自变量的共线性进行诊断。

表 13-1 各项指标的数据

利润 run(万元)	开发人力 z_1(人)	专利申请量 z_2(件)	开发财力 z_3(万元)
1 178	47	230	49
902	31	164	38
849	24	102	67
386	10	50	38
2 024	74	365	63
1 566	70	321	129
1 756	65	407	72
1 287	50	265	96
917	43	221	102
1 400	61	327	268
978	39	191	41
749	26	136	32
705	20	85	56
320	8	42	32
1 680	61	303	52
1 300	58	266	107
1 457	54	338	60
1 068	42	220	80
761	36	183	85
1 162	51	271	222

在目录 F:\2glkx\data 下建立 al13－1.xls 数据文件，使用的命令如下：

import pandas aspd

importnumpy as np

读取数据并创建数据表，名称为 data。

df＝pd.DataFrame(pd.read_excel('F:\\2glkx\\data\\al13－1.xls'))

查看数据表前 5 行的内容：

```
df.head()
    run   z1   z2   z3
0  1178   47  230   49
1   902   31  164   38
2   849   24  102   67
3   386   10   50   38
4  2024   74  365   63
```

计算相关系数矩阵：

```
vars=['run','z1','z2','z3']
df=data[vars]
df.corr()
          run        z1        z2        z3
run  1.000000  0.959255  0.946914  0.291139
z1   0.959255  1.000000  0.968524  0.449026
z2   0.946914  0.968524  1.000000  0.429102
z3   0.291139  0.449026  0.429102  1.000000
```

从上面的相关系数矩阵可见，z_1 与 z_2 相关系数大，两者存在多重共线性。下面进行回归分析。

在 data 数据表中，我们将 z_1、z_2、z_3 设置为自变量 X，将 run 设置为因变量 y。

下面生成设计矩阵。由于要建立的模型形式是 $y=\beta X$，需要分别求得 y 和 X 矩阵，而 dmatrices 函数可以实现，命令如下：

```
from patsy import dmatrices
y,X=dmatrices('run~z1+z2+z3',data=df,return_type='dataframe')
print(y.head())
print(X.head())
```

得到如下结果：

```
      run
0  1178.0
1   902.0
2   849.0
3   386.0
4  2024.0
   Intercept    z1     z2    z3
0        1.0  47.0  230.0  49.0
1        1.0  31.0  164.0  38.0
2        1.0  24.0  102.0  67.0
3        1.0  10.0   50.0  38.0
4        1.0  74.0  365.0  63.0
```

下面利用普通最小二乘法，引入 fit 函数对回归方程进行估计，总结保存计算的结果。

```
import statsmodels.api as sm
model=sm.OLS(y, X)
fit=model.fit()
print(fit.summary())
```

得到如下结果：

OLS Regression Results

Dep. Variable:		run	R-squared:		0.949
Model:		OLS	Adj. R-squared:		0.940
Method:		Least Squares	F-statistic:		99.56
Date:		Thu, 22 Feb 2018	Prob (F-statistic):		1.46e-10
Time:		09:42:13	Log-Likelihood:		-120.12
No. Observations:		20	AIC:		248.2
Df Residuals:		16	BIC:		252.2
Df Model:		3			
Covariance Type:		nonrobust			

	coef	std err	t	P>|t|	[95.0% Conf. Int.]	
Intercept	185.3854	63.250	2.931	0.010	51.302	319.469
z1	18.0136	5.333	3.377	0.004	6.707	29.320
z2	1.1559	0.963	1.201	0.247	-0.885	3.197
z3	-1.2557	0.458	-2.739	0.015	-2.228	-0.284

Omnibus:	0.126	Durbin-Watson:		2.447
Prob(Omnibus):	0.939	Jarque-Bera (JB):		0.241
Skew:	0.158	Prob(JB):	0.887	
Kurtosis:	2.565	Cond. No.		687.

从上可见，在 0.05 显著性水平下，仅有变量 z_2 的系数是不显著的，其他变量的系数都是显著的。

下面看一下 z_1、z_2、z_3 的方差膨胀因子，Python 代码如下：

```
y,X=dmatrices('z1~z2+z3',data=df,return_type='dataframe')
model=sm.OLS(y, X)
fit1=model.fit()
vif1=(1- fit1.rsquared)**(-1)
y,X=dmatrices('z2~z1+z3',data=df,return_type='dataframe')
model=sm.OLS(y, X)
fit2=model.fit()
vif2=(1- fit2.rsquared)**(-1)
```

```
y,X=dmatrices('z3~z1+z2',data=df,return_type='dataframe')
model=sm.OLS(y, X)
fit3=model.fit()
vif3=(1- fit3.rsquared)**(-1)
print (vif1,vif2,vif3)
```

得到 z_1、z_2、z_3 的方差膨胀因子结果如下：

16.5039264653   16.1500076459   1.25339314669

从上面输出结果可见 z_1、z_2 的方差膨胀因子分别 16.5039264653、16.1500076459，表明模型存在严重的多重共线性。

13.7 多重共线性消除的 Python 应用

从前面的相关系数矩阵可以看到，企业利润 run 和 z_1、z_2 之间存在较强的相关性，而 z_1 和 z_2 的相关系数达到 0.968524，这违背了多元回归中的一个假设：自变量之间无共线性。自变量共线性会导致分析结果不能反映真实情况，这也是在上面的回归分析模型中 z_2 的系数不显著的原因。所以，我们剔除 z_2 这个变量，重新进行回归分析，执行如下命令：

```
y,X=dmatrices('run~z1+z3',data=df,return_type='dataframe')
model=sm.OLS(y, X)
fit4=model.fit()
print (fit4.summary())
```

得到如下结果：

OLS Regression Results

Dep. Variable:	run	R-squared:	0.945
Model:	OLS	Adj. R-squared:	0.938
Method:	Least Squares	F-statistic:	144.9
Date:	Fri, 02 Mar 2018	Prob (F-statistic):	2.10e-11
Time:	16:10:46	Log-Likelihood:	-120.98
No. Observations:	20	AIC:	248.0
Df Residuals:	17	BIC:	251.0
Df Model:	2		
Covariance Type:	nonrobust		

	coef	std err	t	P>|t|	[0.025	0.975]
Intercept	178.1580	63.775	2.794	0.012	43.605	312.711
z1	24.1689	1.488	16.240	0.000	21.029	27.309
z3	-1.2700	0.464	-2.736	0.014	-2.249	-0.291

(续表)

Omnibus:	1.335	Durbin-Watson:	2.701
Prob(Omnibus):	0.513	Jarque—Bera (JB):	0.975
Skew:	−0.255	Prob(JB):	0.614
Kurtosis:	2.046	Cond. No.	286.

从上面的结果可得出：

run $= 178.1580 + 24.1689 z_1 - 1.2700 z_3$

下面计算 z_1、z_3 的方差膨胀因子，Python 代码如下：

```
y,X=dmatrices('z1~z3',data=df,return_type='dataframe')
model=sm.OLS(y,X)
fit1=model.fit()
vif1=(1- fit1.rsquared)**(-1)
y,X=dmatrices('z3~z1',data=df,return_type='dataframe')
model=sm.OLS(y,X)
fit3=model.fit()
vif3=(1- fit3.rsquared)**(-1)
print(vif1,vif3)
```

得到 z_1、z_3 的方差膨胀因子如下：

1.25254357511   1.25254357511

两个变量的方差膨胀因子都小于 10，这表明消除了多重共线性的影响。

练习题

1. 对本章例题的数据文件，使用 Python 重新操作一遍。

2. 理论上认为能源消费需求总量的影响因素主要有经济发展水平、收入水平、产业发展水平、人民生活水平、能源转换技术等因素。表 13-2 列示了中国能源消费总量 y、国内生产总值 GDP X_1（代表经济发展水平）、国民总收入 X_2（代表收入水平）、工业增加值 X_3、建筑业增加值 X_4、交通运输邮电业增加值 X_5（X_3、X_4、X_5 代表各自产业发展水平）、人均生活电力消费 X_6（代表人民生活水平）、能源加工转换效率 X_7（代表能源转换技术）等在 1985—2002 年的统计数据。

表 13-2 各项统计数据

年份	能源消费（万吨标准煤）	GDP（亿元）	国民总收入（亿元）	工业增加值（亿元）	建筑业增加值（亿元）	交通运输邮电业增加值（亿元）	人均生活电力消费（千瓦时）	能源加工转换效率（%）
	y	X_1	X_2	X_3	X_4	X_5	X_6	X_7
1985	76 682	8 989.1	8 964.4	3 448.7	417.9	406.9	21.3	68.29
1986	80 850	10 201.4	10 202.2	3 967.0	525.7	475.6	23.2	68.32

(续表)

年份	能源消费(万吨标准煤)	GDP(亿元)	国民总收入(亿元)	工业增加值(亿元)	建筑业增加值(亿元)	交通运输邮电业增加值(亿元)	人均生活电力消费(千瓦时)	能源加工转换效率(%)
	y	X_1	X_2	X_3	X_4	X_5	X_6	X_7
1987	86 632	11 954.5	11 962.5	4 585.8	665.8	544.9	26.4	67.48
1988	92 997	14 922.3	14 928.3	5 777.2	810.0	661.0	31.2	66.54
1989	96 934	16 917.8	16 909.2	6 484.0	794.0	786.0	35.3	66.51
1990	98 703	18 598.4	18 547.9	6 858.0	859.4	1 147.5	42.4	67.2
1991	103 783	21 662.5	21 617.8	8 087.1	1 015.1	1 409.7	46.9	65.9
1992	109 170	26 651.9	26 638.1	10 284.5	1 415.0	1 681.8	54.6	66
1993	115 993	34 560.5	34 634.4	14 143.8	2 284.7	2 123.2	61.2	67.32
1994	122 737	46 670.0	46 759.4	19 359.6	3 012.6	2 685.9	72.7	65.2
1995	131 176	57 494.9	58 478.1	24 718.3	3 819.6	3 054.7	83.5	71.05
1996	138 948	66 850.5	67 884.6	29 082.6	4 530.5	3 494.0	93.1	71.5
1997	137 798	73 142.7	74 462.6	32 412.1	4 810.6	3 797.2	101.8	69.23
1998	132 214	76 967.2	78 345.2	33 387.9	5 231.4	4 121.3	106.6	69.44
1999	130 119	80 579.4	82 067.5	35 087.2	5 470.6	4 460.3	118.1	70.45
2000	130 297	88 254.0	89 468.1	39 047.3	5 888.0	5 408.6	132.4	70.96
2001	134 914	957 27.9	97 314.8	42 374.6	6 375.4	5 968.3	144.6	70.41
2002	148 222	103 935.3	105 172.3	45 975.2	7 005.0	6 420.3	156.3	69.78

要求:

(1) 建立对数线性多元回归模型;

(2) 如果决定用表 13-2 中全部变量作为自变量,会遇到多重共线性问题吗? 为什么?

(3) 如果存在多重共线性,你准备怎样解决这个问题? 明确你的假设并列示全部计算。

14

异方差及 Python 应用

14.1 异方差的概念

设线性回归模型为：
$$y_i = \beta_0 + \beta_1 x_{i1} + \beta_2 x_{i2} + \cdots + \beta_p x_{ip} + \varepsilon_i, \quad i=1,2,\cdots,N$$
假定模型中的随机误差项序列满足
$$\varepsilon_i \sim N(0,\sigma^2) \text{ 且相互独立}, i=1,2,\cdots,N$$
即要求各 ε_i 是同方差的。

例如，储蓄与收入的关系模型为 $y_i = \beta_1 + \beta_2 x_i + \varepsilon_i$，其中 y_i 是储蓄，x_i 是收入，如图 14-1 所示。

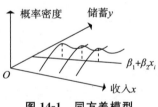

图 14-1 同方差模型

但在计量模型中经常会出现违背同方差假定的情况，即
$$\varepsilon_i \sim N(0,\sigma_i^2) \text{ 且相互独立}, i=1,2,\cdots,N$$
其中，各 σ_i^2 不完全相同，此时就称该回归模型具有异方差性，如图 14-2 所示。

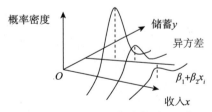

图 14-2 异方差模型

例 14-1：使用横截面资料（指同一时期）研究居民家庭的储蓄模型
$$y_i = \beta_0 + \beta_1 x_i + \varepsilon_i, \quad i=1,2,\cdots,N$$

其中，y_i 为第 i 个家庭的年储蓄额；x_i 为第 i 个家庭的年可支配收入；ε_i 为除收入外影响储蓄的其他因素，如家庭人口及其构成情况、消费观念和偏好、文化背景、过去的收入水平、对将来的收入预期和支出预期、社会经济景气状况、存款利率、股市状况、社会保险和社会福利状况等。

显然在这一模型中，关于随机误差项 ε_i 序列同方差的假定无法满足。这是因为对于高收入家庭而言，在满足基本生活支出后尚有很大剩余，所以在改善生活质量上有很大的可选择余地。有的家庭倾向于购置高档商品住宅、购买家庭轿车、购买高档家用电器和生活用品，以及出门旅游、上餐馆、听歌剧、音乐会等文化娱乐活动，有的家庭则热衷于证券投资等，这些高收入家庭的储蓄额占其收入的比例就相对较低，甚至通过贷款实现超前消费。而另一些高收入家庭或者由于工作繁忙，或者由于生活上一贯俭朴等，很少涉足高消费领域，其储蓄额必然较高。由此可见，对于收入越高的家庭，家庭储蓄之间的差异必然越大，反映在模型中就是 ε_i 的方差越大。而对于低收入家庭，其收入除去必要的生活开支之外所剩无几，为了预防或准备今后的特殊需要而进行储蓄，故储蓄较有规律，差异必然较小，即 ε_i 的方差较小。

例 14-2：以某一时间截面上不同地区的数据为样本，研究某行业的产出随投入要素的变化关系，建立如下生产函数模型：

$$y_i = f(K_i, L_i) + \varepsilon_i, \quad i = 1, 2, \cdots, N$$

其中，ε_i 包含了除资本 K 与劳动 L 以外的其他因素对产出 y_i 的影响，如技术水平、管理水平、创新能力、地理交通条件、市场信息、人才素质及政策因素等。显然，资本规模大的企业，在工艺装备水平、研究与开发的投入及管理水平、营销网络等方面会存在较大的差异，因而其产出必然存在较大的差异，反映在模型中随机误差项 ε_i 的方差通常会随 K_i 的增大而增大，进而产生异方差性。

例 14-3：在以分组均值作为各组的样本数据时，如果不同组别的抽样数 $n_i(i=1, 2, \cdots, N)$ 不完全相同，则由样本均值方差的性质可知，数据量越多的组的均值方差就越小。设 y_{ij} 为第 i 组中抽取的第 j 个观测值，并设各 y_{ij} 是同方差的，即 $D(y_{ij}) = \sigma^2, i = 1, 2, \cdots, N, j = 1, 2, \cdots, n$，则 $D(\bar{y}_i) = D(\frac{1}{n}\sum_{i=1}^{n} y_{ij}) = \frac{\sigma^2}{n_i}$，故在以组内均值作为样本数据时，如果各组所含观测值的数量不相同，也会导致异方差。

14.2 异方差产生的原因

了解异方差产生的原因，在研究计量经济模型时，可以有针对性地对样本数据进行检验，并在发现存在异方差后采取有效措施予以消除，使模型的参数估计更精确，显著性检验结果更有说服力，预测和控制分析更具使用价值。

异方差产生的原因主要有以下几项：

1. 由问题的经济背景所产生的异方差

如例 14-1 和例 14-2 所举的例子，这是产生异方差的最主要原因。

2. 由于模型中忽略了某些重要的解释变量

例如，假定实际问题的回归模型应当为：

$$y_i = \beta_0 + \beta_1 x_{i1} + \beta_2 x_{i2} + \beta_3 x_{i3} + \varepsilon_i, \quad i = 1, 2, \cdots, N$$

但在建立模型时忽略了对 y_i 有重要影响的解释变量 x_3，所建模型为：

$$y_i = \beta_0 + \beta_1 x_{i1} + \beta_2 x_{i2} + \varepsilon_i, \quad i = 1, 2, \cdots, N$$

随机误差项 ε_i 中含有 x_3 的不同取值 x_{i3} 对 y_i 的影响，当对应于各样本数据中的 x_3 呈有规律的变化时，随机误差项 ε_i 也会呈现相应的有规律性的变化，使 ε_i 出现异方差现象。

3. 因模型的函数形式设定不当而产生的异方差

例如，假定两个变量之间正确的相关关系为指数函数形式，回归模型应设定为：

$$y_i = \beta_0 e^{\beta_1 x_i} \varepsilon_i, \quad i = 1, 2, \cdots, N$$

但在建立模型时错误地将其设定为线性模型：

$$y_i = \beta_0 + \beta_1 x_i + \varepsilon_i, \quad i = 1, 2, \cdots, N$$

用线性回归方程对样本数据进行拟合时将产生系统性偏差，从而导致异方差现象。

4. 经济结构的变化所引起的异方差

由于经济结构发生变化，经济变量之间的关系在不同时期有较大的差异。例如，设经济变量 y 和 x 在计划经济时期和市场经济时期的关系有所不同，应分别建立两个模型：

$$y_i = \beta_0^{(1)} + \beta_1^{(1)} x_t + \varepsilon_t^{(1)}, \quad 1 \leqslant t \leqslant t_0$$

$$y_i = \beta_0^{(2)} + \beta_1^{(2)} x_t + \varepsilon_t^{(2)}, \quad t_0 \leqslant t \leqslant T$$

即使两个模型中的随机误差项 $\varepsilon_i^{(1)}$ 和 $\varepsilon_i^{(2)}$ 是同方差的，但若将它们统一在一个模型中处理，也会引起异方差。

14.3 异方差的后果

当存在异方差时，如果仍使用普通最小二乘法（OLS）估计模型中的参数，将会引起以下后果：

(1) 参数的 OLS 估计不再具有最小方差。在异方差条件下，OLS 不再具有最小方差，因此也就不是参数 β 的较优估计。如果仍使用 OLS 进行参数估计，就将导致估计误差增大。

(2) 显著性检验失效。在建立回归模型时，我们是在各 $\varepsilon_i \sim N(0, \sigma^2)$ 且相互独立的条件下，得到用于检验回归方程的 F 统计量和检验回归系数的 t 统计量的分布。当存在异方差时，原假设为真时的统计量就不再服从原来的分布，从而使假定的显著性检验方法失效。

(3) 预测的精度降低。由于异方差使 OLS 估计所得到的 $\hat{\beta}_j (j = 0, 1, 2, \cdots, p)$ 的方差增大，估计精度降低，因此在使用由 OLS 方法所得到的回归方程进行预测时，必然会降低点预测和区间预测的精度,预测结果变得不可靠,也失去了应用价值。基于同样原因,在将回归方程应用于控制时,也会产生同样的不良后果。

14.4 异方差的识别检验

由于异方差的存在会导致上述不良后果,对于计量经济模型,在进行参数估计之前就应当对是否存在异方差进行识别。若确实存在异方差,则要采取措施消除数据中的异方差性。异方差的识别与检验主要有以下几类方法:

1. 根据问题的经济背景,分析是否可能存在异方差

例 14-1 和例 14-2 就是运用经济常识判断模型中是否会出现异方差。这通常是判断是否存在异方差的第一个步骤,具体确认还需要借助以下方法。

2. 图示法

通常可以借助以下两种图示法判断是否存在异方差。

(1) 分别对各解释变量 $x_j(j=1,2,\cdots,p)$,绘制 (x_j,y_i) 的散点图。这一方法可以分析异方差与哪些解释变量有关。如果 y_i 的离散程度基本上不随 x_j 取值的不同而改变,则说明同方差;如果 y_i 的离散程度随 x_j 取值的不同而呈现有规律的变化,则说明存在异方差。

(2) 分别绘制各解释变量 x_j 与残差平方 e_i^2 的散点图。其中 $e_i^2=(y_i-\hat{y}_i)^2$ 称为残差平方项,可将残差平方项 e_i^2 视为 σ_i^2 的估计,具体步骤如下:① 使用 OLS 对模型进行参数估计,求出回归方程,并计算各残差平方项 $e_i^2=(y_i-\hat{y}_i)^2$;② 绘制 (x_j,e_i^2) 的散点图。

如果残差平方项的大小基本上不随 x_j 取值的不同而变化,则说明不存在异方差;如果残差平方项的大小随 x_j 的增减而呈现有规律的变化,则可以判定存在异方差。

图示法简单直观,在 Python 软件中能很方便地根据要求绘制各种散点图。但图示法也有局限性,在多元回归模型中,考察 σ_i^2 是否随某一解释变量 x_j 而变化的上述图示法,当 x_j 取不同值时,其他解释变量的取值也会变化,因而显示的异方差性并不一定就是由 x_j 所引起的。此外,图示法也难以反映两个或多个解释变量的共同作用所产生的异方差性。

3. 统计检验方法

检验是否存在异方差的最有效方法是统计检验方法,以下介绍的三种检验方法的基本思想都是相同的。所谓异方差,是指对不同的样本观测值,ε_i 具有不同的方差 σ_i^2,即随机误差项 ε_i 与某些解释变量之间存在相关性。以下统计检验方法都是检验 σ_i^2 与解释变量是否存在显著的相关性。因 σ_i^2 未知,故采用点估计残差平方项 e_i^2 近似替代 σ_i^2 进行检验。

第一,帕克(Park)检验。

其主要思想是,如果存在异方差,则 σ_i^2 应是某个解释变量的函数,因而可以假定:

$$\sigma_i^2=\sigma^2 x_{i,j}^\beta e^{V_i}, i=1,\ 2,\cdots,N \tag{14-1}$$

将其线性化后,可得:
$$\ln\sigma_i^2 = \ln\sigma^2 + \beta\ln x_{ij} + V_i, \quad i=1,2,\cdots,N$$
由于 σ_i^2 未知,可用其估计值 e_i^2 代替。具体检验步骤如下:

(1) 使用 OLS 对原模型进行回归,并求得各 e_i^2(统计软件都有返回残差 e_i 的功能)。

(2) 将 e_i^2 对各解释变量分别进行如下一元回归:
$$\ln e_i^2 = \ln\sigma^2 + \beta\ln x_{ij}, \quad i=1,2,\ldots,N$$

(3) 检验假设 $H_0:\beta=0$。若结果为显著的,则判定存在异方差;如果有多个显著的回归方程,则取临界显著性水平最高的方程描述 σ_i^2 与解释变量之间的相关关系,并由此得到 σ_i^2 的具体形式。

由式(14-1)可知,帕克检验所采取的函数形式可以是解释变量的任意次幂,适应性很广,同时还可得到 σ_i^2 的具体形式为:
$$\sigma_i^2 = \sigma^2 f(x_{ij})$$
这对消除异方差是非常有用的。

第二,怀特(White)检验。

这一方法是由哈尔伯特·怀特(Halbert White)在1980年提出的,检验步骤为:

(1) 使用 OLS 对原模型进行回归,并求得各 e_i^2;

(2) 将 e_i^2 对各解释变量、它们的平方项及交叉乘积项进行一元线性回归,并检验各回归方程的显著性;

(3) 若存在显著的回归方程,则认为存在异方差,并取临界显著性水平最高的回归方程描述 σ_i^2 与解释变量之间的相关关系。

例如,设原模型为:
$$y_i = \beta_0 + \beta_1 x_{i1} + \beta_2 x_{i2} + \beta_3 x_{i3} + \varepsilon_i$$
将 e_i^2 分别对 x_{i1}、x_{i2}、x_{i3}、x_{i1}^2、x_{i2}^2、x_{i3}^2、$x_{i1}x_{i2}$、$x_{i1}x_{i3}$、$x_{i2}x_{i3}$ 进行一元回归。怀特检验可适用于 σ_i^2 与两个解释变量同时相关的情况。

第三,Spearman 等级相关系数检验。

Spearman 等级相关系数检验步骤如下:

(1) 使用 OLS 对回归模型进行拟合,求出残差 ε_i,$i=1,2,\cdots,n$;

(2) 针对每个 x_i,将 x_i 的 n 个观测值和 ε_i 的绝对值按照递增或递减的顺序求出对应的秩;

(3) 针对每个 x_i,计算 Spearman 等级相关系数的 $r_i^s(i=1,\cdots,p)$;

(4) 检验 Spearman 等级相关系数 $r_i^s(i=1,2\cdots,p)$ 的显著性。

若其中存在一个 r_i^s 显著相关的 x_i,则回归方程存在异方差。

14.5 消除异方差的方法

当使用某种方法确定存在异方差后,就不能简单地采用 OLS 进行参数估计,否则将产生严重的后果。

如果是因模型设定不当而产生异方差,则应根据问题的经济背景和有关经济学理论,重新建立更为合理的回归模型;否则,即使采用了以下介绍的方法进行处理,从表面上对现有的样本数据消除了异方差,但由于模型自身存在的缺陷,得到的回归方程仍不可能正确反映经济变量之间的关系,用它进行预测和控制,仍会产生较大的误差。以下介绍的消除异方差的方法,是以模型设定正确为前提的。

1. 模型(数据)变换法

设原模型存在异方差,表达式为:

$$y_i = \beta_0 + \beta_1 x_{i1} + \beta_2 x_{i2} + \cdots + \beta_p x_{ip} + \varepsilon_i \tag{14-2}$$

$\varepsilon_i \sim N(0, \sigma_i^2)$ 且相互独立,$i = 1, 2, \cdots, N$。

经由帕克检验或其他方法,已经得到 σ_i^2 随自变量变化的基本关系为:

$$\sigma_i^2 = \sigma^2 f(x_{i1}, x_{i2}, \cdots, x_{ip}) = \sigma^2 z_i$$

其中,$z_i = f(x_{i1}, x_{i2}, \cdots, x_{ip}) > 0$,$\sigma^2$ 为常数。用 $\sqrt{z_i}$ 去除式(14-2)两边,得:

$$\frac{y_i}{\sqrt{z_i}} = \beta_0 \frac{1}{\sqrt{z_i}} + \beta_1 \frac{x_{i1}}{\sqrt{z_i}} + \beta_2 \frac{x_{i2}}{\sqrt{z_i}} + \cdots + \beta_p \frac{x_{ip}}{\sqrt{z_i}} + \frac{\varepsilon_i}{\sqrt{z_i}} \tag{14-3}$$

显然,式(14-3)与式(14-2)是等价的,令:

$$\begin{cases} y_i' = y_i / \sqrt{z_i}, \quad x_{i0}' = 1/\sqrt{z_i} \\ x_{ij}' = x_{ij} / \sqrt{z_i}, \quad j = 1, 2, \cdots, p \\ V_i = \varepsilon_i / \sqrt{z_i} \end{cases} \tag{14-4}$$

则式(14-3)可以表示为:

$$y_i' = \beta_0 x_{i0}' + \beta_1 x_{i1}' + \beta_2 x_{i2}' + \cdots + \beta_p x_{ip}' + V_i, \quad i = 1, 2, \cdots, N \tag{14-5}$$

此时

$$D(V_i) = D(\varepsilon_i / \sqrt{z_i}) = \frac{1}{z_i} D(\varepsilon_i) = \frac{1}{z_i} \sigma^2 z_i = \sigma^2, \quad i = 1, 2, \ldots, N \tag{14-6}$$

式(14-6)说明式(14-5)和式(14-4)是同方差的,可以采用 OLS 进行参数估计,得到线性回归方程为:

$$\hat{y}_i' = \hat{\beta}_0 x_0' + \hat{\beta}_1 x_1' + \hat{\beta}_2 x_2' + \cdots + \hat{\beta}_p x_p' \tag{14-7}$$

如果式(14-7)的回归方程和回归系数显著性检验结果都是显著的,就可以用来进行预测和控制。但要指出的是,在进行预测和控制时,必须将数据按式(14-4)进行变换后再使用式(14-7)的回归方程,得到预测或控制结论后再按式(14-4)变换为原来的数值。

2. 加权最小二乘法(WLS)

对于多元回归模型:

$$y_i = \beta_0 + \beta_1 x_{i1} + \cdots + \beta_p x_{ip} + \varepsilon_i, \quad i = 1, \cdots, n$$

最小二乘法是寻找参数 $\beta_0, \cdots, \beta_p$ 的估计值 $\hat{\beta}_0, \cdots, \hat{\beta}_p$,使离差平方和达到最小,即找出 $\hat{\beta}_0, \cdots \hat{\beta}_p$,满足 $Q(\hat{\beta}_0, \cdots, \hat{\beta}_p) = \sum_{i=1}^{n}(y_i - \hat{\beta}_0 - \hat{\beta}_1 x_{i1} - \cdots - \hat{\beta}_p x_{ip})^2$ 的值最小。

当模型存在异方差时,上述平方和中每一项的地位是不同的,随机误差 ε_i 方差较大的项在平方和中的作用较大。为了调整各平方和的作用,使其对离差平方和的贡献基本相同,常采用加权的方法,即针对每个样本的观测值构造一个权数 $w_k(k=1,\cdots,n)$,即找出 $\hat{\beta}_{w0},\cdots,\hat{\beta}_{wp}$ 满足 $Q(\hat{\beta}_{w0},\cdots,\hat{\beta}_{wp})=\sum_{i=1}^{n}w_i(y_i-\hat{\beta}_0-\hat{\beta}_1x_{i1}-\cdots-\hat{\beta}_px_{ip})^2$ 的值最小。

令 $\hat{\beta}_w=(\hat{\beta}_{w0},\cdots,\hat{\beta}_{wp})'$,$W=\text{diag}(w_1,\cdots,w_n)$,则 $\hat{\beta}_w=(\hat{\beta}_{w0},\cdots,\hat{\beta}_{wp})'$ 的加权最小二乘估计公式为:

$$\hat{\beta}_w=(x'_iWx_i)^{-1}x'_iWy_i$$

如何确定权数呢?检验异方差时,计算 Spearman 等级相关系数的 $r_i^s(i=1,\cdots,p)$,选取最大 r_i^s 对应的变量 x_i 所对应的观测值序列 $x_{i1},\cdots,x_{in}$ 构造权数,即令 $w_k=1/x_{ik}^m$,其中 m 为待定参数。

14.6 异方差诊断的 Python 应用

例 14-4:随机抽取 15 家企业的人力和财力投入对企业产值的影响,具体数据如表 14-1 所示。

表 14-1 企业产值、人力和财力投入数据

产值 y_1(万元)	人力 z_1(人)	财力 z_2(万元)
244	170	287
123	136	73
51	41	61
1 035	6 807	169
418	3 570	133
93	48	54
540	3 618	232
212	510	94
52	272	70
128	1 272	54
1 249	5 610	272
205	816	65
75	190	42
365	830	73
1 291	503	287

在目录 F:\2glkx\data 下建立 a14-1.xlsx 数据文件后,使用如下命令:

```
import pandas as pd
import numpy as np
```

```
df=pd.DataFrame(pd.read_excel('F:/2glkx/data/al14-1.xlsx'))
df.head()
```

得到如下结果:

	y1	z1	z2
0	244	170	287
1	123	136	73
2	51	41	61
3	1035	6807	169
4	418	3570	133

下面生成设计矩阵。由于要建立的模型是 $y=\beta X$,因此需要分别求得 y 和 X 矩阵,而 dmatrices 函数可以实现,命令如下:

```
from patsy import dmatrices
y,X=dmatrices('y1~z1+z2',data=df,return_type='dataframe')
print (y.head())
print (X.head())
```

得到如下结果:

	y1
0	244.0
1	123.0
2	51.0
3	1035.0
4	418.0

	Intercept	z1	z2
0	1.0	170.0	287.0
1	1.0	136.0	73.0
2	1.0	41.0	61.0
3	1.0	6807.0	169.0
4	1.0	3570.0	133.0

下面用 OLS 进行参数估计,得到残差结果。

```
import statsmodels.api as sm
y,X=dmatrices('y1~z1+z2',data=df,return_type='dataframe')
model=sm.OLS(y, X)
fit1=model.fit()
res=fit1.resid
cc=abs(res)
Df1=pd.DataFrame()
Df1[['z1', 'z2']]=df[['z1','z2']]
```

```
Df1['cc']=cc
print(Df1.corr())
          z1         z2         cc
z1   1.00000   0.439980   0.029810
z2   0.43998   1.000000   0.822974
cc   0.02981   0.822974   1.000000
```

根据上面的相关系数矩阵,财力投入 z_2 和残差绝对值 cc 的相关系数为 0.822974,显著相关,因此该回归模型存在异方差问题。

14.7 异方差消除的 Python 应用

根据相关系数,我们选取 z_2 构造权数矩阵,假定 $m=2.5$。在 Python 中输入如下命令:

```
from patsy import dmatrices
y,X=dmatrices('y1~z1+z2',data=df,return_type='dataframe')
import statsmodels.api as sm
wk=1/(df[['z2']]**2.5)
wls_model=sm.WLS(y,X,weights=wk)
results=wls_model.fit()
print(results.summary())
```

得到如下结果:

WLS Regression Results

Dep. Variable:	y1	R-squared:	0.748
Model:	WLS	Adj. R-squared:	0.707
Method:	Least Squares	F-statistic:	17.85
Date:	Sat, 03 Mar 2018	Prob (F-statistic):	0.000253
Time:	09:39:58	Log-Likelihood:	−92.359
No. Observations:	15	AIC:	190.7
Df Residuals:	12	BIC:	192.8
Df Model:	2		
Covariance Type:	nonrobust		

	coef	std err	t	P>|t|	[0.025	0.975]
Intercept	−59.0349	53.822	−1.097	0.294	−176.302	58.232
z1	0.0815	0.030	2.706	0.019	0.016	0.147
z2	2.4887	0.931	2.672	0.020	0.459	4.518

				（续表）
Omnibus：	2.626	Durbin-Watson：		1.165
Prob(Omnibus)：	0.269	Jarque-Bera (JB)：		1.438
Skew：	0.758	Prob(JB)：		0.487
Kurtosis：	2.969	Cond. No.		2.64e+03

上面 Python 的输出结果显示，变量 z_1、z_2 的回归系数显著，异方差问题得到解决。

14.8 异方差实例的 Python 应用

例 14-5：表 14-2 列出了 2016 年中国各省份居民人均可支配收入 x 与居民人均消费水平 y 的统计数据。

(1) 作图并利用 OLS 建立人均消费水平与居民人均可支配收入的线性模型。

(2) 检验模型是否存在异方差。

(3) 如果存在异方差，试采用适当的方法加以消除。

表 14-2　2016 年中国各省份居民人均可支配收入与居民人均消费水平

省份	居民人均可支配收入 x(元)	居民人均消费水平 y(元)
北京	52 530.38	48 883
天津	34 074.46	36 257
河北	19 725.42	14 328
山西	19 048.88	15 065
内蒙古	24 126.64	22 293
辽宁	26 039.70	23 670
吉林	19 966.99	13 786
黑龙江	19 838.50	17 393
上海	54 305.35	49 617
江苏	32 070.10	35 875
浙江	38 529.00	30 743
安徽	19 998.10	15 466
福建	27 607.93	23 355
江西	20 109.56	16 040
山东	246 85.27	25 860
河南	18 443.08	16 043
湖北	21 786.64	19 391
湖南	21 114.79	17 490

(续表)

省份	居民人均可支配收入 x(元)	居民人均消费水平 y(元)
广东	30 295.80	28 495
广西	18 305.08	15 013
海南	20 653.44	18 431
重庆	22 034.14	21 032
四川	18 808.26	16 013
贵州	15 121.15	14 666
云南	16 719.90	14 534
西藏	13 639.24	9 743
陕西	18 873.74	16 657
甘肃	14 670.31	13 086
青海	17 301.76	16 751
宁夏	18 832.28	18 570
新疆	18 354.65	15 247

在目录 F:\2glkx\data1 下建立 a14－2.xls 数据文件后,使用如下命令:

```
import pandas as pd
import numpy as np
import statsmodels.api as sm
import matplotlib.pyplot as plt
```

读取数据并创建数据表:

```
df=pd.DataFrame()
df=pd.DataFrame(pd.read_excel('F:/2glkx/data1/a14－2.xls'))
x=np.array(df[['x']])
y=np.array(df[['y']])
X=sm.add_constant(x)
model=sm.OLS(y, X)
fit1=model.fit()
print(fit1.summary())
plt.xlabel("x")
plt.ylabel("y")
plt.plot(x,y,'ob')
plt.plot(x,fit1.fittedvalues,'r')
```

得到如下回归结果,绘制图形如图 14-3 所示。

OLS Regression Results

Dep. Variable:	y	R-squared:	0.944
Model:	OLS	Adj. R-squared:	0.942
Method:	Least Squares	F-statistic:	484.3
Date:	Sat, 10 Mar 2018	Prob (F-statistic):	1.21e−19
Time:	07:10:32	Log-Likelihood:	−283.89
No. Observations:	31	AIC:	571.8
Df Residuals:	29	BIC:	574.6
Df Model:	1		
Covariance Type:	nonrobust		

	coef	std err	t	P>|t|	[0.025	0.975]
const	−2001.7894	1140.733	−1.755	0.090	−4334.851	331.272
x1	0.9786	0.044	22.007	0.000	0.888	1.070

Omnibus:	5.234	Durbin-Watson:	1.559
Prob(Omnibus):	0.073	Jarque−Bera (JB):	3.629
Skew:	0.629	Prob(JB):	0.163
Kurtosis:	4.107	Cond. No.	6.87e+04

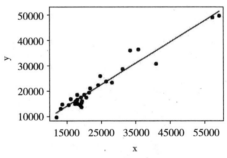

图 14-3 回归分析图

由此可得到模型方程：$y = -2001.7894 + 0.9786x$

下面计算残差并绘制残差图。

yf=−2001.7894+0.9786*x

plt.plot(x,y−yf,'ob')

model=sm.OLS(y−yf,X)

result=model.fit()

plt.xlabel("x")

plt.ylabel("y")

plt.plot(x,result.fittedvalues,'r')

绘制图形如图 14-4 所示。

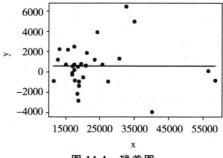

图 14-4 残差图

下面绘制 (x, e^2) 的散点图。

```
e=fit1.resid
model=sm.OLS(e*e,X)
result=model.fit()
#print(result.summary())
plt.xlabel("x")
plt.ylabel("e^2")
plt.plot(x,e*e,'ob')
plt.plot(x,result.fittedvalues,'r')
```

绘制图形如图 14-5 所示。

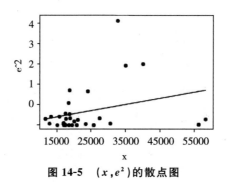

图 14-5 (x, e^2) 的散点图

下面进行 Goldfeld-Quandt 检验,代码如下:

```
df=pd.DataFrame(pd.read_excel('F:/2glkx/data1/al14-2.xls'))
x1=np.array(df.ix[0:10, 0])
y1=np.array(df.ix[0:10, 1])
X1=sm.add_constant(x1)
model=sm.OLS(y1, X1)
fit2=model.fit()
e1=fit2.resid
sum1=sum(e1*e1)
x2=np.array(df.ix[19:30, 0])
y2=np.array(df.ix[19:30, 1])
X2=sm.add_constant(x2)
```

```
model=sm.OLS(y2, X2)
fit3=model.fit()
e2=fit3.resid
sum2=sum(e2*e2)
F=sum2/sum1
print('F=',F)
```

得到 F 值为 $6.40867184800101 > F_{0.05}(11,10)=2.943$,因此存在异方差。最后我们使用 WLS 修正模型。

```
from patsy import dmatrices
y,X=dmatrices('y~x',data=df,return_type='dataframe')
import statsmodels.api as sm
wk=1/(df[['x']]**2)
#wk=1/df[['x']]
#wk=1/(df[['x']]**(1/50))
wls_model=sm.WLS(y,X, weights=wk)
results=wls_model.fit()
print(results.summary())
```

得到如下结果:

WLS Regression Results

Dep. Variable:	y	R-squared:	0.898
Model:	WLS	Adj. R-squared:	0.895
Method:	Least Squares	F-statistic:	255.8
Date:	Sat, 31 Mar 2018	Prob (F-statistic):	6.36e-16
Time:	08:33:49	Log-Likelihood:	-280.07
No. Observations:	31	AIC:	564.1
Df Residuals:	29	BIC:	567.0
Df Model:	1		
Covariance Type:	nonrobust		

	coef	std err	t	P>|t|	[0.025	0.975]
Intercept	-2691.8449	1298.119	-2.074	0.047	-5346.796	-36.894
x	1.0089	0.063	15.993	0.000	0.880	1.138

Omnibus:	0.267	Durbin-Watson:	1.493
Prob(Omnibus):	0.875	Jarque-Bera (JB):	0.434
Skew:	0.168	Prob(JB):	0.805
Kurtosis:	2.528	Cond. No.	7.71e+04

练习题

1. 对本章例题的数据文件,使用 Python 重新操作一遍。

2. 表 14-3 是对某地区 1998 年 30 个家庭的人均年收入 x 与人均年服装费支出 y 的调查数据。

表 14-3　30 个家庭人均年收入与人均年服装费支出数据

单位:元

人均年收入	人均年服装费支出	人均年收入	人均年服装费支出	人均年收入	人均年服装费支出
3 280	418	6 500	860	18 600	1 260
3 300	522	7 900	910	20 000	880
3 480	480	8 950	850	22 300	1 580
3 890	640	9 700	760	25 000	1 120
4 050	590	11 500	1 320	26 750	1 800
4 189	760	12 300	915	28 000	1 200
4 560	720	14 800	735	29 000	1 050
5 260	886	15 400	876	30 000	860
5 890	890	16 500	1 100	35 500	2 200
6 250	820	17 200	930	38 000	3 450

现建立该地区人均年服装费支出 y_t 与人均年收入 x_t 之间的线性回归模型如下:

$$y_i = \beta_0 + \beta_1 x_i + \varepsilon, \quad i=1,2,\cdots,30$$

使用 Python 对模型进行如下分析:

(1) 用图示法判断该模型是否存在异方差;

(2) 用帕克检验法检验模型是否存在异方差;

(3) 若存在异方差,以残差序列 e_i^2 项作为加权变量,采用 WLS 对原模型进行参数估计;

(4) 比较 WLS 与 OLS 两种方法的参数估计精度(即比较两种方法的 $\sqrt{D(\hat{\beta_0})}$ 和 $\sqrt{D(\hat{\beta_1})}$ 的大小)。

15 自相关及 Python 应用

15.1 自相关的概念

在经典回归模型中,我们假定随机误差项满足:
$$\varepsilon_i \sim N(0,\sigma^2) \text{ 且相互独立}, \quad i=1,2,\cdots,N$$
但在实际问题中,若各 ε_i 相互不独立,即
$$\text{cov}(\varepsilon_i,\varepsilon_j) \neq 0 \text{ 且 } i \neq j(i,j=1,2,\cdots,N)$$
则随机误差项 ε_i 序列之间存在自相关,也称序列相关。

在计量经济模型中,自相关现象是普遍存在的。如果模型中存在自相关,则用 OLS 进行参数估计同样会产生严重的不良后果,因此在利用计量经济模型时必须对自相关现象进行有效的识别,并采取适当方法消除模型中的自相关性。

15.2 自相关产生的原因

了解自相关产生的原因,有助于我们在利用计量经济模型时,有针对性地对样本数据进行识别和检验,避免自相关性对分析结果的不良影响。自相关产生的原因主要有以下几个方面:

1. 经济惯性所导致的自相关

由于许多经济变量的发展变化在时间上往往存在一定的趋势性,使某些经济变量在前后期存在明显的相关性,因此在以时间序列数据为样本建立计量经济模型时就可能存在自相关性。例如:

(1) 在时间序列的消费模型中,由于居民的消费需求与以往的消费水平有很大关系,因此本期的消费量与上期消费量之间会存在正相关性。

(2) 在基于时间序列数据研究投资规模的计量经济模型时,由于大量基础建设投资需要跨年度实施,因此本期投资规模不仅与本期的市场需求、利率及宏观经济景气指数等因素有关,还与前期甚至前几期的投资规模有关,这就会导致各期投资规模之间的自相关性。

（3）在基于时间序列数据研究农业生产函数的计量经济模型中，由于当期许多农产品价格在很大程度上取决于前期农产品产量，从而会影响当期农产品的播种面积，因此当期农产品产量必然会受到前期农产品产量的负面影响，使某些农产品产量在前后期出现负相关性。

（4）在宏观经济领域中，由于社会经济发展过程不可避免地存在周期性发展趋势，从而使国民生产总值、价格指数、就业水平等宏观经济指标必然存在周期性的前后期相关性，因此许多时间序列的宏观计量经济模型会产生自相关。

经济惯性是使时间序列的计量经济模型产生自相关性的最主要的原因，对于这类模型要特别注意识别是否存在显著的自相关性。自相关的线性回归模型通常表示为：

$$y_t = \beta_0 + \beta_1 x_{t1} + \beta_2 x_{t2} + \cdots + \beta_p x_{tp} + \varepsilon_t$$
$$\text{cov}(\varepsilon_t, \varepsilon_{t-s}) \neq 0, \quad t=1,2,\cdots,N, \quad s=1,2,\cdots,t-1$$

2. 模型设定不当而产生的自相关

（1）模型中遗漏了重要的自变量。例如，关于实际问题的正确模型应当为：

$$y_t = \beta_0 + \beta_1 x_{t1} + \beta_2 x_{t2} + \varepsilon_t$$
$$\text{cov}(\varepsilon_t, \varepsilon_{t-s}) \neq 0, \quad t=1,2,\cdots,N, \quad s=1,2,...,t-1$$

但建立模型时仅考虑了一个自变量：

$$y_t = \beta_0 + \beta_1 x_{t1} + V_t$$

这样 $V_t = \beta_2 x_{t2} + \varepsilon_t$，使自变量 x_{t2} 对 y_t 产生的影响归入了随机误差项 V_t 中，此时如果 x_{t2} 在不同时期的值是高度相关的，就会导致上述模型中的 V_t 出现自相关。例如，在时间序列的生产函数模型中，设 x_{t2} 为劳动投入，则无论是对单个企业还是对多个行业或地区，劳动投入在相邻年份是高度相关的。

（2）模型的数学形式设定不当。例如，假如正确的模型应当为：

$$y_t = \beta_0 + \beta_1 x_t + \beta_2 x_t^2 + \varepsilon_t$$
$$\text{cov}(\varepsilon_t, \varepsilon_{t-s}) \neq 0, \quad t=1,2,\cdots,N, \quad s=1,2,\cdots,t-1$$

但却表示为线性模型：

$$y_t = \beta_0 + \beta_1 x_t + V_t$$

则 $V_t = \beta_2 x_t^2 + \varepsilon_t$，$V_t$ 中含有 x_t^2 项对 y_t 产生的影响。随着 t 的变化，x_t^2 项会引起 V_t 呈现某种系统性的变化趋势，导致线性回归模型出现自相关现象。

3. 某些重大事件引起的自相关

在建立计量经济模型时，往往将一些难以定量化的环境因素对因变量的影响归入随机误差项中。但当发生重大自然灾害、战争、地区或全球性的经济金融危机以及政府重大经济政策调整时，这些环境因素对因变量的影响通常会在同一方向上延续很长时间。当以时间序列为样本数据的计量经济模型中含有发生重大事件年份的数据时，就会使随机误差项产生自相关。例如20世纪90年代末的亚洲金融危机就对亚洲各国经济产生了长期影响。

15.3　自相关的后果

与存在异方差的情况类似,当模型中存在自相关时仍使用 OLS 进行参数估计,同样会产生严重的不良后果。

(1) 参数的 OLS 估计不再具有最小方差性,从而不再是参数 β 的有效估计,使估计精度大大降低。

(2) 显著性检验方法失效,这是由于对回归方程和回归系数的显著性检验的统计量分布是以 $\varepsilon_i \sim N(0,\sigma^2)$ 且相互独立为依据的。当存在自相关时,ε_i 不再相互独立,原来导出的统计量分布也就不再成立。

(3) 由于 OLS 估计不再具有最小方差性,使参数估计误差增大,必然导致预测和控制精度降低,失去应用价值。

15.4　自相关的识别和检验

当存在自相关时,不能再用 OLS 进行参数估计,否则会产生严重的不良后果。因此,应特别注意时间序列的计量经济模型中是否存在自相关。识别和检验自相关性主要有以下方法:

1. 图示法

由于 ε_t 是不可观察的随机误差,与检验异方差类似,可以利用残差序列 e_t 分析 ε_t 之间是否存在自相关,方法如下:

(1) 用 OLS 对原模型进行回归,求出残差 e_t ($t=1,2,\cdots,N$);

(2) 绘制关于 (e_{t-1},e_t),$t=2,3,\cdots,N$ 或 (t,e_t),$t=1,2,\cdots,N$ 的散点图。

在 (e_{t-1},e_t) 的散点图中,如果 (e_{t-1},e_t) 的大部分点落在第一、三象限中,就说明 e_t 与 e_{t-1} 存在正相关性;若大部分点落在第二、四象限中,则说明 e_t 与 e_{t-1} 存在负相关性;若各点比较均匀地散布于四个象限中,则说明不存在自相关。

在 (t,e_t) 的散点图中,如果 e_t 随时间 t 呈某种周期性的变化,则说明存在正相关性;若呈锯齿形的震荡变化,则说明存在负相关性。

2. 杜宾—沃森(Durbin-Watson,DW)检验法

检验模型是否存在自相关问题,除了使用残差散点图,DW 检验也是常用的检验方法。

DW 检验适用于检验随机误差项之间是否存在一阶自相关的情况。所谓一阶自相关,是指 ε_t 序列之间有如下相关关系:

$$\varepsilon_t = \rho \varepsilon_{t-1} + V_t, \quad t=2,3,\cdots,N \tag{15-1}$$

其中,$|\rho| \leqslant 1$ 为自相关系数,反映了 ε_t 与 ε_{t-1} 的线性相关程度。$\rho>0$ 为正相关,$\rho<0$ 为负相关,$\rho=0$ 为无自相关;V_t 是满足经典假设条件的随机误差项,即 $V_t \sim N(0,\sigma_V^2)$ 且相互独立,而且 $\text{cov}(\varepsilon_{t-1},V_t)=0$。由式(15-1)可知,要检验是否存在一阶自相关,则要检验假设:

$$H_0: \rho = 0, \qquad H_1: \rho \neq 0$$

杜宾和沃森构造了检验一阶自相关的DW统计量：

$$\mathrm{DW} = \frac{\sum\limits_{t=2}^{N}(e_t - e_{t-1})^2}{\sum\limits_{t=1}^{N} e_t^2} \tag{15-2}$$

为什么式(15-2)能检验 ε_t 的一阶自相关呢？从直观上分析，若存在一阶正自相关，则相邻两个样本点的 $(e_t - e_{t-1})^2$ 较小，从而DW值也就较小；若存在一阶负自相关，则 $(e_t - e_{t-1})^2$ 较大，DW值也就越大；若不存在自相关，则 e_t 与 e_{t-1} 之间为随机关系，DW值也就是一个较为适中的值。可以证明：

$$\mathrm{DW} \approx 2(1 - \hat{\rho}) \tag{15-3}$$

其中

$$\hat{\rho} = \frac{\sum\limits_{t=2}^{N} e_t e_{t-1}}{\sum\limits_{t=1}^{N} e_t^2} \tag{15-4}$$

由式(15-3)可知：

(1) 若存在一阶完全正自相关，即 $\hat{\rho} \approx 1$，则 DW$\approx$0；

(2) 若存在一阶完全负自相关，即 $\hat{\rho} \approx -1$，则 DW$\approx$4；

(3) 若不存在自相关，即 $\hat{\rho} \approx 0$，则 DW$\approx$2。

以上分析说明，DW值越接近2，ε_t 序列的自相关性越小；DW值越接近0，ε_t 序列就越呈正相关性；DW值越接近4，ε_t 序列越呈负相关性。根据不同的样本容量 N 和自变量的数量 P，在给定的不同显著性水平 α 下，可建立DW统计量的下限 d_L 和上限 d_U 的DW统计量临界值表。

检验方法如下：

(1) 若 DW$\leqslant d_L$，则在显著性水平 α 下判定存在正自相关；

(2) 若 DW$> 4 - d_L$，则在显著性水平 α 下判定存在负自相关；

(3) 若 $d_U <$ DW $< 4 - d_U$，则在显著性水平 α 下判定不存在自相关；

(4) 若 $d_L \leqslant$ DW $\leqslant d_U$ 或 $4 - d_U \leqslant$ DW $\leqslant 4 - d_L$，则在显著性水平 α 下不能判定是否存在自相关。

可以证明DW的取值范围为 $0 \leqslant$ DW $\leqslant 4$。

根据样本容量 N、自变量数量 P、显著性水平 α 和DW统计分布，可以确定临界值的上限和下限 d_U、d_L，然后可以根据表15-1确定回归模型的自相关情况。

表15-1 使用DW统计量判断自相关

DW 范围	残差项是否存在自相关关系
$0 \leqslant$ DW $\leqslant d_L$	存在正自相关
$d_L \leqslant$ DW $\leqslant d_U$ 或 $4 - d_U \leqslant$ DW $\leqslant 4 - d_L$	无法确定
$d_U <$ DW $< 4 - d_U$	不存在自相关
$4 - d_L <$ DW $\leqslant 4$	存在负自相关

DW 检验具有计算简单的优点,是最常用的自相关检验方法,但在应用时存在一定的局限性。这主要是由于 DW 统计量的精确分布未知,而是用某种 β 分布近似计量,因此在运用时需要满足一定的条件。

(1) 只适用于一阶自相关检验,不适用具有高阶自相关的情况。

(2) 存在两个不能判定的区域。当样本容量 N 较小时,这两个区域较大;反之,这两个区域较小。例如当 $P=1$、$N=15$、$\alpha=0.05$ 时,$d_L=1.08$,$d_U=1.36$;而当 $N=50$ 时,$d_L=1.50$,$d_U=1.59$;故当 DW 值落在不能判定的区域时,如能增加样本容量,通常就可以解决自相关的问题。

(3) 当模型中含有滞后因变量时,DW 检验失效,例如 $y_t = \beta_0 + \beta_1 x_t + \beta_2 y_{t-1} + \varepsilon_t$。

(4) 需要比较大的样本容量($N \geqslant 15$)。

3. 回归检验法

由于自相关就是指模型中的随机误差项之间存在某种相关关系,而回归分析就是用来研究变量之间相关关系的方法,因此可以用回归分析方法检验随机误差项之间是否存在自相关。虽然 ε_t 是不可观测的,但可以用残差序列 e_t 近似代替。回归检验法的步骤如下:

(1) 用 OLS 对原模型进行参数估计,并求出各 e_t。

(2) 根据经验或对残差序列的分析,采用相应的回归模型对自相关的形式进行拟合,常用的模型有:
$$e_t = \rho e_{t-1} + V_t$$
$$e_t = \rho e_{t-1}^2 + V_t$$
$$e_t = \rho_1 e_{t-1} + \rho_2 e_{t-2} + V_t$$

以上第一个模型就是一阶线性自回归模型,而第二个模型就是二阶线性自回归模型。

(3) 对所有自回归方程及其回归系数进行显著性检验。若存在具有显著性的回归形式,则可以认为存在自相关;若多个形式的回归均呈显著性,则取最优的拟合形式(临界值显著性水平最高者)作为自相关的形式;若各个回归形式都不显著,则可以判定原模型不存在自相关。

由上可知,回归检验法比 DW 检验方法的适用性更广,它适用于各种自相关的情况,而且检验方法也有理论依据,但计算量要大些。

15.5 自相关的处理方法

对于因模型设定不当而产生的自相关现象,应根据问题的经济背景和有关经济理论知识,重新建立更为合理的计量经济模型。以下介绍的消除模型中自相关性的方法,是以模型设定正确为前提的。

由前所述,如果模型的随机误差项之间存在自相关,就不能直接使用 OLS 进行参数估计,否则将产生严重的不良后果,此时必须采用适当方法消除模型中的自相关性。

1. 广义差分法

设原模型存在一阶自相关：
$$y_t = \beta_0 + \beta_1 x_t + \varepsilon_t, \quad t = 1, 2, \cdots, N \tag{15-5}$$

$\varepsilon_t = \rho \varepsilon_{t-1} + V_t, V_t \sim N(0, \sigma_V^2)$ 且相互独立。其中相关系数 ρ 为已知，可用式(15-4)估计或由回归检验法得到，由式(15-5)可得：
$$\rho y_{t-1} = \rho \beta_0 + \rho \beta_1 x_{t-1} + \rho \varepsilon_{t-1} \tag{15-6}$$

将式(15-5)减去式(15-6)，得：
$$\begin{aligned} y_t - \rho y_{t-1} &= \beta_0(1-\rho) + \beta_1(x_t - \rho x_{t-1}) + \varepsilon_t - \rho \varepsilon_{t-1} \\ &= \beta_0(1-\rho) + \beta_1(x_t - \rho x_{t-1}) + V_t, \quad t=2,3,\cdots,N \end{aligned} \tag{15-7}$$

做如下广义差分变换，令：
$$\begin{cases} y_t^* = y_t - \rho y_{t-1} \\ x_t^* = x_t - \rho x_{t-1} \end{cases} \quad t = 2, 3, \cdots, N$$

则式(15-7)可改写为：
$$y_t^* = \beta_0(1-\rho) + \beta_1 x_t^* + V_t \tag{15-8}$$

其中，$V_t \sim N(0, \sigma_V^2)$ 且相互独立，$t = 2, 3, \cdots, N$。

式(15-7)和式(15-8)就称为广义差分模型。上述通过对原模型进行广义差分变换后再进行参数估计的方法，就称为广义差分法。

由于式(15-7)和式(15-8)中的 t 是从 2 开始的，故经过广义差分变换后将损失一个观测值，为了不减少自由度，可对 y_1 和 x_1 作如下变换，令：
$$y_1^* = \sqrt{1-\rho^2}\, y_1 \qquad x_1^* = \sqrt{1-\rho^2}\, x_1$$

则式(15-8)为
$$y_t = \beta_0(1-\rho) + \beta_1 x_t + V_t, \quad t = 1, 2, 3, \cdots, N$$

以上是以一元线性回归模型为例来讨论的。对于多元线性回归模型，处理自相关性的方法完全相同。

2. 杜宾两步法

广义差分法要求 ρ 已知，但在实际应用中，ρ 往往是未知的。杜宾两步法的基本思路是先求出 ρ 的估计值 $\hat{\rho}$，然后用广义差分法求解，步骤如下：

(1) 将式(15-7)改写为：
$$y_t = \beta_0(1-\rho) + \rho y_{t-1} + \beta_1 x_t - \beta_1 \rho x_{t-1} + V_t \tag{15-9}$$

令 $b_0 = \beta_0(1-\rho), b_1 = \beta_1, b_2 = -\beta_1 \rho$，则式(15-9)可改写为：
$$y_t = b_0 + \rho y_{t-1} + b_1 x_t + b_2 x_{t-1} + V_t, t = 2, 3, \cdots, N \tag{15-10}$$

使用 OLS 对式(15-10)进行参数估计，求得 ρ 的估计值 $\hat{\rho}$。

(2) 用 $\hat{\rho}$ 代替 ρ，对原模型做广义差分变换，令：
$$\begin{cases} y_t^* = y_t - \hat{\rho} y_{t-1} \\ x_t^* = x_t - \hat{\rho} x_{t-1}, \quad t = 2, 3, \cdots, N \\ y_1^* = \sqrt{1-\hat{\rho}^2}\, y_1, \quad x_1^* = \sqrt{1-\hat{\rho}^2}\, x_1 \end{cases}$$

得广义差分模型：
$$y_t^* = b_0 + \beta_1 x_t^* + V_t, \quad t = 1, 2, \cdots, N \tag{15-11}$$

用 OLS 求得式(15-11)的参数估计 $\hat{b}_0$ 和 $\hat{\beta}_1$，再由 $\hat{\beta}_0 = \hat{b}_0/(1-\hat{\rho})$ 求得 $\hat{\beta}_0$。

杜宾两步法的优点是还能应用于高阶自相关的场合，例如：
$$\varepsilon_t = \rho_1 \varepsilon_{t-1} + \rho_2 \varepsilon_{t-2} + V_t$$

类似地，可以先求得 $\hat{\rho}_1$ 和 $\hat{\rho}_2$，然后再用广义差分法求得原模型的参数估计。

由式(15-3)，还可以得到：
$$\hat{\rho} \approx 1 - \text{DW}/2$$

它也可替代杜宾两步法中的第一步作为 ρ 的估计，并应用于广义差分模型。

3. 科克兰内—奥克特(Cochrane-Orcutt)法

以上介绍的求 $\hat{\rho}$ 的方法的缺点是精度较低，有可能无法完全消除广义差分模型中的自相关性。科克兰内-奥克特法实际上是一种迭代的广义差分方法，它能有效地消除自相关性，步骤如下：

(1) 用 OLS 对原模型进行参数估计，求得残差序列 $e_t^{(1)}$ ($t = 1, 2, \cdots, N$)。

(2) 对残差的一阶自回归模型：
$$e_t^{(1)} = \rho e_{t-1}^{(1)} + V_t, \quad t = 2, 3, \cdots, N \tag{15-12}$$

用 OLS 进行参数估计，得到 ρ 的初次估计值 $\hat{\rho}^{(1)}$。

(3) 用 $\hat{\rho}^{(1)}$ 对原模型进行广义差分模型变换，得广义差分模型：
$$y_t^* = b_0 + \beta_1 x_t^* + \varepsilon_t^* \tag{15-13}$$

其中，$b_0 = \beta_0(1 - \hat{\rho}^{(1)})$。

(4) 用 OLS 对式(15-13)进行参数估计，得到 $\hat{\beta}_0^{(1)}$、$\hat{\beta}_1^{(1)}$ 和 $\hat{y}_t^{(1)}$，并计算残差序列 $e_t^{(2)}$，$e_t^{(2)} = y_t - \hat{y}_t^{(1)}$ ($t = 1, 2, \cdots, N$)。

(5) 利用 $e_t^{(2)}$ 序列对式(15-13)进行自相关检验，若无自相关，则迭代结束，已得原模型的一致最小方差无偏估计 $\hat{\beta}_0^{(1)}$ 和 $\hat{\beta}_1^{(1)}$。若仍存在自相关，则进行第二次迭代，返回步骤(2)，用 $e_t^{(2)}$ 代替式(15-12)中的 $e_t^{(1)}$，求得 ρ 的第二次估计值 $\hat{\rho}^{(2)}$，再利用 $\hat{\rho}^{(2)}$ 对原模型进行广义差分变换，并进而用 OLS 求得 $\hat{\beta}_0^{(2)}$ 和 $\hat{\beta}_1^{(2)}$，并在计算残差序列 $e_t^{(3)}$ 后再次进行自相关检验，若仍存在自相关，则再重复上述迭代过程，直至消除自相关为止。

通常情况下，只需进行二次迭代即可消除模型中的自相关性，故科克兰内-奥克特法又称二步迭代法。该方法能有效地消除自相关性，提高模型参数估计的精度。

15.6 自相关性诊断与消除的 Python 应用

例 15-1：某公司 1991—2005 年的开发费用和新产品利润数据如表 15-2 所示，分析开发费用对新产品利润的影响。

表 15-2 开发费用和新产品利润数据

单位:万元

年份	开发费用	新产品利润
1991	35	690
1992	38	734
1993	42	788
1994	45	870
1995	52	1 038
1996	65	1 280
1997	72	1 434
1998	81	1 656
1999	103	2 033
2000	113	2 268
2001	119	2 451
2002	133	2 819
2003	159	3 431
2004	198	4 409
2005	260	5 885

在目录 F:\2glkx\data 下建立 al15-1.xls 数据文件后,使用如下命令读取数据:

```
import statsmodels.api as sm
import pandas as pd
import numpy as np
data=pd.DataFrame(pd.read_excel('G:\\2glkx\\data\\al15-1.xls'))
data.head()
data.head()
     kf    lr
0    35    690
1    38    734
2    42    788
3    45    870
4    52    1038
```

做 OLS 一元线性回归分析:

```
x=np.array(data[['lr']])
y=np.array(data[['kf']])
# model matrix with intercept
X=sm.add_constant(x)
# least squares fit
```

```
model=sm.OLS(y, X)
fit=model.fit()
print fit.summary()
```

得到如下结果:

OLS Regression Results

Dep. Variable:	y	R-squared:	0.998
Model:	OLS	Adj. R-squared:	0.997
Method:	Least Squares	F-statistic:	5535.
Date:	Sat, 29 Oct 2016	Prob (F-statistic):	1.74e−18
Time:	15:05:28	Log-Likelihood:	−37.996
No. Observations:	15	AIC:	79.99
Df Residuals:	13	BIC:	81.41
Df Model:	1		
Covariance Type:	nonrobust		

	coef	std err	t	P>|t|	[95.0% Conf. Int.]	
const	9.2478	1.495	6.186	0.000	6.018	12.477
x1	0.0433	0.001	74.400	0.000	0.042	0.045

Omnibus:	1.182	Durbin-Watson:	0.474
Prob(Omnibus):	0.554	Jarque-Bera (JB):	1.011
Skew:	0.515	Prob(JB):	0.603
Kurtosis:	2.255	Cond. No.	4.54e+03

从上可见,DW 统计量为 0.474,存在自相关。

下面使用差分法解决自相关问题,具体计算过程如下:

令 $\Delta y_i = y_i - y_{i-1}$, $\Delta x_{ij} = x_{ij} - x_{i-1,j}$, $i=1,\cdots,n, j=1,\cdots,p$。利用 Δy_i 和 Δx_{ij} 数据,采取 OLS 对下述回归模型的参数进行拟合,可以求出经验回归参数 $\beta_j, j=1,\cdots,p$:

$$\Delta y_i = \beta_0 + \beta_1 \Delta x_{i1} + \cdots + \beta_p \Delta x_{ip} + \varepsilon_i, i=1,\cdots,n$$

下面给出使用差分法消除自相关的 Python 代码:

```
data=data.diff()
data=data.dropna()
x=np.array(data[['lr']])
y=np.array(data[['kf']])
# model matrix with intercept
X=sm.add_constant(x)
# least squares fit
model=sm.OLS(y, X)
fit=model.fit()
print fit.summary()
```

得到如下结果：

OLS Regression Results

Dep. Variable:	y	R-squared:	0.985
Model:	OLS	Adj. R-squared:	0.984
Method:	Least Squares	F-statistic:	777.9
Date:	Sat, 29 Oct 2016	Prob (F-statistic):	2.79e−12
Time:	15:09:18	Log-Likelihood:	−29.448
No. Observations:	14	AIC:	62.90
Df Residuals:	12	BIC:	64.17
Df Model:	1		
Covariance Type:	nonrobust		

	coef	std err	t	P>|t|	[95.0% Conf. Int.]	
const	0.8469	0.791	1.071	0.305	−0.876	2.570
x1	0.0410	0.001	27.890	0.000	0.038	0.044

Omnibus:	12.469	Durbin-Watson:	2.194
Prob(Omnibus):	0.002	Jarque-Bera (JB):	8.230
Skew:	1.508	Prob(JB):	0.0163
Kurtosis:	5.239	Cond. No.	743.

从上可见，DW 统计量为 2.194，自相关问题消除，说明采取差分法能够解决自相关问题。

15.7 金融市场数据自相关性诊断与消除的 Python 应用

当某个资本市场出现大幅波动时，投资者在其他资本市场上的投资行为容易发生改变，从而将这种波动传递到其他资本市场，这就是所谓的溢出效应。我国上海股市和深圳股市地理位置接近，有相同的经济、政治、法律、社会基础、监管环境、投资者结构，上市公司质量、治理结构也都相同或类似，故而两股市之间的波动或存在溢出效应。深圳又因地理位置而与海外市场联系更密切，海外市场变化的信息能够最先传递和影响到深圳股市，进而蔓延到内陆地区。因此在进行上海股市和深圳股市波动溢出效应的实证研究时，选取深圳股市波动作为自变量、上海股市波动作为因变量。下面用 Python 进行实证分析。

1. 数据采集与处理

（1）研究期间：2015 年 1 月 1 日至 2017 年 12 月 31 日。
（2）研究对象：采用上证指数和深证指数的周收盘价作为检验样本，各含 153 个数据。

2. 实证检验

（1）从 Tushare 获取数据，如表 15-3 所示：

```
import pandas as pd
import numpy as np
import statsmodels.api as sm
import tushare as ts
sd=ts.get_hist_data('sz',ktype='W',start='2015-01-01',end='2017-12-31')
s1=sd[['close']]
hd=ts.get_hist_data('sh',ktype='W',start='2015-01-01',end='2017-12-31')
s2=hd[['close']]
df1=pd.DataFrame(s1).reset_index()
df1.columns=['date','SZ_close']
df2=pd.DataFrame(s2).reset_index()
df2.columns=['date','SH_close']
df=pd.merge(df2,df1)
```

表 15-3　2015 年 1 月 1 日至 2017 年 12 月 31 日的上证指数和深证指数

日期	上证指数	深证指数
2017-12-29	3 307.170	11 040.450
2017-12-22	3 297.060	11 094.160
2017-12-15	3 266.140	10 998.120
2017-12-08	3 289.990	10 935.060
2017-12-01	3 317.620	11 013.150
2017-11-24	3 353.820	11 168.390
2017-11-17	3 382.910	11 292.930
⋮	⋮	⋮

（2）以深证指数作为自变量、上证指数作为因变量进行 OLS 回归：

```
x=np.array(df[['SZ_close']])
y=np.array(df[['SH_close']])
X=sm.add_constant(x)
model=sm.OLS(y, X)
fit=model.fit()
print(fit.summary())
```

回归分析结果如下：

OLS Regression Results

Dep. Variable:	y	R-squared:	0.934
Model:	OLS	Adj. R-squared:	0.934
Method:	Least Squares	F-statistic:	2140.
Date:	Sun, 04 Mar 2018	Prob (F-statistic):	4.56e−91

（续表）

Time:		11:08:29	Log-Likelihood:			−935.51
No. Observations:		153	AIC:			1875.
Df Residuals:		151	BIC:			1881.
Df Model:		1				
Covariance Type:		nonrobust				

	coef	std err	t	P>|t|	[0.025	0.975]
const	312.2582	65.588	4.761	0.000	182.670	441.847
x1	0.2682	0.006	46.258	0.000	0.257	0.280

Omnibus:		13.590	Durbin-Watson:	0.191
Prob(Omnibus):		0.001	Jarque-Bera (JB):	5.009
Skew:		0.098	Prob(JB):	0.0817
Kurtosis:		2.136	Cond. No.	8.33e+04

从上面的回归结果可见，DW 统计量为 0.191，表明存在自相关。由于 DW 值接近 0，由 $\hat{\rho} = 1 - \dfrac{DW}{2}$ 可得，残差序列相关系数接近 1，因此下面使用差分法解决自相关问题。

(3) 采用一阶差分消除自相关性。具体操作如下：

df1=df[['SZ_close','SH_close']].diff()

df1=df1.dropna()

x=np.array(df1[['SZ_close']])

y=np.array(df1[['SH_close']])

X=sm.add_constant(x)

model=sm.OLS(y, X)

fit=model.fit()

print(fit.summary())

OLS Regression Results

Dep. Variable:		y	R-squared:	0.879
Model:		OLS	Adj. R-squared:	0.878
Method:		Least Squares	F-statistic:	1087.
Date:		Sun, 04 Mar 2018	Prob (F-statistic):	1.29e−70
Time:		11:09:06	Log-Likelihood:	−799.78
No. Observations:		152	AIC:	1604.
Df Residuals:		150	BIC:	1610.
Df Model:		1		
Covariance Type:		nonrobust		

（续表）

	coef	std err	t	P>|t|	[0.025	0.975]
const	−0.6045	3.809	−0.159	0.874	−8.132	6.923
x1	0.2466	0.007	32.975	0.000	0.232	0.261

Omnibus:	56.252	Durbin-Watson:	2.231
Prob(Omnibus):	0.000	Jarque-Bera (JB):	430.727
Skew:	−1.061	Prob(JB):	2.94e−94
Kurtosis:	10.969	Cond. No.	509.

从上可见，DW 统计量为 2.231，表明自相关问题消除。

（4）采用增长率方法消除自相关。

若对上证指数和深证指数取周收益率[①]进行回归分析，可以发现也能消除自相关性。具体操作如下：

```
SZ_df=((df['SZ_close']−df['SZ_close'].shift(1))/df['SZ_close'].shift(1)).dropna()
SH_df=((df['SH_close']−df['SH_close'].shift(1))/df['SH_close'].shift(1)).dropna()
rate=pd.concat([SZ_df,SH_df],axis=1)
rate.columns=['SZ_return','SH_return']
x=np.array(rate[['SZ_return']])
y=np.array(rate[['SH_return']])
X=sm.add_constant(x)
model=sm.OLS(y, X)
fit=model.fit()
print(fit.summary())
```

OLS Regression Results

Dep. Variable:	y	R-squared:	0.866
Model:	OLS	Adj. R-squared:	0.865
Method:	Least Squares	F-statistic:	969.9
Date:	Sun, 04 Mar 2018	Prob (F-statistic):	2.30e−67
Time:	11:10:27	Log-Likelihood:	441.63
No. Observations:	152	AIC:	−879.3
Df Residuals:	150	BIC:	−873.2
Df Model:	1		
Covariance Type:	nonrobust		

---

① 周收益率的计算公式为：$R_t = \dfrac{(P_t - P_{t-1})}{P_{t-1}}$，实质为增长率。

(续表)

	coef	std err	t	P>|t|	[0.025	0.975]
const	−0.0002	0.001	−0.200	0.841	−0.002	0.002
x1	0.8155	0.026	31.144	0.000	0.764	0.867
Omnibus:			38.308	Durbin-Watson:		2.205
Prob(Omnibus):			0.000	Jarque-Bera (JB):		173.824
Skew:			−0.786	Prob(JB):		1.80e−38
Kurtosis:			7.998	Cond. No.		24.2

从上可见，DW 统计量为 2.205，表明不存在自相关问题。

3. 结论

对沪深指数一阶差分后进行回归分析，得到：

$$\Delta SH_t = -0.6045 + 0.2466 \Delta SZ_t, \quad t=1,2,\cdots,152$$

对沪深指数收益率进行回归分析得到：

$$SHR_t = -0.0002 + 0.8155 SZR_t, \quad t=1,2,\cdots,152$$

由此可见沪深股市之间存在正溢出效应。

练习题

对本章例题的数据，使用 Python 重新操作一遍。

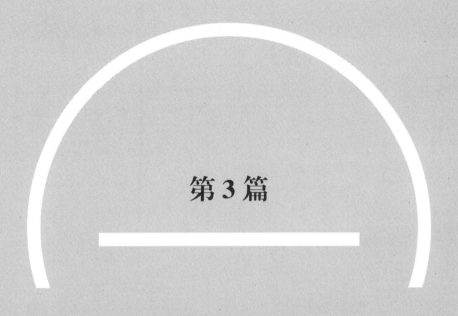

第 3 篇

量化投资组合与资产定价理论及应用

16
资产组合的期望收益与风险及 Python 应用

我们考虑未来一段时间投资某一资产的收益率。显然，它是不确定的，因受到许多因素的影响而随着有关条件和客观状态的变化而变化。因此，我们可以把收益率视作随机变量。作为随机变量，在不同的客观状态下，它会有不同的取值。如果我们能对客观状态发生的可能性（即概率）做出评估（例如，通过对状态的分析，或通过主观概率试验法，或通过对历史数据的处理，建立模型，预测各种状态可能发生的概率），就可以利用随机变量的数学期望和方差描述所持资产可能的期望收益率和持有期收益率对期望收益率的可能偏离。

16.1 持有期收益率

设 P_{it}、$P_{i(t-1)}$ 为某资产 i 在第 t 期和第 $t-1$ 期的价格，D_{it} 为某资产 i 在第 t 期的红利，则该资产离散单利收益率公式为：

$$r_{it} = \frac{P_{it} - P_{i(t-1)} + D_{it}}{P_{i(t-1)}}$$

例 16-1：投资者以每股 10 元的价格买入股票 i，一年后股票价格上升到每股 12 元，其间上市公司发放股息每股 0.2 元。在不考虑税收的情况下，投资者这一年的收益为多少？

$$r_i = \frac{12 - 10 + 0.2}{10} = 22\%$$

在资产的分析和计算中，我们常常要使用连续复利收益率。连续复利收益率是指资产本期期末价格与上期期末价格之比的对数，即

$$r_{it} = \ln \frac{P_{it} + D_{it}}{P_{i(t-1)}} \tag{16-1}$$

式(16-1)中，r_{it} 表示资产 i 在第 t 期的连续复利收益率；P_{it} 表示资产 i 在第 t 期的价格；$P_{i(t-1)}$ 表示资产 i 在第 $t-1$ 期的价格；D_{it} 表示资产 i 在第 t 期的红利。

接例 16-1 数据，$r_i = \ln(\frac{12.2}{10}) = 20\%$。

从上可见,连续复利收益率20%与离散单利收益率22%是不同的,这是因为:

$$r_{it} = \ln\frac{P_{it} + D_{it}}{P_{i(t-1)}} = \ln(1 + \frac{P_{it} - P_{i(t-1)} + D_{it}}{P_{i(t-1)}}) = \frac{P_{it} - P_{i(t-1)} + D_{it}}{P_{i(t-1)}} + o(\frac{P_{it} - P_{i(t-1)} + D_{it}}{P_{i(t-1)}}) \approx \frac{P_{it} - P_{i(t-1)} + D_{it}}{P_{i(t-1)}}$$

,其中 $o(\frac{P_{it} - P_{i(t-1)} + D_{it}}{P_{i(t-1)}})$ 表示高阶无穷小量。

有效年收益率是指按一年365天标准将 t 天的持有期收益率以复利方式年化而得到的收益率。

$$有效年收益率 = (1 + 持有期收益率)^{365/t} - 1$$

若例16-1中的股票3个月(90天)的持有期收益率为3%,则:

$$有效年收益率 = (1 + 3\%)^{365/90} - 1 = 12.74\%$$

例如,要比较持有期不同的股票的收益率,我们首先需要计算股票的有效年收益率,这样才能进行比较。

16.2 单项资产的期望收益率

一般来说,资产的收益是不能预先知道的,投资者只能估计各种可能发生的结果以及每种结果发生的概率。因此,持有期收益率 r_t 是随机变量,设它的取值为 $r_1, r_2, \cdots, r_N$,相应的概率分布为 $p_1, p_2, \cdots, p_N$,即 $p_t = P(r = r_t), t = 1, 2, \cdots, N$,则:

$$E(r) = \sum_{t=1}^{N} p_t r_t$$

它反映了投资者对未来收益水平的总体预期,被称为收益率的期望值,简称预期收益率或期望收益率。显然,未来实际收益率与预期收益率是有偏差的。

例16-2:假设某公司未来一年的投资收益依赖于下一年的宏观经济状态,而宏观经济可能出现三种状态:繁荣、一般和萧条。在每种状态下,公司收益率分别为10%、5%和−7%。根据经济学家的预测,未来宏观经济出现繁荣的概率为0.3,维持一般状况的概率为0.4,出现萧条的概率为0.3。结合上述信息,计算该公司的期望收益率。

根据上述公式可知:

$$E(r) = \sum_{t=1}^{3} p_t r_t = 0.3 \times 10\% + 0.4 \times 5\% + 0.3 \times (-7\%) = 2.9\%$$

16.3 单项资产的风险

如果投资者以预期收益率为依据进行决策,那么这种未来持有期收益率与预期收益率的偏离就是收益率的均方差或者标准差。

设持有期收益率随机变量 r_t 的期望值 $E(r) \in (-\infty, +\infty)$,且 $E[(r_t - E(r))^2] \in (-\infty, +\infty)$,则收益率的方差定义为:

$$\sigma^2(r) = E[r_t - E(r)]^2 = \sum_{t=1}^{N} [r_t - E(r)]^2 p_t$$

有时也记为 σ_r^2。

收益率的均方差或标准差为：

$$\sigma(r) = \sqrt{\sum_{t=1}^{N}(r_t - E(r))^2 p_t}$$

也记为 σ_r。

例 16-3：假设投资者等比例持有两只股票 ABC 和 XYZ。两只股票的收益率受到利率升降和原材料价格高低的影响。未来的经济状态有四种：①利率上升，原材料价格上涨；②利率上升，原材料价格下跌；③利率下降，原材料价格上涨；④利率下降，原材料价格下跌。如果每种经济状态发生的概率分别为 0.1、0.2、0.3、0.4，并给定每只股票在每种状态下的投资收益率（见表 16-1），计算两只股票收益率的方差和标准差，比较其风险水平。

表 16-1 四种经济状态下的持有期收益率

	ABC		XYZ	
	利率上升	利率下降	利率上升	利率下降
原材料价格上涨	5%	7%	10%	7%
原材料价格下跌	7%	10%	12%	9%

将数据代入期望收益率公式：

$$E_{ABC} = 0.1 \times 5\% + 0.2 \times 7\% + 0.3 \times 7\% + 0.4 \times 10\% = 8\%$$
$$E_{XYZ} = 0.1 \times 10\% + 0.2 \times 12\% + 0.3 \times 7\% + 0.4 \times 9\% = 9.1\%$$

这样一来，股票 ABC 收益率的方差为：

$$\sigma_{ABC}^2 = \sum_{t=1}^{4} p_t \times (r_t - 8\%)^2$$
$$= 0.1 \times (5\% - 8\%)^2 + 0.2 \times (7\% - 8\%)^2 + 0.3 \times (7\% - 8\%)^2 + 0.4 \times (10\% - 8\%)^2$$
$$= 0.03\%$$

进而有 $\sigma_{ABC} = 1.732\%$。

股票 XYZ 收益率的方差为：

$$\sigma_{XYZ}^2 = \sum_{t=1}^{4} p_t \times (r_t - 9.1\%)^2$$
$$= 0.1 \times (10\% - 9.1\%)^2 + 0.2 \times (12\% - 9.1\%)^2 + 0.3 \times (7\% - 9.1\%)^2 + 0.4 \times (9\% - 9.1\%)^2$$
$$= 0.0309\%$$

由此可得 $\sigma_{XYZ} = 1.758\%$

16.4 单项资产的期望收益和风险的估计量及 Python 应用

均值和方差是随机变量的两个重要的数值特征。特别是对某些具有确定概率分布形态且只含有均值和方差两个未知参数的随机变量，只要能估计出参数的取值，随机变量的统计规律就可完全确定。

在现实世界中从事证券资产投资是很难得到收益率的概率分布的,这时我们可以通过抽样,得到容量为 N 的样本收益率$(r_1, r_2, \cdots, r_N)$,基于这个样本对随机变量的两个参数——均值与方差进行估计。

均值和方差的两个具有良好统计性质的估计量就是它们的样本均值 $\bar{r}$ 和样本方差 $\bar{\sigma}_r^2$ 或标准差,它们的计算公式为:

$$\bar{r} = \frac{1}{N}\sum_{t=1}^{N} r_t \qquad \bar{\sigma}_r^2 = \frac{1}{N-1}\sum_{t=1}^{N}(r_t - \bar{r})^2$$

$$\text{或} \qquad \bar{\sigma}_r = \left[\frac{1}{N-1}\sum_{t=1}^{N}(r_t - \bar{r})^2\right]^{1/2}$$

Python 语言中 Pandas 下的函数 mean、var、std 可分别用来求均值、方差、标准差。

例 16-4:假设股票价格的时间序列数据如下:

$$6.24, 6.25, 6.47, 6.76, 7.01, 6.76, 6.47, 6.45, 6.56, 7.22$$

求该股票预期收益率的期望和方差。

先把股票价格变成收益率:

$$r_1 = \frac{P_1 - P_0}{P_0} = \frac{6.25 - 6.24}{6.24}, r_2 = \frac{P_2 - P_1}{P_1} = \frac{6.47 - 6.25}{6.25}, \ldots, r_9 = \frac{P_9 - P_8}{P_8} = \frac{7.22 - 6.56}{6.56}$$

该股票的预期收益率的期望和方差分别为:

$$\bar{r} = \frac{1}{n}\sum_{i=1}^{n} r_i = \frac{1}{9}(r_1 + \cdots + r_9)$$

$$\sigma^2 = \frac{1}{n-1}\sum_{i=1}^{n}(r_i - \bar{r})^2 = \frac{1}{8}[(r_1 - \bar{r})^2 + \cdots + (r_9 - \bar{r})^2]$$

运行 Python 代码如下:

```
from pandas import Series,DataFrame
import pandas as pd
import numpy as np
df=Series([0.001603,0.0352,0.044822,0.036982,-0.03566,-0.0429,-0.00309,0.017054,0.10061])
np.mean(df)
0.017180111111111111
np.var(df)
0.001721854263654321
np.std(df)
0.04149523181829836
```

可得 $\bar{r} \approx 0.0172, \sigma^2 \approx 0.0017$。

16.5 单项资产之间的协方差与相关系数及 Python 应用

预期收益率和方差为我们提供了关于单项资产收益率的概率分布性质情况,然而它没有告诉我们有关资产收益率概率分布的关联性质情况。例如,当知道一种资产的收益率后,其他资产收益率会出现什么样的倾向? 统计中的两种资产收益率之间的协方差,可以用来描述两种资产收益率的相互关系。

设 r_A、r_B 分别为两种资产 A、B 的收益率,则称 $\sigma_{r_A,r_B} = \text{cov}(r_A, r_B) = E[(r_A - E(r_A))(r_B - E(r_B))] = E(r_A r_B) - E(r_A)E(r_B)$ 为 r_A 和 r_B 的协方差。

理论上,协方差取值可以从负无穷到正无穷,我们可以把它除以相应的两种资产收益率的标准差,将它变为有界量,从而引进 r_A 和 r_B 的相关系数,记为 ρ_{r_A,r_B},即

$$\rho_{r_A,r_B} = \frac{\text{cov}(r_A, r_B)}{\sigma(r_A)\sigma(r_B)}$$

相关系数的取值区间为 $[-1,1]$。显然:

$$\text{cov}(r_A, r_B) = \rho_{r_A,r_B} \sigma(r_A)\sigma(r_B)$$

$|\rho_{r_A,r_B}| = 1$ 的充要条件是 r_A 与 r_B 存在线性关系,即 $r_A = ar_B + c$。

当 $\rho_{r_A,r_B} = 1$ 时,$a > 0$,称 r_A 与 r_B 完全正相关,表示当受到相同因素变化的影响时,资产 A 与资产 B 的收益率发生相同方向、相应幅度的变化。

当 $\rho_{r_A,r_B} = -1$ 时,$a < 0$,称 r_A 与 r_B 完全负相关,表示当受到相同因素变化的影响时,资产 A 与资产 B 的收益率发生相反方向、相应幅度的变化。

当 $\rho_{r_A,r_B} = 0$ 时,$a = 0$,称 r_A 与 r_B 完全无关或零相关,表示当受到相同因素变化的影响时,资产 A 与资产 B 的收益率的变化方向和幅度没有任何确定的关系。

同样,$\text{cov}(r_A, r_B)$、ρ_{r_A,r_B} 是理论值,在未知 r_A 和 r_B 的联合概率分布时,它们也是未知的。这时,我们仍然可以抽取样本,用样本的协方差和样本之间的相关系数估计 r_A 和 r_B 的关系。

统计上,设 $(r_{A1}, r_{A2}, \cdots, r_{AN})$、$(r_{B1}, r_{B2}, \cdots, r_{BN})$ 分别为 r_A 和 r_B 的样本,则 r_A 和 r_B 的协方差 σ_{r_A,r_B} 和相关系数 ρ_{r_A,r_B} 具有良好统计性质的估计量分别为:

$$\hat{\sigma}_{r_A,r_B} = \frac{1}{N-1}\sum_{t=1}^{N}(r_{At} - \bar{r}_A)(r_{Bt} - \bar{r}_B)$$

$$\hat{\rho}_{r_A,r_B} = \frac{\sum_{t=1}^{N}(r_{At} - \bar{r}_A)(r_{Bt} - \bar{r}_B)}{\sqrt{\sum_{t=1}^{N}(r_{At} - \bar{r}_A)^2}\sqrt{\sum_{t=1}^{N}(r_{Bt} - \bar{r}_B)^2}}$$

这里的相关系数是一种资产收益率的变化与另一种资产收益率的变化的相关性比率。例如,当 $\rho_{r_A,r_B} = 0.91$ 时,我们可以说资产 A 收益率变化的 91% 与资产 B 收益率变化相关。

Python 语言的 var、corr、cov 等函数可用来求方差、相关系数矩阵和协方差矩阵等。

例 16-5:三个投资项目的单项收益率历史数据如表 16-2 所示。

表 16-2 三个投资项目的单项收益率历史数据

时期	股票 1	股票 2	债券
1	0.00	0.07	0.06
2	0.04	0.13	0.07

（续表）

时期	股票1	股票2	债券
3	0.13	0.14	0.05
4	0.19	0.43	0.04
5	−0.15	0.67	0.07
6	−0.27	0.64	0.08
7	0.37	0.00	0.06
8	0.24	−0.22	0.04
9	−0.07	0.18	0.05
10	0.07	0.31	0.07
11	0.19	0.59	0.10
12	0.33	0.99	0.11
13	−0.05	−0.25	0.15
14	0.22	0.04	0.11
15	0.23	−0.11	0.09
16	0.06	−0.15	0.10
17	0.32	−0.12	0.08
18	0.19	0.16	0.06
19	0.05	0.22	0.05
20	0.17	−0.02	0.07

求三个投资项目的相关系数矩阵和协方差矩阵。

在目录 F:\2glkx\data 下建立 al16−1.xls 数据文件后，使用如下命令：

```
from pandas import Series,DataFrame
import pandas as pd
from pandas import Series,DataFrame
import pandas as pd
import numpy as np
df=pd.read_excel('F:\\2glkx\\data2\\al16−1.xls')
df.head()
      s1    s2    b
0   0.00  0.07  0.06
1   0.04  0.13  0.07
2   0.13  0.14  0.05
3   0.19  0.43  0.04
4  −0.15  0.67  0.07
```

运用 var 函数和 cov 函数,得到如下结果:

```
df.var()
s1    0.027433
s2    0.110153
b     0.000773
dtype: float64
var(df)
s1    0.026061
s2    0.104645
b     0.000735
dtype: float64
df.cov()
```

得到协方差矩阵和相关系数矩阵如下:

	s1	s2	b
s1	0.027433	-0.010768	-0.000133
s2	-0.010768	0.110153	-0.000124
b	-0.000133	-0.000124	0.000773

df.corr()

	s1	s2	b
s1	1.000000	-0.195894	-0.028908
s2	-0.195894	1.000000	-0.013400
b	-0.028908	-0.013400	1.000000

16.6 资产组合的期望收益和风险及 Python 应用

1. 两资产组合收益的度量

假设有资产 1 和资产 2,对它们的投资比例分别为 x_1 和 x_2,且 $x_1+x_2=1$,期末两资产的收益率分别为 r_1、r_2,则该资产组合的收益率为:

$$r_P = x_1 r_1 + x_2 r_2$$

其中,x_1、x_2 可以大于 0,也可以小于 0。例如,当 x_1 小于 0 时,表示投资者卖空资产 1,并将所得收益及本金买入资产 2。

r_1、r_2 是随机变量,它们的预期收益率是 $E(r_1)$、$E(r_2)$,则资产组合的预期收益率为:

$$E(r_P) = x_1 E(r_1) + x_2 E(r_2)$$

2. 两资产组合风险的度量

两资产组合收益率的方差除了与资产 1 和资产 2 的期望收益率和收益率方差有关,

还与两资产收益率的协方差 $\mathrm{cov}(r_1, r_2)$ 或相关系数 ρ_{12} 有关，即

$$\sigma_P^2 = x_1^2\sigma_1^2 + x_2^2\sigma_2^2 + 2x_1x_2\mathrm{cov}(r_1, r_2) \tag{16-2}$$

$$\sigma_P^2 = x_1^2\sigma_1^2 + x_2^2\sigma_2^2 + 2x_1x_2\rho_{12}\sigma_1\sigma_2 \tag{16-3}$$

根据式(16-3)，在其他条件不变的情况下，相关系数不同，资产组合的风险也不同，具体分三种情况：

情况 1：资产 1 和资产 2 完全正相关，即 $\rho_{12} = 1$，这时：

$$E(r_P) = x_1 E(r_1) + x_2 E(r_2)$$

$$\sigma_P^2 = x_1^2\sigma_1^2 + x_2^2\sigma_2^2 + 2x_1x_2\sigma_1\sigma_2 = (x_1\sigma_1 + x_2\sigma_2)^2$$

情况 2：资产 1 和资产 2 完全负相关，即 $\rho_{12} = -1$，这时有如下结果：

$$E(r_P) = x_1 E(r_1) + x_2 E(r_2)$$

$$\sigma_P^2 = x_1^2\sigma_1^2 + x_2^2\sigma_2^2 - 2x_1x_2\sigma_1\sigma_2 = (x_1\sigma_1 - x_2\sigma_2)^2$$

情况 3：资产 1 和资产 2 不完全相关，即 $-1 < \rho_{12} < 1$，这时式(16-3)不能简化。

3. 多资产组合的期望收益和风险

假设有 n 个资产，它们的预期收益率和方差已知，则 n 个资产组合 P 的预期收益率为：

$$E(r_P) = \sum_{i=1}^{n} x_i E(r_i)$$

资产组合 P 的方差为：

$$\sigma_P^2 = \sum_{i=1}^{n} x_i^2\sigma_i^2 + \sum_{i=1}^{n}\sum_{k=1, k\neq i}^{n} x_i x_k \sigma_{ik} \stackrel{\Delta}{=} X^T V X = Cov(X, X)$$

$$\sigma_P^2 = [x_1, \cdots, x_n] \begin{bmatrix} \sigma_{11} & \cdots & \sigma_{1n} \\ \vdots & \ddots & \vdots \\ \sigma_{n1} & \cdots & \sigma_{nn} \end{bmatrix} \begin{bmatrix} x_1 \\ \vdots \\ x_n \end{bmatrix} \tag{16-4}$$

其中

$$X = \begin{pmatrix} x_1 \\ \vdots \\ x_n \end{pmatrix} \qquad V = (\sigma_{ik})_{n\times n} \qquad \sigma_{ii} = \sigma_i^2 \qquad \sigma_{ik} = \sigma_{ki}$$

r_i 与 r_k 的相关系数定义为 $\rho_{ik} = \dfrac{\sigma_{ik}}{\sigma_i \sigma_k}$，又有 $\sigma_P^2 = \sum\limits_{i=1}^{n} x_i^2\sigma_i^2 + \sum\limits_{i=1}^{n}\sum\limits_{k=1, k\neq i}^{n} x_i x_k \rho_{ik}\sigma_i\sigma_k = \sum\limits_{i=1}^{n} x_i^2\sigma_i^2 + \sum\limits_{i=1}^{n}\sum\limits_{k=1, k\neq i}^{n} x_i x_k \sigma_{ik}$，$X$ 和 V 分别称为权重向量和协方差矩阵。

资产组合方差的 Python 语言如下：

```
def portvar(x,v):
    return x.T * v * x
```

4. 实例

例 16-6：两资产组合的权重向量为 $X^T = [0.05, 0.10]^T$，协方差矩阵为 $V = \begin{bmatrix} 1 & 0 \\ 0 & 1 \end{bmatrix}$，试

计算投资组合的方差。

解：在本例中，权重向量和协方差矩阵已知，可利用式(16-4)，资产组合的方差为：

$$\sigma_P^2 = X^T V X = [x_1, \cdots, x_n] \begin{bmatrix} \sigma_{11} & \cdots & \sigma_{1n} \\ \vdots & \ddots & \vdots \\ \sigma_{n1} & \cdots & \sigma_{nn} \end{bmatrix} \begin{bmatrix} x_1 \\ \vdots \\ x_n \end{bmatrix} = [0.05, 0.10] \begin{bmatrix} 1 & 0 \\ 0 & 1 \end{bmatrix} \begin{bmatrix} 0.05 \\ 0.10 \end{bmatrix}$$

输入如下命令：

x=mat('0.05;0.10')
v=mat('1 0;0 1')
portvar(x,v)

得到如下结果：

matrix([[0.0125]])

因而资产组合的方差为 0.0125。

练习题

1. 假设某投资者持有股票 X 和股票 Y，对应未来可能发生的不同宏观经济状态，两只股票的持有期收益率如表 16-3 所示。

表 16-3　不同经济状态的持有期收益率

概率	繁荣	一般	萧条
	0.3	**0.5**	**0.2**
股票 X	17%	12%	6%
股票 Y	13%	10%	9%

计算投资组合的期望收益率及其方差。

2. 假定一个风险资产投资组合中包含大量的股票，它们有相同的分布，其中 $E(r)=15\%$，$\sigma=60\%$，相关系数 $\rho=0.5$。

(1) 含有 25 只股票的等权重投资组合的期望收益率和标准差是多少？

(2) 构造一个标准差小于或等于 43% 的有效投资组合所需的最少股票数量为多少？

(3) 这一投资组合的系统风险为多少？

(4) 假设国库券的收益率为 10%，资本配置曲线的斜率为多少？

17

资产组合均值方差模型及 Python 应用

均值方差模型包括标准均值方差模型及其拓展模型,本章先介绍均值方差模型要用到的一些概念,包括资产组合的可行集、资产组合的有效集、最优资产组合等,然后介绍标准均值方差模型及 Python 应用。

17.1 资产组合的可行集

选择每个资产的投资比例后就确定了一个资产组合,在预期收益率 $E(r_P)$ 和标准差 σ_P 构成的风险-收益坐标平面上就确定了一个点。因此,每个资产组合对应 $\sigma_P - E(r_P)$ 坐标平面上的一个点;反之,$\sigma_P - E(r_P)$ 坐标平面上的一个点对应某个特定的资产组合。如果投资者选择了所有可能的投资比例,这些众多的资产组合点就会在 $\sigma_P - E(r_P)$ 坐标平面上构成一个区域,被称为资产组合的可行集或可行域。简而言之,可行集是实际投资中所有可能的集合。也就是说,所有可能的组合将位于可行集的边界和内部。

例 17-1:资产 1 的期望收益率为 0.06,标准差为 0.12;资产 2 的期望收益率为 0.11,标准差为 0.22。两资产之间的相关系数为 0.19,求不同权重组合资产的期望收益率和标准差,并做出可行集。

Python 代码如下:

```
import pandas as pd
from numpy import *
importmatplotlib.pyplot as plt
r1=0.06;sigma1=0.12;r2=0.11;sigma2=0.22
rho=0.19
covar=rho*sigma1*sigma2
x=pd.Series([0,.1,.2,.3,.4,.5,.6,.7,.8,.9,1])
variance=x**2*sigma1**2+(1-x)**2*sigma2**2+2*x*(1-x)*covar
sigma=sqrt(variance)
ret=x*r1+(1-x)*r2
```

```
print(x;sigma;ret)
x     sigma   ret
0.0   0.220   0.110
0.1   0.201   0.105
0.2   0.182   0.100
0.3   0.165   0.095
0.4   0.149   0.090
0.5   0.135   0.085
0.6   0.124   0.080
0.7   0.116   0.075
0.8   0.113   0.070
0.9   0.114   0.065
1.0   0.120   0.060
plt.plot(sigma,ret,"k-o")
```

最后得到可行集如图 17-1 所示。

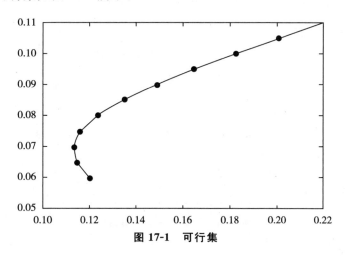

图 17-1　可行集

17.2　有效边界与有效组合

1. 有效边界的定义

理性的投资者都是厌恶风险而偏好收益的。在一定的收益下，他们将选择风险最低的资产组合；在一定的风险下，他们将选择收益最大的资产组合。同时满足这两个条件的资产组合集合就是有效集，又称有效边界。位于有效边界上的资产组合为有效组合。

2. 有效集的位置

有效集是可行集的一个子集。可行集就是可行组合的集合。可行组合与有效组合的关系如图 17-2 所示。

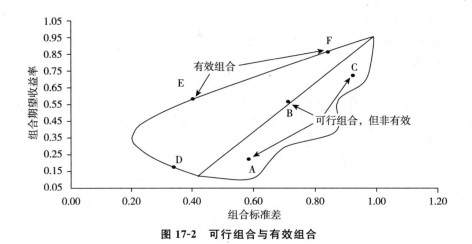

图 17-2 可行组合与有效组合

3. 最优资产组合的确定

在确定了有效集的形状之后,投资者就可以根据自己的无差异曲线选择效用最大的资产组合。这个最优资产组合位于无差异曲线与有效集的切点,如图 17-3 所示。

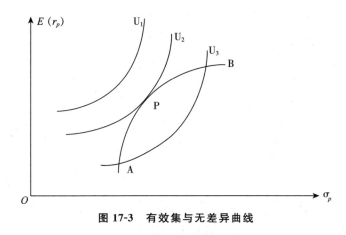

图 17-3 有效集与无差异曲线

如图 17-3 所示,U_1、U_2、U_3 分别表示三条无差异曲线,它们的特点是下凸,其中 U_1 的效用水平最高,U_2 次之,U_3 最低。虽然投资者更加偏好于 U_1,但是在有效集上找不到这样的资产组合,因而是不可能实现的。U_3 上的资产组合虽然可以找到,但是由于 U_3 所代表的效用低于 U_2,因此 U_3 上的资产组合都不是最优资产组合。U_2 正好与有效边界相切,代表了可以实现的最高投资效用,因此 P 点所代表的组合就是最优资产组合。

17.3 标准均值方差模型及 Python 应用

标准均值方差模型是标准的资产组合理论模型,也就是马科维茨最初创建的模型,讨论的是理性投资者如何在投资收益和风险之间进行权衡,以获得最优收益的问题。这是一个二次规划问题,分为等式约束和不等式约束两种,我们只讨论等式约束下的资产组合优化问题。

17.3.1 标准均值方差模型的求解

在介绍资产组合理论之前,先引入如下概念。

如果一个资产组合对确定的预期收益率有最小方差,则称该资产组合为最小方差资产组合。

假设有 n 种风险资产,其预期收益率组成的向量记为 $\vec{e}=(E(r_1),E(r_2),\cdots,E(r_n))^T$,每种风险资产的权重向量为 $X=(x_1,\cdots,x_n)^T$,协方差矩阵记为 $V=[\sigma_{ij}]_{n\times n}$,向量 $\vec{1}=[1,1,\cdots,1]^T$,并且假设协方差矩阵是非退化矩阵,记为 $V=[\sigma_{ij}]_{n\times n}$,$\vec{e}\neq k\vec{1}$($k$ 为任一常数)。相应地,该资产组合收益率记为 $E(r_P)=X^T\vec{e}$,风险记为 $\sigma_P^2=X^TVX$。

投资者的行为是:给定一定的资产组合预期收益率 μ,选择风险最低的资产组合。这其实就是求解如下形式的问题(标准均值方差模型):

$$\min \frac{1}{2}\sigma_P^2 = \frac{1}{2}X^TVX \tag{17-1}$$

$$s.t. \begin{cases} \vec{1}^TX=1 \\ E(r_P)=X^T\vec{e}=\mu \end{cases}$$

这是一个等式约束的极值问题,我们可以构造拉格朗日函数:

$$L(X,\lambda_1,\lambda_2)=\frac{1}{2}X^TVX+\lambda_1(1-\vec{1}^TX)+\lambda_2(\mu-X^T\vec{e}) \tag{17-2}$$

最优的一阶条件为:

$$\begin{aligned} \frac{\partial L}{\partial X} &= VX-\lambda_1\vec{1}-\lambda_2\vec{e}=\vec{0} \\ \frac{\partial L}{\partial \lambda_1} &= 1-\vec{1}^TX=0 \\ \frac{\partial L}{\partial \lambda_2} &= \mu-X^T\vec{e} \end{aligned} \tag{17-3}$$

由式(17-3)得最优解为:

$$X=V^{-1}(\lambda_1\vec{1}+\lambda_2\vec{e}) \tag{17-4}$$

用式(17-4)分别左乘 $\vec{1}^T$ 和 $\vec{e}^T$ 得:

$$\begin{cases} 1=\lambda_1\vec{1}^TV^{-1}\vec{1}+\lambda_2\vec{1}^TV^{-1}\vec{e}=\lambda_1 a+\lambda_2 b \\ \mu=\lambda_1\vec{e}^TV^{-1}\vec{1}+\lambda_2\vec{e}^TV^{-1}\vec{e}=\lambda_1 b+\lambda_2 c \end{cases} \tag{17-5}$$

记 $\begin{cases} a=\vec{1}^TV^{-1}\vec{1} \\ b=\vec{1}^TV^{-1}\vec{e}=\vec{e}^TV^{-1}\vec{1} \\ c=\vec{e}^TV^{-1}\vec{e} \\ \Delta=ac-b^2 \end{cases}$

在 $\Delta\neq 0$ 时,解 λ_1 和 λ_2 方程组(17-5)得:

$$\begin{cases} \lambda_1=(c-\mu b)/\Delta \\ \lambda_2=(\mu a-b)/\Delta \end{cases} \tag{17-6}$$

将式(17-6)代入式(17-4)得：

$$X = V^{-1}\left(\frac{(c-\mu b)\vec{1}}{\Delta} + \frac{(\mu a - b)\vec{e}}{\Delta}\right) = \frac{V^{-1}(c-\mu b)\vec{1}}{\Delta} + \frac{V^{-1}(\mu a - b)\vec{e}}{\Delta}$$

$$= \frac{V^{-1}(c\vec{1} - b\vec{e})}{\Delta} + \mu\frac{V^{-1}(a\vec{e} - b\vec{1})}{\Delta} \tag{17-7}$$

再将式(17-4)代入式(17-2)，得到最小方差资产组合的方差为：

$$\sigma_P^2 = X^T V X = X^T V V^{-1}(\lambda_1 \vec{1} + \lambda_2 \vec{e}) = X^T(\lambda_1 \vec{1} + \lambda_2 \vec{e}) = \lambda_1 X^T \vec{1} + \lambda_2 X^T \vec{e}$$

$$= \lambda_1 + \lambda_2 \mu = (a\mu^2 - 2b\mu + c)/\Delta \tag{17-8}$$

式(17-8)给出了资产组合权重与预期收益率的关系。根据式(17-8)可知，最小方差资产组合在坐标平面 $\sigma_P - E(r_P)$ 上的图形如图 17-4(a)所示，而在 $\sigma_P^2 - E(r_P)$ 平面上的图形如图 17-4(b)所示。

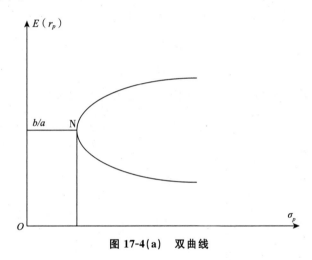

图 17-4(a) 双曲线

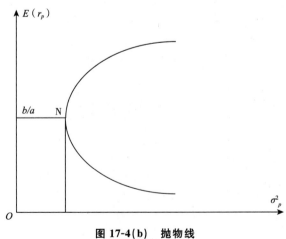

图 17-4(b) 抛物线

至此，我们得到描述最小方差资产组合的两个重要的变量：

$$X = \frac{V^{-1}(c\vec{1} - b\vec{e})}{\Delta} + \mu\frac{V^{-1}(a\vec{e} - b\vec{1})}{\Delta}$$

$$\sigma_P^2 = (a\mu^2 - 2b\mu + c)/\Delta$$

2. 标准均值方差模型的 Python 应用

例 17-2：考虑一个资产组合，其预期收益率矩阵为 $\vec{e} = [0.05, 0.1]^T$，协方差矩阵为 $V = \begin{bmatrix} 1 & 0 \\ 0 & 1 \end{bmatrix}$，预期收益率为 $\mu = 0.075$，求最小方差资产组合的权重和方差。

解：$a = \vec{1}^T V^{-1} \vec{1} = \begin{bmatrix} 1 & 1 \end{bmatrix} \begin{bmatrix} 1 & 0 \\ 0 & 1 \end{bmatrix} \begin{bmatrix} 1 \\ 1 \end{bmatrix}$；$b = \vec{1}^T V^{-1} \vec{e} = \begin{bmatrix} 1 & 1 \end{bmatrix} \begin{bmatrix} 1 & 0 \\ 0 & 1 \end{bmatrix} \begin{bmatrix} 0.05 \\ 0.1 \end{bmatrix}$；

$$c = \vec{e}^T V^{-1} \vec{e} = \begin{bmatrix} 0.05 & 0.1 \end{bmatrix} \begin{bmatrix} 1 & 0 \\ 0 & 1 \end{bmatrix} \begin{bmatrix} 0.05 \\ 0.1 \end{bmatrix}$$

$$X = \frac{V^{-1}(c\vec{1} - b\vec{e})}{\Delta} + \mu \frac{V^{-1}(a\vec{e} - b\vec{1})}{\Delta} ; \sigma_P^2 = (a\mu^2 - 2b\mu + c)/\Delta$$

计算该实例的 Python 代码与计算结果如下：

```
from numpy import *
v=mat('1 0;0 1')
print(v)
[[1 0]
 [0 1]]
e=mat('0.05;0.1')
print(e)
[[0.05]
 [0.1 ]]
ones=mat('1;1')
print (ones)
[[1]
 [1]]
a=ones.T * v.I * ones
print (a)
[[2.]]
b=ones.T * v.I * e
print(b)
[[0.15]]
c=e.T * v.I * e
print (c)
[[0.0125]]
d=a * c-b * b
print(d)
[[0.0025]]
u=0.075
c=0.0125
```

```
b=0.15
g=v.I*(c*ones-b*e)/d
a=2.0
h=v.I*(a*e-b*ones)/d
x=g+h*u
print(x)
[[0.5]
 [0.5]]
```

因此,权重向量 $X = \begin{bmatrix} 0.5 \\ 0.5 \end{bmatrix}$。

```
var=(a*u*u-2*b*u+c)/d
print (var)
[[0.5]]
```

因此,方差为 0.5。

17.3.2 全局最小方差

全局最小方差对应图 17-4(a)或图 17-4(b)中的最左边的 N 点,为了求全局最小方差资产组合的解,我们令:

$$\frac{d\sigma_P^2}{d\mu} = \frac{2a\mu - 2b}{\Delta} = 0$$

解得 $\mu = b/a$,则全局最小方差为 $\sigma_P^2 = 1/a$。

将 $\mu = b/a$ 代入式(17-6)得:

$$\lambda_1 = 1/a, \lambda_2 = 0$$

全局最小方差资产组合的解是:

$$X_g = \frac{V^{-1}\vec{1}}{a} = \frac{V^{-1}\vec{1}}{\vec{1}^T V^{-1} \vec{1}}$$

Python 程序设计留给读者思考,与 17.3.1 中的程序设计类似。

设 $b \neq 0$,定义:

$$X_d = \frac{V^{-1}\vec{e}}{b} = \frac{V^{-1}\vec{e}}{\vec{1}^T V^{-1} \vec{e}}$$

X_d 为可分散的资产组合(指通过投资多种风险资产降低非系统风险的资产组合权重,此时式(17-4)可化为:

$$X = (\lambda_1 a) X_g + (\lambda_2 b) X_d$$

$$\lambda_1 a + \lambda_2 b = a \frac{c - \mu b}{\Delta} + b \frac{\mu a - b}{\Delta} = \frac{ac - b^2}{\Delta} = 1$$

例 17-3:考虑一个资产组合,其预期收益率矩阵为 $\vec{e} = [0.2, 0.5]^T$,协方差矩阵为 $V = \begin{bmatrix} 1 & 0 \\ 0 & 1 \end{bmatrix}$,求全局最小方差资产组合和可分散资产组合的权重。

解：$X_g = \dfrac{V^{-1}\vec{1}}{a} = \dfrac{V^{-1}\vec{1}}{\vec{1}^T V^{-1}\vec{1}} = \dfrac{\begin{bmatrix}1 & 0\\0 & 1\end{bmatrix}\begin{bmatrix}1\\1\end{bmatrix}}{\begin{bmatrix}1 & 1\end{bmatrix}\begin{bmatrix}1 & 0\\0 & 1\end{bmatrix}\begin{bmatrix}1\\1\end{bmatrix}} = [0.5 \quad 0.5]^T$

$X_d = \dfrac{V^{-1}\vec{e}}{b} = \dfrac{V^{-1}\vec{e}}{\vec{1}^T V^{-1}\vec{e}} = \dfrac{\begin{bmatrix}1 & 0\\0 & 1\end{bmatrix}\begin{bmatrix}0.2\\0.5\end{bmatrix}}{\begin{bmatrix}1 & 1\end{bmatrix}\begin{bmatrix}1 & 0\\0 & 1\end{bmatrix}\begin{bmatrix}0.2\\0.5\end{bmatrix}} = [0.0286 \quad 0.714]^T$

17.3.3 有效资产组合

在图 17-4(a)和图 17-4(b)中，全局最小方差组合点 N 右边的双曲线或者抛物线分为上、下两条。这样，对于每个方差大于全局最小方差的资产组合，可以找到两条曲线与之对应，其中一条均值大于 b/a，另一条均值小于 b/a。显然，均值小于 b/a 的是无效的，因为投资者是理性的。

定义：如果一个资产组合对确定的方差有最大期望收益率，同时对确定的收益率有最小方差，则称该资产组合为均值方差的有效资产组合。

在图 17-2 中，E 和 F 满足上述定义，这两点之间的所有边界点是有效集，即有效集上的资产组合就是有效资产组合。

有效资产组合对应点所构成的集合是凸集。所谓凸集，是指集合中元素对凸组合运算是封闭的，也就是有效资产组合的凸组合仍然是有效组合。而凸组合是指设资产组合 $x_i(i=1,\cdots,n)$ 是 n 个资产组合，实数 $a_i \geqslant 0(i=1,\cdots,n)$ 且 $\sum_{i=1}^{n} a_i = 1$，则称 $\sum_{i=1}^{n} a_i x_i$ 为资产组合 $x_i(i=1,\cdots,n)$ 的凸组合。

17.4 两基金分离定理

综上，我们可得出下面著名的两基金分离定理。

定理：任一最小方差资产组合 X 都可唯一地表示成全局最小方差资产组合 X_g 和可分散资产组合 X_d 的资产组合。

$$X = AX_g + (1-A)X_d \tag{17-9}$$

其中 $A = (ac - \mu ab)/\Delta$，且 X 的收益率方差满足关系式：

$$\sigma_P^2 = (a\mu^2 - 2b\mu + c)/\Delta$$

由式(17-9)得，所有最小方差资产组合都可以由两种不同的资产组合 X_g 和 X_d 生成。X_g 和 X_d 通常称为共同基金，所以该定理称为两基金分离定理。在这种情况下，所有根据均值和方差选择资产组合的投资者，都能通过持有由 X_g 和 X_d 组成的资产组合得到满足，而不考虑投资者各自的偏好。

任意两个不同的最小方差资产组合都可替代 X_g 和 X_d，而且具有相同的基金分离作用。例如，X_g 和 X_d 是两个最小方差组合，则由式(17-9)有：

$$X_u = (1-u)X_g + uX_d, X_v = (1-v)X_g + vX_d$$

从而

$$X = \frac{\lambda_1 a + v - 1}{v - u}X_u + \frac{1 - u - \lambda_1 a}{v - u}X_u$$

容易验证，$X_u + X_v = \vec{1}$，所以可用 X_u 和 X_v 代替 X_g 和 X_d。

性质：设 $X_u = (1-u)X_g + uX_d, X_v = (1-v)X_g + vX_d$ 表示任意两个最小方差资产组合，则其协方差为 $1/a + uv\Delta/ab^2$；特别地，全局最小方差资产组合与任何资产或资产组合的协方差都为 $1/a$。

证明：对最小方差组合，协方差的可行域是 $(-\infty, +\infty)$。记 $E(r_u) = X_u^T \vec{e}$，$E(r_v) = X_v^T \vec{e}$，则：

$$\text{cov}(r_u, r_v) = (1-u)(1-v)\sigma_g^2 + uv\sigma_d^2 [u(1-v) + v(1-u)]\sigma_{gd}$$

$$= \frac{(1-u)(1-v)}{a} + \frac{uvc}{b^2} + \frac{u+v-2uv}{a} = \frac{1}{a} + \frac{uv\Delta}{ab^2}$$

全局最小方差资产组合与任意资产或资产组合的协方差为：

$$\text{cov}(r_g, r_P) = X_g^T V X_P = \frac{\vec{1}^T V^{-1} V X_P}{a} = \frac{1}{a}$$

$\text{cov}(r_u, r_v)$ 与 $\text{cov}(r_g, r_P)$ 的 Python 计算程序留给读者思考。

17.5 投资组合有效边界的 Python 绘制

例 17-4：输入如表 17-1 所示数据。

表 17-1 已知数据

各证券的预期收益率及波动率				
	证券 1	证券 2	证券 3	证券 4
预期收益率	8%	12%	6%	18%
波动率	32%	26%	45%	36%
各证券间的协方差矩阵				
	证券 1	证券 2	证券 3	证券 4
证券 1	0.1024	0.0328	0.0655	−0.0022
证券 2	0.0328	0.0676	−0.0058	0.0184
证券 3	0.0655	−0.0058	0.2025	0.0823
证券 4	−0.0022	0.0184	0.0823	0.1296
单位向量转置	1	1	1	1

建立 Excel 数据文件 yxbj.xls，数据如下：

u
0.01
0.03
0.05
0.07
0.09
⋮
0.35
0.37
0.39

利用上述给出的数据,绘制 4 只证券组成的投资组合的有效边界。

为了绘制 4 只证券投资组合的有效边界,输入 Python 代码如下:

```
from numpy import *
import numpy as np
import pandas as pd
importmatplotlib.pyplot as plt
```

读取数据并创建数据表,名称为 u:

```
u=pd.DataFrame(pd.read_excel('F:\\2glkx\\data\\yxbj.xls'))
V=mat('0.1024 0.0328 0.0655 －0.0022;0.0328 0.0676 －0.0058 0.0184;0.0655 －0.0058 0.2025 0.0823;－0.0022 0.0184 0.0823 0.1296')
e=mat('0.08;0.12;0.06;0.18')
ones=mat('1;1;1;1')
a=ones.T*V.I*ones
b=ones.T*V.I*e
c=e.T*V.I*e
d=a*c－b*b
a=np.array(a)
b=np.array(b)
c=np.array(c)
d=np.array(d)
u=np.array(u)
var=(a*u*u－2.0*b*u+c)/d
sigp=sqrt(var)
print (sigp,u)
[[0.40336771]
 [0.35191492]
 [0.3043241 ]
```

[0.2627026]
 [0.23030981]
 [0.21143086]
 [0.20974713]
 [0.22564387]
 [0.25586501]
 [0.29605591]
 [0.34272694]
 [0.39357954]
 [0.44718944]
 [0.50267524]
 [0.55947908]
 [0.61723718]
 [0.67570488]
 [0.73471279]
 [0.7941405]
 [0.85390036]]
[[0.01]
 [0.03]
 [0.05]
 [0.07]
 [0.09]
 [0.11]
 [0.13]
 [0.15]
 [0.17]
 [0.19]
 [0.21]
 [0.23]
 [0.25]
 [0.27]
 [0.29]
 [0.31]
 [0.33]
 [0.35]
 [0.37]
 [0.39]]
```
plt.plot(sigp, u,':ro')
```

用 sigp 和 u 的数据可得到如图 17-5 所示的 4 只证券投资组合的有效边界。

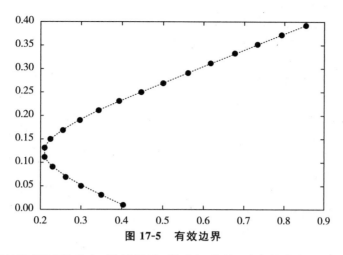

图 17-5 有效边界

从上面显示的数据可以看出,最低风险(最小标准差)对应的点是(0.20974713,0.13)。

17.6 马科维茨投资组合优化的 Python 应用

17.6.1 马科维茨投资组合优化基本理论

多股票策略回测时常常遇到这样的问题:如何分配仓位?其实,这个问题早在 1952 年马科维茨就给出了答案,即投资组合理论。根据投资组合理论,我们可以对多资产的组合配置进行三方面的优化。

(1) 找到有效边界(或有效前沿),在既定的收益率下最小化投资组合的方差;

(2) 找到夏普比最大的投资组合(收益－风险均衡点);

(3) 找到风险最低的投资组合。

该理论用均值方差模型表示投资组合的优劣。我们将选取几只股票,用蒙特卡洛模拟探究投资组合的有效边界。利用夏普比最大化和方差最小化两种优化方法找到最优投资组合的配置权重参数。最后,刻画出可能的分布,找到两种投资组合的有效边界。

17.6.2 投资组合优化的 Python 应用

导入需要的程序包:

importtushare as ts

加载此程序包的安装命令为 pip install tushare:

import pandas as pd
importnumpy as np
importstatsmodels.api as sm
importscipy.stats as scs
importmatplotlib.pyplot as plt

1. 选择股票,获取、清理及可视化股票数据

把对应股票的收盘价按时间顺序存入 DataFrame 对象中:

```
data=pd.DataFrame()
data1=ts.get_hist_data('600000','2016-01-01','2016-12-31')
data1=data1['close']
data1=data1[::-1]
data['600000']=data1
data2=ts.get_hist_data('000980','2016-01-01','2016-12-31')
data2=data2['close']
data2=data2[::-1]
data['000980']=data2
data3=ts.get_hist_data('000981','2016-01-01','2016-12-31')
data3=data3['close']
data3=data3[::-1]
data['000981']=data3
```

进行数据清理：

```
data=data.dropna()
data.head()
```

可视化后的时序数据为：

```
data.plot(figsize=(8,4))
```

得到如图 17-6 所示的图形。

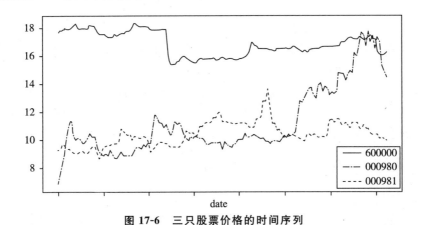

图 17-6　三只股票价格的时间序列

2. 计算不同证券的均值、协方差和相关系数

计算拟投资资产的协方差是构建资产组合过程的核心部分。运用 Pandas 内置方法生成协方差矩阵。

```
returns=np.log(data / data.shift(1))
returns.mean() * 252
600000   -0.144954
000980    1.302492
000981    0.130952
```

```
returns.cov()
           600000     000980    000981
600000     0.000206   0.000031  0.000022
000980     0.000031   0.001520  0.000041
000981     0.000022   0.000041  0.000834
returns.corr()
           600000     000980    000981
600000     1.000000   0.054986  0.053378
000980     0.054986   1.000000  0.036742
000981     0.053378   0.036742  1.000000
```

从上可见,各证券之间的相关系数不太大,可以做投资组合。

3. 给不同资产随机分配初始权重

假设不允许建立空头头寸,所有的权重系数均在 0 和 1 之间。具体操作如下:

```
noa=3
weights=np.random.random(noa)
weights /=np.sum(weights)
weights
array([0.28862243, 0.10328946, 0.60808811])
```

4. 计算组合预期收益率、组合方差和组合标准差

具体操作如下:

```
np.sum(returns.mean() * weights)
0.0006838375619877072
np.dot(weights.T, np.dot(returns.cov(),weights))
0.0003564294977852062
np.sqrt(np.dot(weights.T, np.dot(returns.cov(),weights)))
0.018879340501860922
```

5. 用蒙特卡洛模拟产生大量随机组合

现在,我们最想知道的是给定的一个股票池(投资组合)如何找到风险和收益平衡的位置。下面通过蒙特卡洛模拟法,产生大量随机的权重向量,并记录随机组合的预期收益率和方差。具体操作如下:

```
port_returns=[]
port_variance=[]
for p in range(5000):
    weights=np.random.random(noa)
    weights /=np.sum(weights)
    port_returns.append(np.sum(returns.mean() * 252 * weights))
    port_variance.append(np.sqrt(np.dot(weights.T, np.dot(returns.cov() * 252, weights))))
port_returns=np.array(port_returns)
port_variance=np.array(port_variance)
```

无风险利率设定为 1.5%：

risk_free=0.015
plt.figure(figsize=(8,4))
plt.scatter(port_variance, port_returns, c=(port_returns-risk_free)/port_variance, marker='o')
plt.grid(True)
plt.xlabel('volatility')
plt.ylabel('expected return')
plt.colorbar(label='Sharpe ratio')

得到如图 17-7 所示的图形。

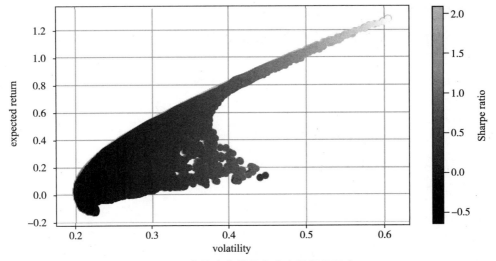

图 17-7　蒙特卡洛模拟产生大量随机组合

6. 夏普比最大的最优资产组合

建立 statistics 函数以记录重要的投资组合统计数据（收益率、波动率和夏普比），通过对约束条件下最优问题的求解，得到最优解。其中约束指权重总和为 1，操作如下：

def statistics(weights):
weights=np.array(weights)
port_returns=np.sum(returns.mean()*weights)*252
port_variance=np.sqrt(np.dot(weights.T, np.dot(returns.cov()*252,weights)))
return np.array([port_returns, port_variance, (port_returns-risk_free)/port_variance])

最优化投资组合的推导是一个约束条件下最优化问题，引入 optimize 函数：

import scipy.optimize as sco

最小化夏普比的负值：

def min_sharpe(weights):
return -statistics(weights)[2]

约束指所有参数(权重)总和为1,可以用minimize函数表达如下:

cons=({'type':'eq', 'fun':lambda x: np.sum(x)−1})

我们还将参数(权重)值限制在0和1之间,并以多个元组组成的一个元组形式提供给最小化函数:

bnds=tuple((0,1) for x in range(noa))

优化函数调用中忽略的唯一输入是起始参数列表(对权重的初始估计),我们简单地使用平均分布。

opts=sco.minimize(min_sharpe, noa * [1./noa,], method='SLSQP', bounds=bnds, constraints=cons)

opts

运行上述代码,得到如下结果:

fun: −2.087562068446617

jac: array([0.30964351, −0.0268079, −0.02710333])

message: 'Optimization terminated successfully.'

nfev: 30

nit: 6

njev: 6

status: 0

success: True

x: array([9.56473628e−17, 8.96930413e−01, 1.03069587e−01])

输入如下代码:

opts['x'].round(3)

得到的最优资产组合的权重向量为:

array([0. , 0.897, 0.103])

预期收益率、波动率、最大夏普比为:

statistics(opts['x']).round(4)

array([1.1817, 0.5589, 2.0876])

7. 方差最小的最优资产组合

下面我们通过最小化方差来选出最优资产组合。操作如下:

def min_variance(weights):
    return statistics(weights)[1]

optv=sco.minimize(min_variance, noa * [1./noa,], method='SLSQP', bounds=bnds, constraints=cons)

optv

fun: 0.20076622102334252

```
jac: array([0.20072799, 0.20086338, 0.20088667])
message: 'Optimization terminated successfully.'
nfev: 25
nit: 5
njev: 5
status: 0
success: True
x: array([0.74648272, 0.08559088, 0.1679264 ])
```

输入如下代码：

```
optv['x'].round(4)
```

方差最小的最优组合权重向量及组合的统计数据分别为：

```
array([0.7465, 0.0856, 0.1679])
```

得到的预期收益率、波动率和最大夏普比为：

```
statistics(optv['x']).round(4)
array([0.0253, 0.2008, 0.0511])
```

8. 资产组合的有效边界（前沿）

有效边界由既定目标收益率下方差最小的投资组合构成。

在最优化时采用两个约束：①给定目标收益率；②投资组合权重和为1。

```
def min_variance(weights):
    return statistics(weights)[1]
```

在不同目标收益率水平（target_returns）循环时，最优化的一个约束条件会变化。

```
target_returns=np.linspace(0.0,0.5,50)
target_variance=[]
for tar in target_returns:
    cons=({'type':'eq','fun':lambda x:statistics(x)[0]-tar},{'type':'eq','fun':lambda x:np.sum(x)-1})
    res=sco.minimize(min_variance, noa * [1./noa,],method='SLSQP', bounds=bnds, constraints=cons)
    target_variance.append(res['fun'])
target_variance=np.array(target_variance)
```

下面是最优化结果的展示。
深色星：夏普比最大的投资组合；
浅色星：方差最小的投资组合。

```
plt.figure(figsize=(8,4))
plt.scatter(port_variance, port_returns, c=port_returns/port_variance,marker='o')
```

```
plt.scatter(target_variance, target_returns, c=target_returns/target_variance, marker='x')
plt.plot(statistics(opts['x'])[1], statistics(opts['x'])[0], 'r*', markersize=15.0)
plt.plot(statistics(optv['x'])[1], statistics(optv['x'])[0], 'y*', markersize=15.0)
plt.grid(True)
plt.xlabel('volatility')
plt.ylabel('expected return')
plt.colorbar(label='Sharpe ratio')
```

得到如图 17-8 所示的图形。

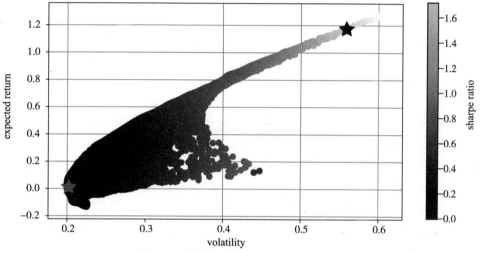

图 17-8 资产组合的可行集和有效边界

思考题

某 4 个资产的投资组合,各个资产的预期收益率、波动率和资产间的协方差矩阵如表 17-2 和表 17-3 所示,要求期望收益率为 15%,计算最优投资组合。

表 17-2 各资产的预期收益率

	资产 1	资产 2	资产 3	资产 4
预期收益率	12%	15%	10%	20%
波动率	48%	32%	50%	40%

表 17-3 各资产间的协方差矩阵

	资产 1	资产 2	资产 3	资产 4
资产 1	0.1254	−0.0005	0.0765	0.0213
资产 2	−0.0005	0.0986	0.0432	−0.0232
资产 3	0.0765	0.0432	0.1244	0.0654
资产 4	0.0213	−0.0232	0.0654	0.2145

18

马科维茨资产组合优化及 Python-cvxopt 工具应用

在本章,我们将了解马科维茨资产组合优化的基本思想,以及如何在 Python-cvxopt 中实现。我们将展示如何创建一个简单的策略回测,以马科维茨最优化方式重新平衡资产组合,对各个资产的权重进行调整。

我们先使用随机数据而不是实际的股票数据,这将有助于了解如何通过建模和模拟提高对马科维茨均值方差模型的理解。

cvxopt 是一个求解最优化问题的 Python 包,在数值计算、运筹学、规划问题中的应用广泛。

18.1 资产组合期望收益率与风险的计算

我们先从导入模块开始。

```
import numpy as np
import matplotlib.pyplot as plt
import cvxopt as opt
from cvxopt import blas, solvers
import pandas as pd
np.random.seed(123)
```

关闭进度展示,进度展示是运行过程进度的一个打印输出,从中可以查看代码运行进度:

```
solvers.options['show_progress']=False
```

假设我们有 4 个资产,每个资产的收益率序列长度为 1 000,即 1 000 个交易日。我们可以使用 numpy.random.randn 从正态分布中抽样。

```
n_assets=4
n_obs=1000
```

```
return_vec=np.random.randn(n_assets, n_obs)
plt.plot(return_vec.T, alpha=.4);
plt.xlabel('time')
plt.ylabel('returns')
```

得到如图 18-1 所示的图形。

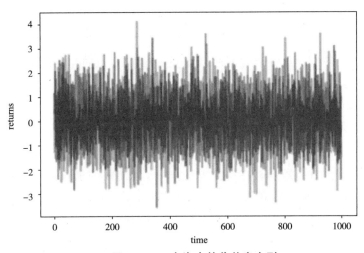

图 18-1　4 个资产的收益率序列

这些收益率序列可用于创建广泛的资产组合,这些资产组合都有不同的收益率和风险(标准差)。我们可以生成大量的随机权重向量并绘制这些资产组合,一个权重向量对应一个资产组合。

```
def rand_weights(n):
    ''' Produces n random weights that sum to 1 '''
    k=np.random.rand(n)
    return k / sum(k)
print(rand_weights(n_assets))
print(rand_weights(n_assets))
[0.07878356 0.11109718 0.50189567 0.3082236 ]
[0.23027874 0.50576579 0.1887153 0.07524017]
```

接下来,我们评估这些随机资产组合的业绩表现。为了实现这一目标,我们计算收益率和波动率(使用标准差)。这里,我们设置了一个过滤器,只允许绘制标准差小于 2 的资产组合,以便更好地进行展示说明。

返回组合收益率和波动率:

```
def random_portfolio(returns):
    p=np.asmatrix(np.mean(returns, axis=1))
    w=np.asmatrix(rand_weights(returns.shape[0]))
    C=np.asmatrix(np.cov(returns))
```

```
mu = w * p.T
sigma = np.sqrt(w * C * w.T)
```

设置过滤器：

```
if sigma > 2:
    return random_portfolio(returns)
return mu, sigma
```

计算资产组合收益率的公式为：

$$R = P^T w$$

其中，R 是预期收益率，P^T 是每个时间序列收益率形成的列向量的转置，w 是资产组合的权重向量。P 是 $N \times 1$ 列向量，所以 P^T 变成 $1 \times N$ 行向量，与 $N \times 1$ 权重（列）向量 w 相乘给出一个标量（数值）。

资产组合波动率的计算公式为：

$$\sigma = \sqrt{\omega^T C \omega}$$

其中，C 为 $N \times N$ 的协方差矩阵。在协方差矩阵中，对角线的值代表每个资产的波动率（标准差），而其他位置的值代表各资产之间的协方差。

我们产生 500 个随机资产组合，并输出每个组合的收益率和波动率。

```
n_portfolios = 500
means, stds = np.column_stack([
    random_portfolio(return_vec)
    for _ in range(n_portfolios)
])
plt.plot(stds, means, 'o', markersize=5)
plt.xlabel('std')
plt.ylabel('mean')
plt.title('Mean and standard deviation of returns of randomly generated portfolios')
```

得到如图 18-2 所示的图形。

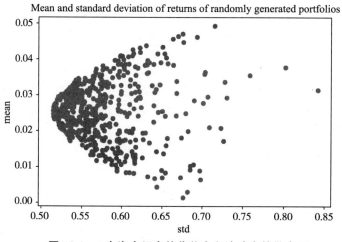

图 18-2　4 个资产组合的收益率和波动率的散点图

图 18-2 可以说是金融工程里最重要的一幅图，横轴是波动率，纵轴是期望收益率。这个散点图中的每个散点表示一个资产组合（权重向量不一样），其形状类似子弹，又被称为子弹图。我们追求的组合有两个标准：第一，相同的期望收益率下，波动率最低；相同的波动率下，期望收益率最高。因此，越靠近左上角的资产组合越优，在后面的介绍中我们会了解到那是有效前沿。于是本章最重要的问题出来了，在给定多个资产历史数据的条件下，如何确定组合权重？这涉及马科维茨优化和有效前沿。

18.2 马科维茨资产组合的优化和有效前沿

如何获取一个既定收益率下风险（波动率）最低的资产组合？可转化成这样一个最优化问题：

已知目标函数：

$$w^T C w$$

约束条件（收益既定且权重之和为1）为：

$$s.t. \begin{cases} \sum_i w_i = 1 \\ R^T w = \mu \end{cases}$$

求风险最低值。

为此，我们给出 Python 代码如下：

```
def optimal_portfolio(returns):
n=len(returns)
returns=np.asmatrix(returns)
N=100
mus=[10**(5.0 * t/N - 1.0) for t in range(N)]
```

转化为 cvxopt matrices，设置约束条件：

```
S=opt.matrix(np.cov(returns))
pbar=opt.matrix(np.mean(returns, axis=1))
```

opt 默认求最大值，因此要求解最小化问题，还得乘以一个负号：

```
G=-opt.matrix(np.eye(n))
h=opt.matrix(0.0, (n,1))
A=opt.matrix(1.0, (1, n))
b=opt.matrix(1.0)
```

使用凸优化计算有效前沿：

```
portfolios=[solvers.qp(mu*S, -pbar, G, h, A, b)['x']
for mu in mus]
```

计算有效前沿的收益率和风险：

```
returns=[blas.dot(pbar, x) for x in portfolios]
```

```
risks=[np.sqrt(blas.dot(x, S*x)) for x in portfolios]
m1=np.polyfit(returns, risks, 2)
x1=np.sqrt(m1[2] / m1[0])
```

计算最优组合：

```
wt=solvers.qp(opt.matrix(x1 * S), -pbar, G, h, A, b)['x']
return np.asarray(wt), returns, risks
weights, returns, risks=optimal_portfolio(return_vec)
plt.plot(stds, means, 'o')
plt.ylabel('mean')
plt.xlabel('std')
plt.plot(risks, returns, 'y-o')
```

得到如图 18-3 所示的图形。

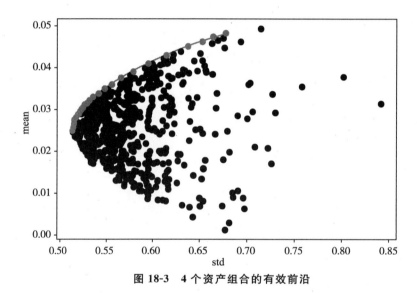

图 18-3　4 个资产组合的有效前沿

在图 18-3 中,靠近左上角的浅色线条描绘了有效前沿,也是我们要选择的组合。从有效前沿可以看出一个投资定理:风险与收益率基本成正比。

最后可以得出最优组合：

```
print('最优组合', weights)
[[  2.09135201e-01]
 [  1.14315402e-08]
 [  7.90857589e-01]
 [  7.19921744e-06]]
```

18.3　真实股票市场的回测

上面的例子特别有趣但不是很实用。接下来,我们将演示如何创建一个策略。

本实例的目的是验证在一个买入固定 5 只股票的多头组合中,利用马科维茨资产组合优化确定的资产组合是否比等权重的资产组合表现更好。

首先,我们使用 BigQuant 的 D.history_data 方法加载一些历史数据。

1. 获取数据

```
start_date='2012-02-01'
end_date='2017-07-18'
instruments=['000069.SZA', '002337.SZA','000333.SZA','000338.SZA','000100.SZA']
data=D.history_data(instruments,start_date,end_date,
fields=['close'])
```

整理数据:

```
data=pd.pivot_table(data,values='close',index=['date'],columns=['instrument'])
T.plot(data)
```

得到如图 18-4 所示的图形。

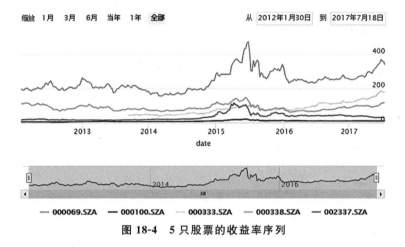

图 18-4　5 只股票的收益率序列

2. 策略主体

```
def initialize(context):
    context.days=0
    context.ins=instruments

def handle_data(context, data):
    context.days +=1
    if context.days < 100:
        return
```

每 60 天调仓一次:

```
if context.days % 30 !=0:
    return
```

获取数据的时间窗口并计算收益率:

```
prices=data.history(context.symbols(context.ins[0],context.ins[1],context.ins[2],
context.ins[3],context.ins[4]),'price',100,'1d').dropna()
    returns=prices.pct_change().dropna()
    try:
```

进行马科维茨组合优化：

```
        weights,_,_=optimal_portfolio(returns.T)
        #print(weights)
```

对持仓进行权重调整：

```
        for stock, weight in zip(prices.columns, weights):
            if data.can_trade(stock):
                order_target_percent(stock, weight[0])
    except ValueError as e:
        Pass
```

3. 回测表现

使用马科维茨组合优化的资产组合的回测表现。

```
m=M.trade.v2(
    instruments=instruments,
    start_date='2014-01-01',
    end_date=end_date,
    initialize=initialize,
    handle_data=handle_data_1,
    order_price_field_buy='open',
    order_price_field_sell='open',
    capital_base=100000,
    benchmark='000300.INDX',
)
```

得到如图 18-5 所示的图形。

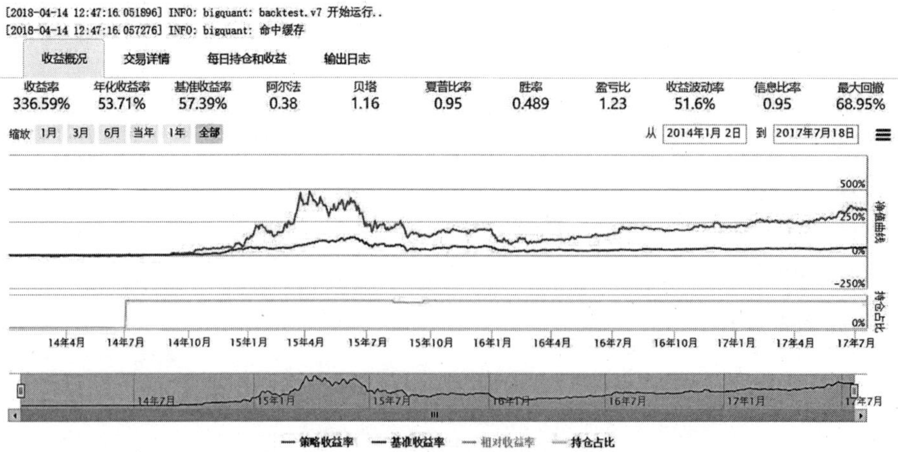

图 18-5　5 只股票非等权重的资产组合优化的回测表现

接下来我们看等权重资产组合的表现：

```
def handle_data_1(context, data):
    context.days += 1
    weight = 1/len(context.ins)
    if context.days == 1:
        for stock in context.ins:
            stock = context.symbol(stock)
            if data.can_trade(stock):
                order_target_percent(stock, weight)
```

等权重配置的资产组合的回测表现为：

```
m = M.trade.v2(
    instruments = instruments,
    start_date = '2014-01-01',
    end_date = end_date,
    initialize = initialize,
    handle_data = handle_data_1,
    order_price_field_buy = 'open',
    order_price_field_sell = 'open',
    capital_base = 100000,
    benchmark = '000300.INDX',
)
```

得到如图 18-6 所示的图形。

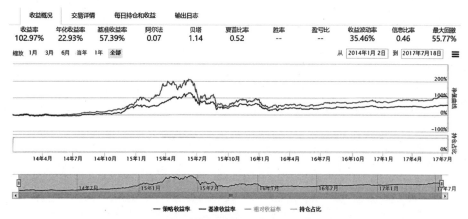

图 18-6 5 只股票等权重的资产组合优化的回测表现

对比图 18-5 和图 18-6 可以看出，等权重资产组合的收益率还不到使用优化技术的资产组合的收益率的三分之一，说明马科维茨资产组合优化理论可以帮助我们获得更好的投资表现。

练习题

对本章例题的数据文件，使用 Python 重新操作一遍。

19

存在无风险资产的均值方差模型及 Python 应用

19.1 存在无风险资产的均值方差模型的 Python 应用

假设投资者在市场上可以获得 $n+1$ 种资产，其中有 n 种风险资产和 1 种无风险资产。无风险资产的投资权重可以为正，也可以为负。权重为正，表示储蓄；权重为负，表示购买风险资产。

在这种情况下，资产组合问题发生如下变化：

(1) 没有预期约束 $\vec{1}^T X = 1$；

(2) 预期收益率必须超过无风险收益率 r_f，即风险溢价为 $(\vec{e} - r_f \vec{1})^T = \mu - r_f$，这时最小方差资产组合可以表示为以下优化问题：

$$\min \frac{1}{2}\sigma_P^2 = \frac{1}{2} X^T V X \tag{19-1}$$

$$\text{s.t.} (\vec{e} - r_f \vec{1})^T X = \mu - r_f$$

式(19-1)称为存在无风险资产的均值方差模型。我们可以构造拉格朗日函数求解式(19-1)，令：

$$L(X,\lambda) = \frac{1}{2} X^T V X + \lambda [\mu - r_f - (\vec{e} - r_f \vec{1})^T X] \tag{19-2}$$

则最优的一阶条件为：

$$\frac{\partial L}{\partial X} = V X - \lambda (\vec{e} - r_f \vec{1}) = \vec{0} \tag{19-3}$$

由式(19-3)得最优解为：

$$X = \lambda V^{-1} (\vec{e} - r_f \vec{1}) \tag{19-4}$$

又因为无风险资产的权重为：

$$X_0 = 1 - \vec{1}^T X \tag{19-5}$$

所以无风险资产收益率为：

$$r_f X_0 = r_f 1 - r_f \vec{1}^T X$$

注意到 $\mu = \vec{e}^T X, a = \vec{1}^T V^{-1} \vec{1}, b = \vec{1}^T V^{-1} \vec{e}, c = \vec{e}^T V^{-1} \vec{e}, \Delta = ac - b^2$，将式(19-4)代入式(19-2)，有：

$$\mu - r_f = \lambda (\vec{e} - r_f \vec{1})^T V^{-1} (\vec{e} - r_f \vec{1}) = \lambda (c - 2r_f b + r_f^2 a)$$

整理后有：

$$\lambda = \frac{\mu - r_f}{c - 2r_f b + r_f^2 a} \tag{19-6}$$

将式(19-6)代入式(19-4)，有：

$$X = \frac{\mu - r_f}{c - 2r_f b + r_f^2 a} V^{-1} (\vec{e} - r_f \vec{1}) \tag{19-7}$$

由式(19-1)、(19-4)、(19-6)、(19-7)，求得最小方差资产组合的方差为：

$$\sigma_P^2 = X^T V X = X^T \lambda (\vec{e} - r_f \vec{1}) = \lambda (X^T \vec{e} - r_f X^T \vec{1})$$
$$= \lambda (\mu - r_f) = \frac{(\mu - r_f)^2}{c - 2r_f b + r_f^2 a} \tag{19-8}$$

至此，我们得到描述存在无风险资产的最小方差资产组合的两个重要的变量为：

$$X = \frac{\mu - r_f}{c - 2r_f b + r_f^2 a} V^{-1} (\vec{e} - r_f \vec{1})$$

$$\sigma_P^2 = \frac{(\mu - r_f)^2}{c - 2r_f b + r_f^2 a}$$

求最小方差资产组合权重的 Python 语言如下：

```
def rfwport(V,e,u,ones,rf):
    a=ones.T*V.I*ones
    b=ones.T*V.I*e
    c=e.T*V.I*e
    h=(u-rf)/(c-2*rf*b+rf**2*a)
    g=V.I*(e-rf*ones)
    ss=g.getA()
    tt=h.getA()
    x=tt*ss
    return x
```

求资产组合最小方差的 Python 语言如下：

```
def rfportvar(V,e,u,ones,rf):
    a=ones.T*V.I*ones
    b=ones.T*V.I*e
    c=e.T*V.I*e
    var=(u-rf)**2/(c-2*rf*b+rf**2*a)
    returnvar
```

例 19-1：考虑一个资产组合，其预期收益率矩阵为 $\vec{e} = [0.2, 0.5]^T$，协方差矩阵为 $[\lambda$,

$1-\lambda$],无风险利率为 $r_f=0.1$,预期收益率为 0.2,求最小方差资产组合的权重和方差。

```
e=mat('0.2;0.5')
V=mat('1 0;0 1')
ones=mat('1;1')
u=0.2
rf=0.1
rfwport(V,e,u,ones,rf)
```

得到如下结果:

```
Out[39]:
array([[0.05882353],
       [0.23529412]])
rfportvar(V,e,u,ones,rf)
Out[40]: matrix([[0.05882353]])
```

19.2 无风险资产对最小方差组合的影响

根据式(19-8),有:

$$\sigma_P^2 = \frac{(\mu - r_f)^2}{c - 2r_f b + r_f^2 a}$$

$$\sigma_P = \pm\sqrt{\frac{(\mu - r_f)^2}{c - 2r_f b + r_f^2 a}}$$

在均值—方差坐标平面上,σ_P^2 表达式是一条抛物线;在均值—标准差平面上,σ_P 表达式是经过公共交点 $(0, r)$ 的两条直线,斜率分别是 $\pm\sqrt{c - 2r_f b + r_f^2 a}$。

在均值—标准差坐标平面上,无风险资产对上述两条直线的影响分为三种情况: ① $r_f < \mu$;② $r_f = \mu$;③ $r_f > \mu$。

1. 当 $r_f < \mu$ 时,最小方差资产组合的含义和几何结构

若 $r_f < \mu$,式(19-8)可表示为:

$$E(r_P) = r_f + \sigma_P \sqrt{c - 2r_f b + r_f^2 a} \tag{19-9}$$

$$E(r_P) = r_f - \sigma_P \sqrt{c - 2r_f b + r_f^2 a} \tag{19-10}$$

它们是图 19-1 所示的两条直线,一条向右上方倾斜,另一条向右下方倾斜。向右上方倾斜的直线与双曲线相切,向右下方倾斜的直线远离双曲线。

2. 当 $r_f = \mu$ 时,最小方差资产组合的含义和几何结构

若 $r_f = \mu$,式(19-9)可简化为:

$$E(r_P) = \frac{b}{a} + \sigma_P \sqrt{\frac{\Delta}{a}} \tag{19-11}$$

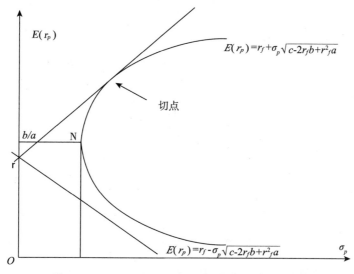

图 19-1 $r_f < \mu$ 时,最小方差资产组合的几何结构

$$E(r_P) = \frac{b}{a} - \sigma_P \sqrt{\frac{\Delta}{a}} \tag{19-12}$$

如图 19-2 所示,一条向右上方倾斜,另一条向右下方倾斜。向右上方倾斜的直线与双曲线相切,向右下方倾斜的直线远离双曲线。

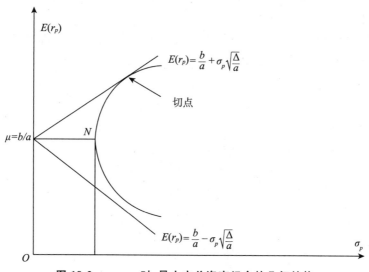

图 19-2 $r_f = \mu$ 时,最小方差资产组合的几何结构

3. 当 $r_f > \mu$ 时,最小方差资产组合的含义和几何结构

随着两条直线与纵轴的交点 $(0, r)$ 向上移动,上边的直线离开有效组合,下边的直线靠近最小方差组合,最后与最小方差组合边界有一个切点,如图 19-3 所示。在现实经济中,这种无风险收益率大于全局最小方差组合预期收益率的情况是不符合实际的。

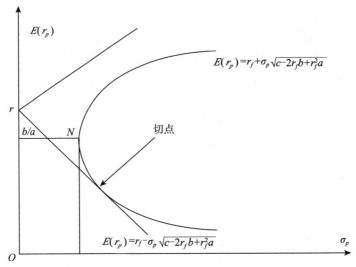

图 19-3　$r_f > \mu$ 时,最小方差资产组合的几何结构

19.3　存在无风险资产的两基金分离定理及其 Python 应用

与第 17 章的两基金分离定理类似,所有最小方差资产组合仅是两个不同资产组合的资产组合,在存在无风险资产的情况下,有一自然基金选择,即无风险资产和风险资产的切点资产组合。

定理:在存在无风险资产的情况下,任一最小方差资产组合 X 都可唯一地表示成无风险资产组合和不含任何无风险资产的切点资产组合 $\bar{x} = (x_{0t}, X_t)$,其中

$$x_{t0} = 0, X_t = \frac{V^{-1}(\vec{e} - r_f \vec{1})}{b - a r_f} \tag{19-13}$$

这一定理称为存在无风险资产情况下的两基金分离定理。

切点处的资产组合收益率的均值和方差分别为:

$$E(r_t) = \vec{e}^T X_t = \frac{c - b r_f}{b - a r_f} \tag{19-14}$$

$$\sigma_t^2 = X_t^T V X_t = \frac{c - 2 b r_f + r_f^2 a}{(b - a r_f)^2} \tag{19-15}$$

求切点处均值的 Python 语言如下:

```
def qdmean(V,e,u,ones,rf):
    a=ones.T * V.I * ones
    b=ones.T * V.I * e
    c=e.T * V.I * e
    ert=(c- b * rf)/(b-a * rf)
    returnert
```

求切点处方差的 Python 语言如下:

```
def qdportvar(V,e,u,ones,rf):
    a=ones.T*V.I*ones
    b=ones.T*V.I*e
    c=e.T*V.I*e
    var=(c−2*b*rf+rf**2*a)/(b−a*rf)**2
    returnvar
```

例 19-2：考虑一个资产组合，其预期收益率矩阵为 $\vec{e}=[0.2,0.5]^T$，协方差矩阵为 $V=\begin{bmatrix}1&0\\0&1\end{bmatrix}$，预期收益率为 $\mu=0.2$，无风险利率为 $r_f=0.1$，求切点处资产组合的均值和方差。

Python 语言如下：

```
e=mat('0.2;0.5')
V=mat('1 0;0 1')
ones=mat('1;1')
u=0.075
rf=0.1
qdmean(V,e,u,ones,rf)
```

得到如下结果：

```
Out[44]: matrix([[0.44]])
qdportvar(V,e,u,ones,rf)
Out[45]: matrix([[0.68]])
```

19.4 预期收益率与贝塔关系式

我们讨论存在无风险资产情况下的期望收益率。假设有一个无风险资产和 n 个风险资产，切点处风险资产的收益率分别为 $r_1,\cdots,r_n$，权重分别为 $x_{t1},\cdots,x_{tn}$，则在切点处资产组合的收益率为 $r_t=\sum_{i=1}^{n}x_{ti}r_i$，由式(19-13)有：

$$\text{cov}(\vec{r},r_t)=VX_t=V\frac{V^{-1}(\vec{e}-r_f\vec{1})}{b-ar_f}=\frac{\vec{e}-r_f\vec{1}}{b-ar_f} \tag{19-16}$$

在式(19-16)两边左乘 X_t^T 得：

$$\sigma_t^2=X_t^TVX_t=X_t^T\frac{\vec{e}-r_f\vec{1}}{b-ar_f}=\frac{E(r_t)-r_f}{b-ar_f}$$

从而

$$\vec{e}-r_f\vec{1}=\text{cov}(\vec{r},r_t)(b-ar_f)=\text{cov}(\vec{r},r_t)\frac{E(r_t)-r_f}{\sigma_t^2}=\beta_t(E(r_t)-r_f)$$

其中，$\beta_t=\dfrac{\text{cov}(\vec{r},r_t)}{\sigma_t^2}$（通常称之为贝塔值，其分量 $\beta_{ti}=\dfrac{\text{cov}(r_i,r_t)}{\sigma_t^2}$），我们可得：

当市场上存在无风险资产时,任意资产收益率 $r_i(i=1,\cdots,n)$ 的风险溢价等比于切点资产组合的风险溢价,且等比于比例系数 $\beta_{ti}=\dfrac{\mathrm{cov}(r_i,r_t)}{\sigma_t^2}$,即

$$E(r_i)-r_f=\beta_{ti}(E(r_t)-r_f)$$

类似地,我们不加证明地给出如下定理:

假设市场上的资产组合仅由风险资产组成,可以任意选择最小方差资产组合 X_u 及与 X_u 零贝塔相关的资产组合(指贝塔值等于 0 的资产组合),任意风险资产的收益率 $r_i(i=1,\cdots,n)$ 的预期收益率可以表示为:

$$E(r_i)=E(r_z)+\beta_{ui}(E(r_u)-E(r_z))$$

其中,r_z 是与 X_u 零贝塔相关的资产组合收益率,r_u 是任意最小方差资产组合收益率,$\beta_{ui}=\mathrm{cov}(r_u,r_z)/\sigma_u^2$,这里的 σ_u^2 对应于 r_u 的方差。

19.5 一个无风险资产和两个风险资产组合的 Python 应用

假设两个风险资产的投资权重分别为 x_1 和 x_2,这样无风险资产的投资组合权重就是 $1-x_1-x_2$。由于我们可以将两个风险资产视为一个风险资产组合,因此三个资产构成的投资组合可行集就等价于一个风险资产组合与一个无风险资产构成的可行集。随着 x_1 和 x_2 的变化,风险资产组合的期望收益率和方差并不是确定的值,而是不断变化的。在图 19-4 的标准差－期望收益率平面中,风险资产组合是图 19-4 中 $E(r_p)$ 曲线上的某一点。给定 x_1 和 x_2 的某一比例 k,在标准差－期望收益率平面中就对应一个风险资产组合。该组合与无风险资产的连线形成一条资本配置线,如图 19-4 所示。这条资本配置线就是市场中存在三个资产时的投资组合可行集。随着我们改变投资比例 k,风险资产组合的位置就会发生变化,资本配置线也会相应地变化。

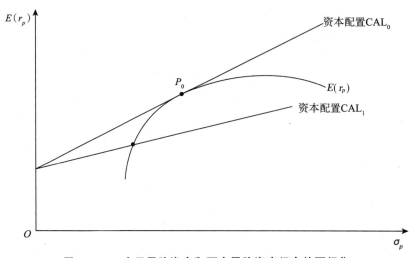

图 19-4 一个无风险资产和两个风险资产组合的可行集

从图 19-4 可以看出,两个风险资产组成的有效边界上的任何一点与无风险资产的连线都能构成一条资本配置线。然而,比较图 19-4 中的两条资本配置线 CAL_0 和 CAL_1 可

以发现,对于任一标准差,资本配置线 CAL_0 上资产组合的期望收益率都高于 CAL_1 上的。换句话说,相对于 CAL_0 上的资产组合,CAL_1 上的资产组合是无效的。事实上,我们可以很容易地发现,在所有的资本配置线中,斜率最高的资本配置线在相同标准差水平下拥有最大的期望收益率。从几何角度讲,这条资本配置线就是通过无风险资产并与风险资产组合有效边界相切的一条线,我们称之为最优资本配置线。相应地,切点组合 P_0 被称为最优风险资产组合。因此,当市场中存在一个无风险资产和两个风险资产的时候,有效的投资组合可行集就是通过无风险资产和风险资产组合且斜率达到最大的资本配置线。

我们要得出最优风险资产组合,首先要建立债券和股票有效集,然后利用无风险资产形成资本配置线并与有效集相切,切点即最优风险资产组合所在的点。

1. 确定两个风险资产组合 P 中每个风险资产的比例

$$S_P = \frac{E(r_P) - r_f}{\sigma_P} = \max$$

满足
$$E(r_P) = x_1 E(r_1) + x_2 E(r_2)$$
$$\sigma_P^2 = x_1^2 \sigma_1^2 + x_2^2 \sigma_2^2 + 2 x_1 x_2 \sigma_{12}$$

$$\frac{\partial S_P}{\partial x_1} = \frac{-x_1(E(r_1) - r_f) - x_2(E(r_2) - r_f)}{x_1^2 \sigma_1^2 + x_2^2 \sigma_2^2 + 2 x_1 x_2 \sigma_{12}} (x_1 \sigma_1^2 + x_2 \sigma_{21}) + (E(r_1) - r_f) = 0$$

$$\frac{\partial S_P}{\partial x_2} = \frac{-x_1(E(r_1) - r_f) - x_2(E(r_2) - r_f)}{x_1^2 \sigma_1^2 + x_2^2 \sigma_2^2 + 2 x_1 x_2 \sigma_{12}} (x_2 \sigma_2^2 + x_1 \sigma_{12}) + (E(r_2) - r_f) = 0$$

由以上两式可得:

$$\frac{x_1 \sigma_1^2 + x_2 \sigma_{21}}{x_2 \sigma_2^2 + x_1 \sigma_{12}} = \frac{E(r_1) - r_f}{E(r_2) - r_f}$$

注意到 $\sigma_{12} = \sigma_{21}$,则:

$$\frac{x_1 \sigma_1^2 + (1 - x_1) \sigma_{12}}{(1 - x_1) \sigma_2^2 + x_1 \sigma_{12}} = \frac{E(r_1) - r_f}{E(r_2) - r_f}$$

解关于 x_1 的一元一次方程得:

$$x_1 = \frac{(E(r_1) - r_f) \sigma_2^2 - (E(r_2) - r_f) \sigma_{12}}{(E(r_1) - r_f) \sigma_2^2 + (E(r_2) - r_f) \sigma_1^2 - [E(r_1) - r_f + E(r_2) - r_f] \sigma_{12}}$$

$$x_2 = 1 - x_1$$

输入 Python 语言如下:

```
def weight(er1,er2,rf,sig1,sig2,sig12):
    x1=((er1-rf)*sig2**2-(er2-rf)*sig12)/((er1-rf)*sig2**2+(er2-rf)*sig1**2-(er1-rf+er2-rf)*sig12)
    weight1=x1
    weight2=1-x1
    erp=x1*er1+(1-x1)*er2
    sigp=sqrt(x1**2*sig1**2+(1-x1)**2*sig2**2+2*x1*(1-x1)*sig12)
    sp=(erp-rf)/sigp
    print "weight1:",weight1
    print "weight2:",weight2
```

```
print "E(rp):",erp
print "sigp:",sigp
print "sp:",sp
```

例 19-3：给出债券、股票的预期收益率及风险（标准差）如表 19-1 所示。

表 19-1 有关数据

单位：%

资产	期望收益率	风险
债券 1	8	12
股票 2	13	20
国库券	5	

债券和股票的相关系数为 $\rho_{12}=0.3$。

输入 Python 语言下：

```
er1=0.08;er2=0.13;rf=0.05;sig1=0.12;sig2=0.20;sig12=sig1*sig2*0.3
weight(er1,er2,rf,sig1,sig2,sig12)
```

得到如下求解结果：

weight1：0.4

weight2：0.6

E(rp)：0.11

sigp：0.141985914794

sp：0.422577127364

2. 在组合 C 中引入无风险资产 F，则 C 由 F 和 P 组成

引入效用函数：

$$U=E(r_c)-0.5A\sigma_c^2$$

根据 $E(r_C)=yE(r_P)+(1-y)r_f$ 得到 $\sigma_C=y\sigma_P$，其中，

$$\frac{\partial U}{\partial y}=0 \Rightarrow y=\frac{E(r_P)-r_f}{A\sigma_P^2}$$

设 $A=4$，则：

$$y=\frac{E(r_P)-r_f}{A\sigma_P^2}=\frac{11\%-5\%}{4\times 0.142^2/10000}=0.744048$$

3. 确定三个资产的投资比例

最后得到三个资产的投资比例如表 19-2 所示。

表 19-2 三个资产的投资比例

资产	各资产投资比例公式	各资产投资比例
债券 1	yx_1	0.297619
股票 2	yx_2	0.446429

(续表)

资产	各资产投资比例公式	各资产投资比例
国库券	$1-y$	0.255952
合计		1

19.6 默顿定理的 Python 应用

多年来,多资产组合一直困扰着金融学家和数学家。与两种资产相同,我们仍然希望计算处在有效边界上的投资组合,画出这条漂亮的有效边界曲线。罗伯特·默顿(Robert Merton)告诉我们,只要在坐标系纵轴上任取一点 c,画一条与边界曲线相切的直线,切点就是一个边沿组合。默顿还告诉我们,如果已知两个边沿组合,其他所有的边沿组合都可以被写成已知组合的加权平均。

默顿定理 1:已知所有资产的收益率向量为 $\vec{e}$,各资产间的方差—协方差矩阵为 V,选取一个数值 c,与其对应的边沿投资组合的计算公式为:$X = \dfrac{V^{-1}(\vec{e}-c)}{\sum V^{-1}(\vec{e}-c)}$,$X$ 是一个边沿投资组合。

我们选择 7 个点,看能不能利用 Python 语言中画出有效边界。定义已知条件后,把相同的计算重复 5 遍。7 个 c 分别为 0.0001、0.021、0.45、0.6、0.8、0.9、1。

输入 Python 语言如下:

```
import pandas as pd
from numpy import *
import matplotlib.pyplot as plt
Er=mat('0.1;0.2;0.15;0.01')
S=mat('0.10 0.01 0.30 0.05;0.01 0.3 0.06 -0.04;0.30 0.06 0.40 0.02;0.05 -0.04 0.02 0.50')
c=0.00000001;a=S.I*(Er-c);b=sum(a);x1=a/b
Er_x1=x1.T*Er;sigma1=sqrt(x1.T*S*x1)
c=0.021;a=S.I*(Er-c);b=sum(a);x2=a/b
Er_x2=x2.T*Er;sigma2=sqrt(x2.T*S*x2)
c=0.45;a=S.I*(Er-c);b=sum(a);x3=a/b
Er_x3=x3.T*Er;sigma3=sqrt(x3.T*S*x3)
c=0.8;a=S.I*(Er-c);b=sum(a);x4=a/b
Er_x4=x4.T*Er;sigma4=sqrt(x4.T*S*x4)
c=4;a=S.I*(Er-c);b=sum(a);x5=a/b
Er_x5=x5.T*Er;sigma5=sqrt(x5.T*S*x5)
sigma=[float(sigma3),float(sigma4),float(sigma5),float(sigma1),float(sigma2)]
ret=[float(Er_x3), float(Er_x4), float(Er_x5), float(Er_x1), float(Er_x2)]
plt.plot(sigma,ret,"--o")
plt.xlabel('sigma')
plt.ylabel('ret')
```

得到如图 19-5 所示的图形。

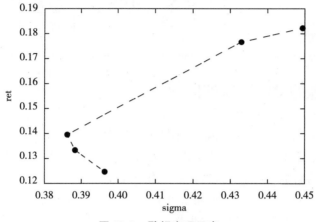

图 19-5　默顿定理示意

默顿定理 2：已知两个边沿组合，其他组合都可以写成两个已知边沿组合的加权平均。设 X、Y 为两个边沿组合，让 λ、$1-\lambda$ 分别作为两个组合的权重，则任何边沿组合可写成：

$$\lambda X + (1-\lambda)Y = \begin{pmatrix} \lambda x_1 + (1-\lambda)y_1 \\ \vdots \\ \lambda x_n + (1-\lambda)y_n \end{pmatrix}$$

19.7　布莱克-利特曼模型及 Python 应用

布莱克-利特曼（Black-Litterman）模型的核心是根据金融市场上的有关数据求资产组合中每个资产收益率的均值。在默顿定理 1 中，公式中 X 的分母可以用 λ 标记（这只是一个定义，并不是用来计算）：$\lambda = \sum V^{-1}(\vec{e}-c)$。这样，默顿定理 1 中公式就可以简化为：

$$X = \frac{V^{-1}(\vec{e}-c)}{\lambda}$$

即

$$\lambda X = V^{-1}(\vec{e}-c)$$

上式两边乘以 V，得：

$$\lambda VX = \vec{e} - c$$

上式两边加上 c，得：

$$\lambda VX + c = \vec{e}$$

用 r_f 代替 c，得：

$$\lambda VX + r_f = \vec{e}$$

这里的 λ 可利用下面的公式计算：

$$\lambda = \frac{E(r_P) - r_f}{\sigma_P^2}$$

下面来看一个实例。

例 19-4:我们现在计算两只股票收益率的均值。先收集市场上的一些信息如下:市场上有一个资产组合 P 由两只股票组成,达到 0.09016 的年平均收益率,在 P 资产组合中,第一只股票占 0.246,第二只股票占 0.754,两只股票的方差－协方差矩阵为 $V = \begin{bmatrix} 0.11 & 0.0044 \\ 0.0044 & 0.2000 \end{bmatrix}$,银行一年定期存款利率为 0.05。

解:已知数据如下:

$$X^T = (0.246, 0.754), E(r_P) = 0.09016, r_f = 0.05, V = \begin{bmatrix} 0.11 & 0.0044 \\ 0.0044 & 0.2000 \end{bmatrix}$$

先计算这个资产组合的方差:

$$\sigma_P^2 = X^T V X = (0.246, 0.754) \begin{bmatrix} 0.11 & 0.0044 \\ 0.0044 & 0.2000 \end{bmatrix} \begin{pmatrix} 0.246 \\ 0.754 \end{pmatrix} = 0.1210$$

再计算

$$\lambda = \frac{E(r_P) - r_f}{\sigma_P^2} = \frac{0.09016 - 0.05}{0.1210} \approx 0.3319$$

计算两只股票收益率的均值,输出的是一个向量。

$$\vec{r} = \lambda V X + r_f = \begin{pmatrix} 0.06 \\ 0.09999989 \end{pmatrix}$$

由此可得,第一只股票年收益率的均值为 0.06,第二只股票年收益率的均值为 0.09999989。

此例布莱克-利特曼模型的 Python 语言代码如下:

```
##Black-Litterman 模型
import pandas as pd
from numpy import *
import numpy as np
S=mat('0.1100 0.0044;0.0044 0.2000')
rf=0.05;x=mat('0.246;0.754');Erp=0.09016
varp=x.T*S*x
lamd=(Erp-rf)/varp
r=lamd[0,0]*S*x+rf
r
```

得到如下结果:

```
matrix([[0.06000035],
        [0.09999989]])
```

在此基础上,我们还可以融合投资经理的个人观点,如经理认为股票 1 的业绩将超过股票 2 0.5 个百分点,根据这个数据和上面给定的数据修正 0.06000035 和 0.09999989,

并进一步优化资产组合,具体内容可参考兹维·博迪等著的《投资学精要》一书中的布莱克-利特曼模型。

思考题

1. 可选择的证券包括两只风险股票基金 A、B 和短期国库券,数据如表 19-3 所示。

表 19-3 股票基金 A、B 和短期国库券数据

单位:%

	期望收益率	标准差
股票基金 A	10	20
股票基金 B	30	60
短期国库券	5	0

基金 A 和基金 B 的相关系数为 -0.2。

（1）画出基金 A 和基金 B 的可行集(5 个点)。

（2）找出最优风险投资组合 P 及其期望收益率与标准差。

（3）找出由短期国库券与投资组合 P 支持的资本配置线的斜率。

（4）当一个投资者的风险厌恶程度 $A=5$ 时,应在股票基金 A、B 和短期国库券中各投资多少?

2. 市场上有一个 P 资产组合,由两只股票组成,达到 0.10 的年平均收益率。在这个组合中,第一只股票占 0.25,第二只股票占 0.75,两只股票的方差—协方差矩阵为 $\begin{pmatrix} 0.1100 & 0.0050 \\ 0.0050 & 0.2200 \end{pmatrix}$,无风险资产利率为 0.06。求两只股票的年平均收益率。

20
资本资产定价模型及 Python-statsmodels 应用

资本资产定价模型(Capital Asset Pricing Model，CAPM)是继马科维茨资产组合理论之后第二个获得诺贝尔经济学奖的金融理论，它是由美国金融学家威廉·夏普(William Sharpe)于 1964 年提出的。资本资产定价模型的核心思想是在一个竞争均衡的市场中对有价证券定价。在资本市场的竞争均衡中，供给等于需求，投资者都处于最优消费和最优组合状态，有价证券的价格由此确定。毫无疑问，如果经济实现了竞争均衡，该经济就处于一种稳定状况，所有投资者都感到满足。

20.1 资本资产定价模型假设

资本资产定价模型是建立在理想的资本市场上的，其假设是：
(1) 投资者是风险厌恶的，其投资行为是使终期财富的预期效用最大化。
(2) 投资者不能通过买卖行为影响股票价格。
(3) 投资者都认同市场上所有资产的收益率服从均值为 $\bar{e}$、方差矩阵为 V 的多元正态分布。
(4) 资本市场上存在无风险资产，且投资者可按无风险利率借贷。
(5) 资产数量是固定的，所有资产都可以市场化且可无限分割。
(6) 市场上的信息充分且畅通无阻，所有投资者都可无代价地获得所需的信息。
(7) 资本市场无任何缺陷，如无税收、无交易成本、无卖空限制等。

假设(3)保证了投资者的效用函数为均值-方差效用函数，假设(1)保证了效用函数关于均值和方差单调。在以上假设中，假设(3)最重要，它说明了虽然市场上的投资者对资产的偏好可能不同，但是其对某种资产未来现金流的期望值却是相同的，这为资本资产定价模型的推导提供了很大的方便。

20.2 资本市场线及 Python 应用

当不存在无风险资产时，最小方差资产组合是双曲线的右半支，如图 20-1 所示。但是当存在无风险资产时，最小方差资产组合是直线 $\sigma_P = \pm \dfrac{\mu - r_f}{\sqrt{c - 2r_f b + r_f^2 a}}$ 与双曲线的切点 t。我们可以分 $r > b/a$、$r = b/a$、$r < b/a$ 三种情况讨论，这里只讨论 $r < b/a$ 的情况。

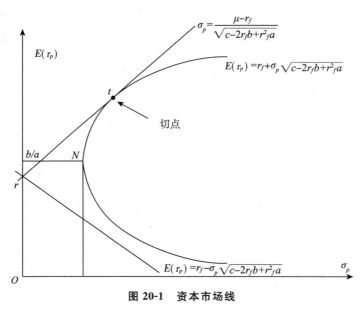

图 20-1　资本市场线

在图 20-1 中，双曲线 $E(r_P) = r_f + \sigma_P \sqrt{c - 2r_f b + r_f^2 a}$ 上的点不论位于何处，都可以通过点 $(0, r_f)$ 和切点的再组合予以表示。换言之，直线上的每个组合都是无风险资产和风险资产的再组合。

因为有效资产组合是连接点 $(0, r_f)$ 和切点 t 的直线，所以投资者可从这条直线上确定一个点作为自己的最优资产组合。可见，切点 t 具有比较重要的意义。切点 t 是根据直线与双曲线相切得到的，它与市场组合具有什么关系呢？

定义 1：设市场上有 n 种风险资产、一种无风险资产，每种资产的价格为 $P_i(i = 0, 1, \cdots, n)$，第 i 种资产的可交易数量为 $\overline{N}_i$，记 $mkt_i = \dfrac{\overline{N}_i P_i}{\sum\limits_{i=0}^{n} \overline{N}_i P_i}$，则称 $mkt = (mkt_0, mkt_1, \cdots, mkt_n)$ 为市场资产组合的初始禀赋。

设市场中有 K 个投资者，且在某一时刻第 k 个投资者持有第 i 种资产的数量为 N_i^k，记 $x_i^m = \dfrac{\sum\limits_{k=1}^{K} N_i^k P_i}{\sum\limits_{i=0}^{n}(\sum\limits_{k=1}^{K} N_i^k) P_i}$，则称 $X^m = (x_0^m, x_1^m, \cdots, x_n^m)$ 是这一时刻投资者的市场资产组合。

性质 1：市场达到均衡的必要条件是 $mkt = (mkt_0, mkt_1, \cdots, mkt_n)$，等比于切点处的资产组合 X_t。

性质 2：当市场达到均衡时，若记市场在风险资产上的初始资产组合为 X_M，则

$X_M = X_t$。特别地,当市场上无风险资产是零净供应的金融资产时,X_t 就是市场资产组合。其他情况下,市场资产组合在图 20-1 中连接点 $(0, r_f)$ 和切点的切线上的左下方某处。

定义 2:过点 $(0, r_f)$ 和切点 t 的直线 $E(r_P) = r_f + \sigma_P \sqrt{c - 2r_f b + r_f^2 a}$ 为资本市场线。

切点 t 的风险溢价为:

$$E(r_t) - r_f = \vec{e}^T X_t - r_f \tag{20-1}$$

根据 (19-14)

$$E(r_t) = \vec{e}^T X_t = \frac{c - br_f}{b - ar_f} \tag{20-2}$$

有:

$$E(r_t) - r_f = \vec{e}^T X_t - r_f = \frac{c - br_f}{b - ar_f} - r_f = \frac{c - 2br_f + ar_f^2}{b - ar_f} \tag{20-3}$$

将式 (20-3) 代入 $E(r_P) = r_f + \sigma_P \sqrt{c - 2r_f b + r_f^2 a}$,并利用式 (19-15) 有:

$$E(r_P) = r_f + \sigma_P \sqrt{c - 2r_f b + r_f^2 a} = r_f + \sigma_P (b - ar_f) \sqrt{\frac{c - 2r_f b + r_f^2 a}{(b - ar_f)^2}}$$

$$= r_f + (b - ar_f) \sigma_P \sigma_t = r_f + (b - ar_f) \frac{\sigma_t^2}{\sigma_t} \sigma_P = r_f + (b - ar_f) \frac{c - 2r_f b + r_f^2 a}{(b - ar_f)^2 \sigma_t} \sigma_P$$

$$= r_f + \frac{c - 2r_f b + r_f^2 a}{(b - ar_f) \sigma_t} \sigma_P = r_f + \frac{E(r_t) - r_f}{\sigma_t} \sigma_P$$

由此有:

$$E(r_P) = r_f + \frac{E(r_t) - r_f}{\sigma_t} \sigma_P \tag{20-4}$$

式 (20-4) 为过点 $(0, r_f)$ 和切点 t 的直线。所有投资者的最优资产组合均来自该直线。

例 20-1:假设无风险利率为 0.06,市场组合的期望收益率和标准差分别为 0.2 和 0.4,则资本市场线的斜率为 $(0.2 - 0.06)/0.4 = 0.35$。如果令标准差分别为 0.2、0.3,则期望收益率为:

$$E(r_{P1}) = r_f + \frac{E(r_M) - r_f}{\sigma_M} \sigma_{P1} = 0.06 + 0.35 \times 0.2 = 0.13$$

$$E(r_{P2}) = r_f + \frac{E(r_M) - r_f}{\sigma_M} \sigma_{P2} = 0.06 + 0.35 \times 0.3 = 0.165$$

把 σ_{P1}, σ_{P2}、$E(r_{P1})$、$E(r_{P2})$ 相应地标记在坐标轴中,连接两点就得到这条资本市场线,斜率为 0.35。如果认为 0.3 的风险太高,不宜使用,我们可以使用 0.2 的风险来搭配已有的有效组合和无风险资产。σ_{P1}/σ_M 是需要分配给有效组合的部分,$1 - \sigma_{P1}/\sigma_M$ 是需要分配给无风险资产的部分。当使用 0.2 的风险时,50% 的资金需要投入这个有效组合,另外 50% 的资金需要做无风险投资。资本市场线的 Python 语言代码如下:

```
importmatplotlib.pyplot as plt
rf=0.06;ErM=0.2;sigmaM=0.4
slope=(ErM−rf)/sigmaM
```

```
Er1=rf+slope*0.2
Er2=rf+slope*0.3
ret=[Er1,Er2]
sigma=[0.2,0.3]
plt.plot(sigma, ret,'--o')
plt.xlabel('sigma')
plt.ylabel('ret')
```

得到如图 20-2 所示的图形。

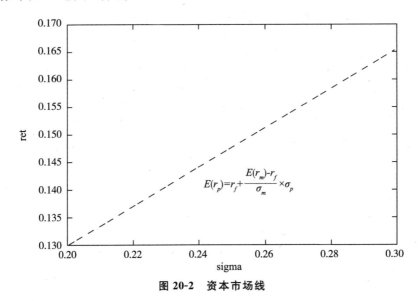

图 20-2　资本市场线

20.3　证券市场线及 Python 应用

资本市场线反映有效资产组合的预期收益率与风险的关系。由于任何单个风险资产不是有效资产组合,因此资本市场线并没有告诉我们单个风险资产的预期收益率与风险的关系,我们有必要做进一步分析。

定理 1:假设市场上存在无风险资产,当市场达到均衡时,任意风险资产的风险溢价与风险资产的市场资产组合风险溢价成比例,即有关系式:

$$\vec{e} - r_f \vec{1} = \vec{\beta}_M (E(r_M) - r_f) \tag{20-5}$$

其中,$\vec{\beta}_M = \text{cov}(\vec{r}, r_M)/\text{var}(r_M)$,$r_M$ 是市场资产组合的收益率。

证明:由性质 2,当市场达到均衡时有 $X_M = X_t$,即

$$\vec{e} - r_f \vec{1} = \frac{VX_t}{X_t^T V X_t}(\vec{e}^T X_t - r_f) = \frac{VX_M}{X_M^T V X_M}(\vec{e}^T X_M - r_f) = \vec{\beta}_M (E(r_M) - r_f)$$

写成分量的形式为:

$$E(r_i) = \frac{\text{cov}(r_i, r_M)}{\sigma_M^2}[E(r_M) - r_f] + r_f = \beta_{iM}[E(r_M) - r_f] + r_f \tag{20-6}$$

式(20-6)所表示的直线称为证券市场线,反映单个风险资产与市场组合的关系。如果我们以 $E(r_i)$ 为纵坐标、β_{iM} 为横坐标,则证券市场线就是一条截距为 r_f、斜率为 $E(r_M)-r_f$ 的直线,如图 20-3 所示。

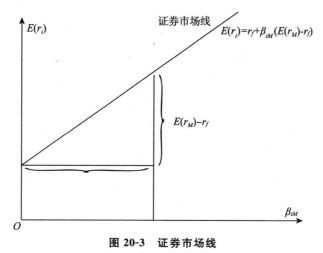

图 20-3　证券市场线

编制资本资产定价模型的 Python 语言如下:

```
def ecapm(r,rm,rf):
    averrm=mean(rm)
    xf=cov(r,rm)
    a=xf[0,1]
    beta=a/rm.var()
    eri=rf+beta*(averrm-rf)
    return eri
```

例 20-2:假设市场资产组合时间序列值分别为 1 500、1 600、1 800、2 100;证券价格的时间序列值分别为 6.24、6.38、6.26、6.30。设无风险利率为 0.06,求该证券的预期收益率。

解:价格转化为收益率的公式为 $r_t=(P_t-P_{t-1})/P_{t-1}$,市场资产组合收益率和证券收益率为:

```
import pandas as pd
from pandas import Series
from numpy import *
r=pd.Series([0.022436,-0.01881,0.00639])
rm=pd.Series([0.066667,0.125,0.166667])
rf=0.06
ecapm(r,rm,rf)
```

得到如下结果:

Out[16]: 0.048374861278461218

例 20-3:假设银行存款利率为 0.04,市场资产组合的期望收益率为 0.12,市场资产组合的方差为 0.0008。有一只股票 x，它与市场组合之间的协方差为 0.001，x 的期望收益率是多少？

解：先算 $\beta_{iM}=0.001/0.0008=1.25$

代入 $E(r_i)=\beta_{iM}[E(r_M)-r_f]+r_f=1.25\times(0.12-0.04)+0.04=0.14$

因此股票 x 的期望收益率是 0.14。

承接例 20-3，如果本年 x 的股价是 50 元，问下年定价 57 元合适吗？

解：$\qquad\qquad\qquad 50\times(1+0.14)=57$（元）

所以 57 元在下年是一个合适的公平价格。

证券市场线的 Python 语言代码如下：

```
rf=0.04;ErM=0.12;cov=0.001;var=0.0008
beta=cov/var
r=rf+beta*(ErM-rf)
rr=50*(1+r)
print rr
57.0
```

下面不加证明地给出 Black 资本资产定价模型（也称零贝塔模型）。

定理 2：假设市场上没有无风险资产，当市场达到均衡时，任意风险资产的收益率为：

$$\vec{e}=E(r_Z)\vec{1}+\vec{\beta}_M[E(r_M)-E(r_Z)] \tag{20-7}$$

其中，r_Z 是与市场资产组合零贝塔相关的资产组合的收益率。

20.4 价格型资本资产定价模型及 Python 应用

标准资本资产定价模型经过适当变形，可以得到资本资产定价模型价格形式。

假设市场上第 i 种资产的期末价格是 P_i，当前价格是 P_{i0}，其收益率为：

$$r_i=\frac{P_i-P_{i0}}{P_{i0}}=\frac{P_i}{P_{i0}}-1 \tag{20-8}$$

同样，市场资产组合收益率为：

$$r_M=\frac{P_M-P_{M0}}{P_{M0}}=\frac{P_M}{P_{M0}}-1 \tag{20-9}$$

其中，P_{M0} 是市场资产组合的当前值，P_M 是市场资产组合的期末值。

将式（20-8）、式（20-9）代入式（20-6），得到：

$$\frac{\overline{P_i}}{P_{i0}}-1-r_f=\frac{\mathrm{cov}(r_i,r_M)}{\mathrm{var}(r_M)}\left(\frac{\overline{P_M}}{P_{M0}}-1-r_f\right) \tag{20-10}$$

其中，$\overline{P_i}$ 是第 i 种资产收益率的均值，$\overline{P_M}$ 是市场资产组合收益率的均值。将 $\mathrm{cov}(r_i,r_M)$ 写成价格形式：

$$\mathrm{cov}(r_i,r_M)=E\left[\left(\frac{P_i}{P_{i0}}-1-\left(\frac{\overline{P_i}}{P_{i0}}-1\right)\right)\left(\frac{P_M}{P_{M0}}-1\right)-\left(\frac{\overline{P_M}}{P_{M0}}-1\right)\right]=\frac{1}{P_{i0}P_{M0}}\mathrm{cov}(P_i,P_M)$$

$$\mathrm{var}(r_M)=\frac{1}{P_{M0}^2}\mathrm{var}(P_M)$$

将这些结果代入式(20-10),有:

$$\frac{\overline{P}_i}{P_{i0}} - 1 - r_f = \frac{\frac{1}{P_{i0}P_{M0}}\mathrm{cov}(P_i, P_M)}{\frac{1}{P_{M0}^2}\mathrm{var}(P_M)}\left(\frac{\overline{P}_M}{P_{M0}} - 1 - r_f\right)$$

$$= \frac{P_{M0}\mathrm{cov}(P_i, P_M)}{P_{i0}\mathrm{var}(P_M)}\left(\frac{\overline{P}_M}{P_{M0}} - 1 - r_f\right)$$

上式两边同乘以 P_{i0},得

$$\overline{P}_i = (1 + r_f)P_{i0} + \frac{\mathrm{cov}(P_i, P_M)}{\mathrm{var}(P_M)}[\overline{P}_M - (1 + r_f)P_{M0}]$$

解出 P_{i0},得:

$$P_{i0} = \frac{1}{1 + r_f}\left\{\overline{P}_i - \frac{\mathrm{cov}(P_i, P_M)}{\mathrm{var}(P_M)}[\overline{P}_M - (1 + r_f)P_{M0}]\right\}$$

这就是价格型资本资产定价模型,它可以直接给出某一时刻风险资产的价格。

编制 Python 语言如下:

```
def pcapm(p,pm,rf,pm0):
apm=mean(pm)
api=mean(p)
pre=0.00
pbeta=cov(p,pm)[0,1]/var(pm)
pre=(api-(apm-(1+rf)*pm0)*pbeta)/(1+rf)
return pre
```

例 20-4:假设市场资产组合时间序列值分别为 1 500、1 600、1 800、2 100;证券价格的时间序列值分别为 6.24、6.38、6.26、6.30。设无风险利率为 0.06,求该证券的购买价格。

调用价格型资本资产定价模型的 Python 语言如下:

```
import pandas as pd
from pandas import Series
from numpy import *
p=pd.Series([6.24,6.38,6.26,6.30])
pm=pd.Series([1500,1600,1800,2100])
rf=0.06
pm0=1500
pcapm(p,pm,rf,pm0)
```

得到如下结果:

Out[20]: 5.9377208745133281

该函数直接给出该资产组合的理论价格为 5.9377,参考这个价格并根据资产的市场价格判断是否应该投资。

20.5 资本资产定价模型实际数据的 Python 应用

自资本资产定价模型提出以后,迅速在学术界和实务界得到广泛应用。在学术界,在公司金融等研究领域,该模型已成为学者们必用的检测模型;在投资方面的研究中,该模型被用来验证新的投资策略是否有效;也有学者从模型本身出发,试图让模型进一步贴近现实。在投资界,很多券商会提供个股 β 值以供投资者参考,阿尔法策略已成为专业投资人士必备的技能。

资本资产定价模型中个股与大盘指数的收益率都是期望值,即

$$E(r_i) = \beta_{iM}[E(r_M) - r_f] + r_f$$

迈克尔·詹森(Michael Jensen)1968 年在研究共同基金表现时,将模型写成如下形式:

$$r_{it} - r_f = \beta_{iM}(r_{Mt} - r_f) + \alpha_{it}$$

其中,r_{it}、r_f、r_{Mt} 是对应的个股 i、无风险资产(通常用银行存款、国债、货币市场基金)、市场指数(大盘指数)的收益率的时间序列数据。对这些数据进行线性回归分析,得到未知参数 α_i 和 β_i 的估计值 $\hat{\alpha}_i$ 和 $\hat{\beta}_i$,上式中的 α 是詹森引入的,又称詹森指数(Jensen's Alpha)。根据资本资产定价模型的假设,r_{it} 是服从正态分布的随机变量,这样就可以判断 $\hat{\alpha}_i$ 和 $\hat{\beta}_i$ 的统计显著性。$\hat{\beta}_i$ 可以解释个股过去的收益率与风险之间的关系。从资本资产定价模型来看,所有资产的 $\hat{\alpha}_i$ 都应该为 0(或者是不显著地异于 0),若 $\hat{\alpha}_i$ 显著异于 0,则个股 i 有超额收益率,α 代表个股收益率胜过大盘收益率的部分,常常用来衡量基金经理的业绩。所有投资者在做的事情可以用一句话来归纳总结:试图利用各种分析方法创造显著的正 α。这些分析方法大致包括基本面分析、技术面分析和阿尔法策略。

基本面分析就是通过分析公司财务状况来判断公司价值,可以从三个方面展开研究,即经济环境分析、产业分析、公司分析。运用基本面分析的投资策略很简单,买入被低估的股票,卖出被高估的股票,基本面分析的投资决策通常适合作为中长期投资参考。

技术面分析的基本信条是"历史会重演",只分析市场价格(股价走势、成交量、主力资金等),据此判断股价的走势。但技术面分析缺乏理论上的支持,备受争议。

阿尔法策略的出发点是资本资产定价模型,其核心思想是通过构建投资组合对冲系统风险,锁定超额收益。

使用资本资产定价模型的关键在于估计斜率 β。因为在现实中,收益率的方差和协方差的准确数值是根本不可能知道的,基于方差和协方差计算 β 是行不通的,但这些斜率 β 可以作为线性回归的参数来估计,并且可以通过参数估计检验资本资产定价模型的合理性。

例 20-5:我们用沪深 300 指数作为市场资产组合,考虑其与平安银行股票收益率的线性关系。利用 Python 语言的财经数据接口 Tushare 程序包,在线获取 2017-01-01 到 2017-12-31 股票价格的日数据。将价格转换成收益率十分简单,使用如下 Python 代码:

```
logret=np.log(data / data.shift(1))
```

利用 Python 工具 statsmodels.api 中的函数 sm.OLS(y, x)进行线性回归。资本资产定价模型的 β 估计值的 Python 代码如下：

```python
import tushare as ts
import pandas as pd
import numpy as np
import scipy.stats as stats
import statsmodels.api as sm
import matplotlib.pyplot as plt
data=pd.DataFrame()
df000001=ts.get_hist_data('000001',start='2017-01-01',end='2017-12-31')
hs300=ts.get_hist_data('hs300',start='2017-01-01',end='2017-12-31')
data['hs300']=hs300['close']
data['000001']=df000001['close']
data=data[::-1]
logret=np.log(data / data.shift(1))
logret=logret.dropna()
rf=1.04**(1/250)-1
logret=logret-rf
y=logret['000001']
x=logret['hs300']
plt.scatter(x,y)
plt.show()
np.corrcoef(x,y)[0,1]
cor, pval=stats.pearsonr(x,y)
print (cor, pval)
X=sm.add_constant(x)
model=sm.OLS(y, X)
fit=model.fit()
print (fit.summary())
```

OLS Regression Results

Dep. Variable:	000001	R-squared:	0.330
Model:	OLS	Adj. R-squared:	0.327
Method:	Least Squares	F-statistic:	118.6
Date:	Sat, 14 Apr 2018	Prob (F-statistic):	1.02e−22
Time:	16:12:27	Log-Likelihood:	705.41
No. Observations:	243	AIC:	−1407.
Df Residuals:	241	BIC:	−1400.
Df Model:	1		
Covariance Type:	nonrobust		

	coef	std err	t	P>|t|	[0.025	0.975]
const	0.0005	0.001	0.559	0.577	−0.001	0.002
hs300	1.4621	0.134	10.889	0.000	1.198	1.727
Omnibus:			82.870	Durbin-Watson:		2.084
Prob(Omnibus):			0.000	Jarque-Bera (JB):		318.460
Skew:			1.369	Prob(JB):		7.04e−70
Kurtosis:			7.894	Cond. No.		157.

可以看到，数值 0.0005 是模型截距的估计值，数值 1.4621 是我们所需模型斜率 β 的估计值。理论上，资本资产定价模型的截距参数基本上等于 0，而且这里的截距 0.0005 也非常小，与理论值相符。通常在统计学中需要使用 P=0.000 检验参数的显著性，但在这里我们使用了近 300 个样本，解释 P 值已毫无意义。

使用 β 的估计值，可以帮助我们计算平安银行股票收益率的均值。截距可以透露更多信息：当截距不为 0 时，从资本资产定价模型的角度说明，股票定价不恰当；当截距大于 0 时，说明期望收益率太高，股价定价太低。这是一个资产值得买入的标志。但我们也要小心，当估计的截距不接近于 0，也可能是因为我们选择的市场资产组合不是处在边界上（即不是有效的）。当资本资产定价模型得到了非常出色的结果，截距、β 的估计值全都与理论值相符，这也只能说明所选择的市场资产组合处在边界上，但我们根本不可能知道它是否是一个有效组合。

根据 OLS 拟合结果，2017 年平安银行股票与沪深 300 指数的关系为：

$$r_{pa} - r_f = 0.0005 + 1.4621(r_{hs300} - r_f)$$

不过，α 值并不显著地异于 0；从 β 值来看，平安银行股价的波动率显著大于整个大盘。

练习题

1. 如果 $r_f=6\%$，$E(r_M)=14\%$，$E(r_p)=18\%$。该资产组合的 β 值是多少？

2. 一股票的市场价格为 50 美元，期望收益率为 14%，无风险利率为 6%，市场风险溢价为 8.5%。如果这一股票与市场资产组合的协方差加倍（其他变量保持不变），该股票的市场价格是多少？假定该股票预期会永远支付固定红利。

3. 假定你是一家大型制造公司的咨询顾问，考虑下列净税后现金流的项目（单位：百万美元）：

年份	税后现金流
0	−40
1—10	15

项目的 β 值为 1.8。假定 $r_f=8\%$，$E(r_M)=16\%$，项目的净现值是多少？在项目净现值变成负数之前，项目可能的最高 β 估计值是多少？

第 4 篇

量化投资策略分析

21

市场中性策略分析或贝塔对冲策略分析

21.1 贝塔对冲模型

假设市场完全有效,根据资本资产定价模型有 $R_s = R_f + \beta_s(R_m - R_f)$。式中,$R_s$ 表示股票收益率;R_f 表示无风险收益率;R_m 表示市场收益率;β_s 表示股票相比于市场的波动程度,用以衡量股票的系统性风险。

遗憾的是,市场并非完全有效,个股仍存在超额收益(α)。根据詹森对 α 的定义:$\alpha_s = R_s - [R_f + \beta_s(R_m - R_f)]$,扣除被市场解释的部分,超越市场基准的收益即个股 α。

实际中,股票收益率受多方面因素的影响,比如经典的 Fama-French 三因素就告诉我们,市值大小、估值水平及市场因子能解释股票收益,而且低市值、低估值能够获取超额收益。那么,我们可以通过寻找能获取 α 的驱动因子来构建组合。

假设已经知道哪些因子能获取超额收益,我们根据这些因子构建的股票组合(如持有低市值、低估值的股票)理论上是能获取超额收益的。简单来讲就是,组合的累计收益应该在基准(如沪深 300 指数)累计收益之上,而且两者的差值应该呈扩大的趋势。

由于组合的涨跌是未知的,我们能够确保的是组合与基准的收益差在不断扩大,那么持有组合、做空基准、对冲获取稳定的差额收益(超额收益)就是传说中的市场中性策略,即贝塔对冲策略。

21.2 贝塔对冲策略

本节介绍因子模型、对冲及 β 因子的相关内容,并针对如何进行市场风险对冲给出具体的实例。

1. 因子模型

因子模型是指通过其他若干项资产回报的线性组合来解释一项资产回报,其一般形式为:

$$Y = \alpha + \beta_1 X_1 + \beta_2 X_2 + \cdots + \beta_n X_n$$

这看起来很熟悉,因为它正是多元线性回归模型。

2. β 的含义

一项资产的 β 是该资产收益率与其他资产收益率通过上述模型回归拟合的值。比如,我们用回归模型 $Y_{gzmt}=\alpha+\beta X_{benchmark}$ 描述贵州茅台股票收益率相对于沪深 300 指数回归的 β 值。如果我们使用模型 $Y_{gzmt}=\alpha+\beta_1 X_{benchmark}+\beta_2 X_{wly}$,就会出现两个 β,一个是贵州茅台股票对沪深 300 指数的风险暴露,另一个是贵州茅台股票对五粮液股票的风险暴露。

通常而言,β 更多地指该资产相对于基准指数的风险暴露,即只相对于市场基准的一元线性回归所得到的回归系数。

3. 对冲的含义

如果我们确定投资组合的回报与市场的关系如下:

$$Y_{portfolio}=\alpha+\beta X_{hs300}$$

于是,我们可以建立沪深 300 指数空头头寸对冲市场风险。如果我们持有多头组合的市值是 V,那么对冲的市值为 $-\beta V$。因为多头组合的收益为 $\alpha+\beta X_{hs300}$,沪深 300 指数对冲空头的收益为 $-\beta X_{hs300}$,于是最终的收益为 $\alpha+\beta X_{hs300}-\beta X_{hs300}=\alpha$,因而我们的收益来源只有 α,与市场系统风险没有关系。

4. 市场风险暴露

一般而言,β 描述的是持有资产承担的系统风险敞口。如果一项资产相对基准沪深 300 指数具有较高的风险暴露水平,那么在市场上涨时,它的表现会很好;当市场下跌时,它的表现会很差。高 β 值对应高系统风险(高市场风险),意味着投资更具波动性。

在量化交易中,我们重视尽可能没有系统风险暴露的市场中性策略。这意味着策略中的所有回报都在模型的 α 部分,与市场无关。该策略与市场系统风险无关,无论是牛市还是熊市,它都具有稳定的业绩表现。市场中性策略对于拥有大量现金池的机构(银行、保险、公募基金等)最具吸引力。

5. 风险管理

减少因子风险暴露的过程称为风险管理。对冲是在实践中进行风险管理的最优方式之一。

下面通过具体实例了解如何进行市场风险对冲,我们使用贵州茅台股票和基准沪深 300 指数来构建投资组合,将沪深 300 指数的权重设为 $-\beta$(持有基准空头头寸)。

21.3 市场风险对冲策略案例

首先导入相应的模块:

```
import numpy as np
from statsmodels import regression
import statsmodels.api as sm
import matplotlib.pyplot as plt
import math
```

21 市场中性策略分析或贝塔对冲策略分析

获取一段时间的股票数据：

start_date='2014-01-01'

end_date='2015-01-01'

asset=D.history_data('600519.SHA',start_date,end_date,fields=['close']).set_index('date')['close']

benchmark=D.history_data('000300.SHA',start_date,end_date,fields=['close']).set_index('date')['close']

asset.name='600519.SHA'

benchmark.name='000300.SHA'

计算收益率：

r_a=asset.pct_change()[1:]

r_b=benchmark.pct_change()[1:]

绘制图形：

r_a.plot(figsize=[9,6])

r_b.plot()

plt.ylabel("Daily Return")

plt.legend();

得到如图 21-1 所示的图形。

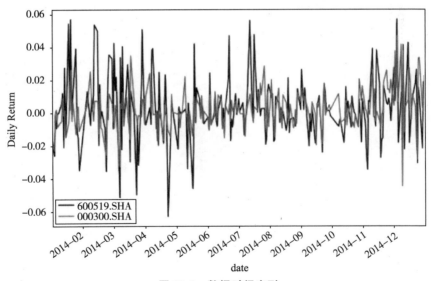

图 21-1　数据时间序列

现在通过回归求出 α 和 β。

X=r_b.values

Y=r_a.values

x=sm.add_constant(X)

```python
def linreg(x,y):
    x=sm.add_constant(x)
    model=regression.linear_model.OLS(y,x).fit()
    x=x[:,1]
    return model.params[0], model.params[1]
alpha, beta=linreg(X,Y)
print('alpha: ' + str(alpha))
print('beta: ' + str(beta))
```

得到如下结果：

alpha：0.00116253939056

beta：0.672934653004

绘制图形：

```python
X2=np.linspace(X.min(), X.max(), 100)
Y_hat=X2 * beta + alpha
plt.scatter(X, Y, alpha=0.3)
plt.xlabel("000300.SHA Daily Return")
plt.ylabel("600519.SHA Daily Return")
plt.plot(X2, Y_hat, 'r', alpha=0.9);
```

得到如图 21-2 所示的图形。

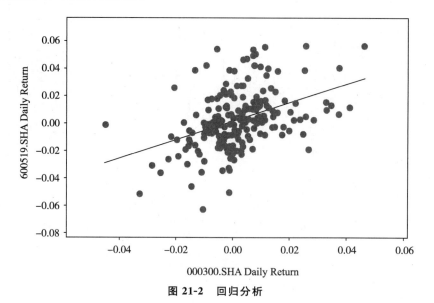

图 21-2　回归分析

构建一个市场中性组合：

```python
portfolio=-1 * beta * r_b + r_a
portfolio.name="600519.SHA + Hedge"
```

绘制各自的收益率曲线：

```
portfolio.plot(alpha=0.9,figsize=[9,6])
r_b.plot(alpha=0.5);
r_a.plot(alpha=0.5);
plt.ylabel("Daily Return")
plt.legend();
```

得到如图 21-3 所示的图形。

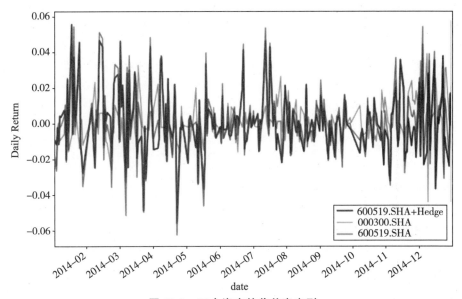

图 21-3 三个资产的收益率序列

从图 21-3 中可以看到，组合（贵州茅台股票＋沪深 300 指数）收益率和贵州茅台股票收益率的走势相当接近。我们计算两者的平均收益率和风险（收益率的标准差）来量化其表现的差异。

```
print("means：", portfolio.mean(), r_a.mean())
print("volatilities：", portfolio.std(), r_a.std())
means： 0.0011625392362475395 0.0023709046654403210
volatilities： 0.017851769924163820 0.019634943455457687
```

可以看出，我们以收益率为代价降低了波动性，在降低风险的同时，收益也相应减少了。接下来，我们可通过 Python 检查 α 是否与以前一样，而 β 已被消除。

```
P=portfolio.values
alpha, beta=linreg(X,P)
print('alpha：' + str(alpha))
print('beta：' + str(beta))
alpha：0.00116253937709
beta：-1.24623531113e-09
```

21.4 市场风险对冲的进一步分析

上面我们使用历史数据构建了市场中性策略。我们还可以在不同的时间框架内验证资产和对冲投资组合的 α 和 β 值,以检查其是否仍然有效。

首先,获取过去一年的 α 和 β 值。

```
start_date='2014-01-01'
end_date='2015-01-01'
asset=D.history_data('600519.SHA',start_date,end_date,fields=['close']).set_index('date')['close']
benchmark=D.history_data('000300.SHA',start_date,end_date,fields=['close']).set_index('date')['close']
r_a=asset.pct_change()[1:]
r_b=benchmark.pct_change()[1:]
X=r_b.values
Y=r_a.values
historical_alpha, historical_beta=linreg(X,Y)
print('Asset Historical Estimate:')
print('alpha: ' + str(historical_alpha))
print('beta: ' + str(historical_beta))
```

再获取下一年的数据:

```
start_date='2015-01-01'
end_date='2015-06-01'
asset=D.history_data('600519.SHA',start_date,end_date,fields=['close']).set_index('date')['close']
benchmark=D.history_data('000300.SHA',start_date,end_date,fields=['close']).set_index('date')['close']
asset.name='600519.SHA'
benchmark.name='000300.SHA'
```

重复前面的过程以计算 α 和 β 值:

```
r_a=asset.pct_change()[1:]
r_b=benchmark.pct_change()[1:]
X=r_b.values
Y=r_a.values
alpha, beta=linreg(X,Y)
print('Asset Out of Sample Estimate:')
print('alpha: ' + str(alpha))
print('beta: ' + str(beta))
```

构建对冲投资组合以计算 α 和 β 值：

portfolio=-1 * historical_beta * r_b + r_a
P=portfolio.values
alpha, beta=linreg(X,P)
print('Portfolio Out of Sample:')
print ('alpha: ' + str(alpha))
print ('beta: ' + str(beta))

绘制图形：

portfolio.name="600519.SHA + Hedge"
portfolio.plot(alpha=0.9,figsize=[9,6])
r_a.plot(alpha=0.5);
r_b.plot(alpha=0.5)
plt.ylabel("Daily Return")
plt.legend();

得到如下结果：

Asset Historical Estimate:
alpha: 0.00116253939056
beta: 0.672934653004
Asset Out of Sample Estimate:
alpha: 0.00020366206079
beta: 0.866552969103
Portfolio Out of Sample:
alpha: 0.000203662008879
beta: 0.193618313006

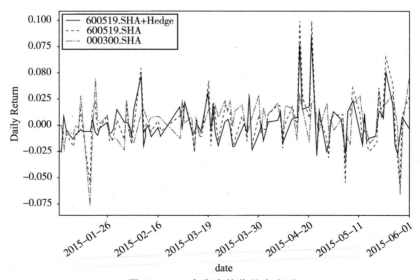

图 21-4　三个资产的收益率序列

从图 21-4 中可以看出,对冲后投资组合的收益率降低了,但波动性也降低了。基于历史数据估计出的 β 值在样本外的一年中是有效的,资产的 β 值 0.673 通过对冲降低到 0.193,这样的对冲效果是比较明显的,也反映出历史的 β 值是有效的。当然,为了得到更好的效果,可以采取滚动估计 β 值的方法。

练习题

对本章例题的数据,使用 Python 重新操作一遍。

22

量化选股策略分析

22.1 小市值量化选股策略

本章介绍基于市值的选股策略。了解阿尔法策略和 Fama-French 三因子模型的人都知道,市值因子是一个长期有效的超额收益来源,对股票收益率有一定的解释作用。小市值股票更容易带来超额收益,因为小市值股票往往表现活跃,容易引发炒作风潮。此外,还有首次公开发行(IPO)管制的原因(大量企业排队选择借壳),也有市场风险偏好提升的原因(市场恶性循环越来越偏爱小市值股票)。

小市值量化选股策略的相关内容如下:

(1) 策略逻辑:市值可以带来超额收益。
(2) 策略内容:每月月初买入市值最小的 30 只股票,持有至下月月初再调仓。
(3) 资金管理:等权重买入。
(4) 风险控制:单只股票仓位无上限控制、无止盈止损。

接下来探讨小市值量化选股的 Python 应用。

第一步:获取数据,并整理买入股票列表。

从 BigQuant 平台获取数据的代码如下:

```
def prepare(context):
    instruments=D.instruments()
    start_date=context.start_date
    end_date=context.end_date
    market_cap_data=D.history_data(instruments,context.start_date,context.end_date,
        fields=['market_cap','amount'])
    daily_buy_stock=market_cap_data.groupby('date').apply(lambda df:df[(df['amount']>
        0)].sort_values('market_cap')[:30])
    context.daily_buy_stock=daily_buy_stock
```

在上面的代码中,history_data 是人工智能量化平台获取数据的一个重要 API(应用程序编程接口)。fields 参数为列表形式,导入的列表即我们想要获取的数据。

第二步:回测主体。

```
    def initialize(context):
```

```
context.set_commission(PerOrder(buy_cost=0.0003, sell_cost=0.0013, min_cost=5))
context.schedule_function(rebalance, date_rule=date_rules.month_start(days_offset=0))
def handle_data(context,data):
    pass
def rebalance(context, data):
date=data.current_dt.strftime('%Y-%m-%d')
stock_to_buy=list(context.daily_buy_stock.loc[date].instrument)
stock_hold_now=[equity.symbol for equity in context.portfolio.positions]
no_need_to_sell=[i for i in stock_hold_now if i in stock_to_buy]
stock_to_sell=[i for i in stock_hold_now if i not in no_need_to_sell]
for stock in stock_to_sell:
    if data.can_trade(context.symbol(stock)):
        context.order_target_percent(context.symbol(stock), 0)
if len(stock_to_buy)==0:
    return
weight= 1/len(stock_to_buy)
for stock in stock_to_buy:
    if data.can_trade(context.symbol(stock)):
        context.order_target_percent(context.symbol(stock), weight)
```

第三步：回测接口。

```
m=M.trade.v3(
instruments=D.instruments(),
start_date='2013-01-01',
end_date='2017-11-08',
prepare=prepare,
initialize=initialize,
handle_data=handle_data,
order_price_field_buy='open',
order_price_field_sell='open',
capital_base=1000000,
benchmark='000300.INDX',
)
```

运行上述代码,得到如图 22-1 所示的结果。

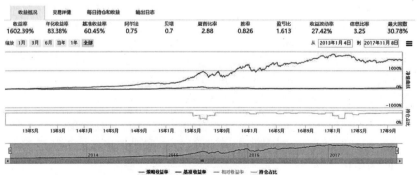

图 22-1　小市值量化选股策略表现

回测结果比较真实,小市值量化选股策略过去几年的表现确实如上所示。自2017年以来,中小盘业绩风格转换明显,创业板、中小企业板走势比较弱,该策略面临较大回撤。

22.2 基本面财务指标的量化选股策略

公司的基本面因素一直具有滞后性,令量化基本面出现巨大困难。而从上市公司的基本面因素来看,财务指标一般只在每个季度的公布期才会更新,而财务指标的滞后性对股票表现是否有影响呢?如何规避基本面滞后产生的风险?下面将重点介绍量化交易在公司基本面分析上的应用,即平时常说的基本面量化(Quantamental)。

1. 选择较真实反映上市公司经营优劣的财务指标

我们简单介绍可能应用在量化策略上的基本面指标,相信大部分投资者对上市公司基本面有一定的了解。上市公司的基本面情况是与公司业绩相关的,而衡量业绩的主要基本面指标有每股收益、净资产收益率、主营业务收入等。

而上市公司财务指标之间又常常存在相关性,比如每股收益与主营业务收入和产品毛利率相关,当我们把一堆财务指标放在一起统计时就可能会产生相关性问题,从而降低模型对市场走势的解释程度。因此,如何选出合适的独立性指标就成为我们设计财务指标量化模型的基础。

什么财务指标会较真实地反映上市公司的经营优劣呢?

(1) 具有延续性的财务指标。比如近三年净利润增速,这个指标是三年净利润增速的平均值,具备一定的长期特征。

(2) 与现金流相关的指标。由于涉及真实的资金往来,现金流能够比较真实地反映上市公司的经营状况。

2. 选择财务量化模型的指标

(1) 每股现金流量/每股业绩。每股现金流量比每股盈余更能显示从事资本性支出及支付股利的能力。每股现金流量通常高于每股盈余,这是因为公司正常经营活动所产生的净现金流量还包括一些从利润中扣除但不影响现金流出的费用调整项,如折旧费等。每股现金流量也有可能低于每股盈余。一家公司的每股现金流量越高,说明这家公司的每股普通股在一个会计年度内赚得的现金流量越多;反之,则表示每股普通股赚得的现金流量越少。

每股现金流量常常与上市公司的业绩、总股本相关,所以用每股现金流量/每股业绩衡量上市公司的现金流动情况,比单纯用每股盈余更为合理。

(2) 净资产收益率。净资产收益率又称股东权益收益率,是净利润与平均股东权益之比,是用公司税后利润除以净资产而得到的百分比。净资产收益率反映了股东权益的收益水平,用以衡量公司运用自有资本的效率,指标值越高,说明投资带来的收益越高。

净资产收益率通过净资产去计量每年上市公司收益的百分比,它比每股净利润、资产收益率等更合理地衡量归于股东的上市公司权益的增值速度。

(3) 销售毛利率。销售毛利率表示销售收入扣除销售成本后,有多少余额可以用于各项期间费用和形成盈利。销售毛利率是企业销售净利率的基础,没有足够大的毛利率水平便不能盈利。

在分析企业主营业务的盈利空间和变化趋势时,销售毛利率是一个重要指标。该指标的优点在于可以对企业某一主要产品或主要业务的盈利状况进行分析,这对于判断企业核心竞争力的变化趋势及企业成长性极有帮助。

3. 基本面量化的具体实现

(1) 确定三个财务因子为销售毛利率、净资产收益率、每股现金流量/每股业绩。

(2) 通过 features 数据接口获取全市场 3 000 多家上市公司的财务数据。

(3) 单独筛选每个财务因子排名前 500 名的上市公司。

(4) 最终确定三个财务因子均排名前 500 的上市公司形成股票篮子。

(5) 等权重买入该股票篮子。

(6) 一个月换仓一次,买入新确定的股票篮子。

4. 量化选股的 Python 代码

(1) 数据准备函数。调取命令如下:

```
def prepare(context):
    start_date=context.start_date
    end_date=context.end_date
    instruments=context.instruments
    fields=['fs_gross_profit_margin_0', 'fs_roe_0', 'fs_free_cash_flow_0', 'fs_net_profit_0']
    raw_data=D.features(instruments, start_date, end_date, fields)
    raw_data['cash_flow/profit']=raw_data['fs_free_cash_flow_0'] / raw_data['fs_net_profit_0']
    context.daily_buy_stock=pd.DataFrame(raw_data.groupby('date').apply(seek_stock))

def seek_stock(df):
    ahead_f1=set(df.sort_values('fs_roe_0',ascending=False)['instrument'][:500])
    ahead_f2=set(df.sort_values('fs_gross_profit_margin_0',ascending=False)['instrument'][:500])
    ahead_f3=set(df.sort_values('cash_flow/profit',ascending=False)['instrument'][:500])
    return list(ahead_f1 & ahead_f2 & ahead_f3)
```

(2) 策略逻辑主体函数。调取命令如下:

```
def initialize(context):
    context.set_commission(PerOrder(buy_cost=0.0003, sell_cost=0.0013, min_cost=5))
    context.schedule_function(rebalance, date_rule=date_rules.month_start(days_offset=0))

def handle_data(context,data):
    pass

def rebalance(context, data):
    date=data.current_dt.strftime('%Y-%m-%d')
    stock_to_buy=list(context.daily_buy_stock.loc[date][0])
    stock_hold_now=[equity.symbol for equity in context.portfolio.positions]
    no_need_to_sell=[i for i in stock_hold_now if i in stock_to_buy]
```

```
stock_to_sell=[i for i in stock_hold_now if i not in no_need_to_sell]
for stock in stock_to_sell:
    if data.can_trade(context.symbol(stock)):
        context.order_target_percent(context.symbol(stock),0)

if len(stock_to_buy)==0:
    return
weight= 1 / len(stock_to_buy)
for stock in stock_to_buy:
    if data.can_trade(context.symbol(stock)):
        context.order_target_percent(context.symbol(stock),weight)
```

(3)策略回测接口。操作如下：

```
m=M.trade.v2(
instruments=D.instruments(market='CN_STOCK_A'),
start_date='2013-01-01',
end_date='2017-05-01',
    prepare=prepare,
initialize=initialize,
handle_data=handle_data,
order_price_field_buy='open',
order_price_field_sell='open',
capital_base=1000000,
benchmark='000300.INDX',
m_deps='quantamental'
)
```

得到如图 22-2 所示的图形。

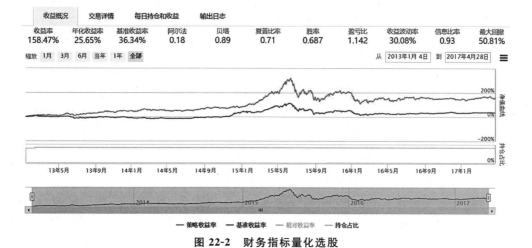

图 22-2　财务指标量化选股

练习题

对本章例题的数据，使用 Python 重新操作一遍。

23

量化择时策略分析

23.1 Talib 技术分析工具库在量化择时中的应用

1. 技术分析的含义

所谓股票的技术分析是相对于基本面分析而言的。基本面分析着重于对一般经济情况、各个公司的经营管理状况及行业动态等因素进行分析,以揭示股票的价值,衡量股价的高低。而技术分析则是透过图表或技术指标,研究市场过去及现在的行为反应,以推测未来价格的变动趋势。其依据的技术指标主要基于股价、成交量或涨跌指数等数据计算而得,技术分析只关心证券市场本身的变化,而不考虑会对证券产生某种影响的经济、政治等外部因素。

2. Talib 技术分析工具

Talib 是 Technical Analysis Library 的简称,主要功能是计算股价。先简单看看 Talib 都给我们提供了哪些计算技术指标的函数,按技术指标的类型示例如下:

(1) 函数名:CDL2CROWS。

名称:两只乌鸦(Two Crows)

简介:三日 K 线模式,第一日长阳,第二日高开收阴,第三日再次高开继续收阴,当日收盘价比前一日收盘价低,预示股价下跌。

例子:integer=CDL2CROWS(open, high, low, close)

(2) 函数名:CDL3STARSINSOUTH。

名称:南方三星(Three Stars In The South)

简介:三日 K 线模式,与大敌当前相反,三日 K 线皆阴,第一日有长下影线,第二日与第一日类似,K 线整体小于第一日,第三日无下影线实体信号,成交价格都在第一日振幅之内,预示下跌趋势反转,股价上升。

例子:integer=CDL3STARSINSOUTH(open, high, low, close)

(3) 函数名:MA。

名称:移动平均值(Moving Average)

简介:移动平均值是在一定范围内的价格平均值。

例子:ma=MA(close, timeperiod=30, matype=0)

(4) 函数名:ADX。

名称:平均趋向指数(Average Directional Movement Index)

简介:ADX 指数反映趋向变动的程度,而不是方向本身。

例子:adx=ADX(high, low, close, timeperiod=14)

(5) 函数名:ATR。

名称:平均真实波幅(Average True Range)

简介:这一技术指标并不能直接反映价格走向及其趋势的稳定性,只是表明价格波动的程度。

例子:atr=ATR(high, low, close, timeperiod=14)

(6) 函数名:OBV

名称:能量潮(On Balance Volume)

简介:统计成交量变动的趋势以推测股价趋势。

计算公式:以某日为基期,逐日累计上市股票日总成交量。若隔日指数或股价上涨,则基期 OBV 加上当日成交量为当日 OBV;若隔日指数或股价下跌,则基期 OBV 减去当日成交量为当日 OBV。

例子:obv=OBV(close, volume)

受篇幅所限,技术分析指标不能在此详细介绍,想要进一步了解的读者可以查阅 Talib 官方网站 http://mrjbq7.github.io/ta-lib/funcs.html。

3. Talib 的运用:以 MA 为例

已知 MA 函数的调用方式为:

ma=MA(close, timeperiod=30, matype=0)

close 表示收盘价序列;timeperiod 指定义好均线的计算长度(即几日均线),不输入的话,默认为 30 日;matype 可以默认不用输入,然后可以得到均线的值。

简单来讲,只需获取收盘价,就可以轻松计算股价的移动平均值。

下面以平安银行(000001.SZA)为例进行说明。调用函数操作如下:

```
df=D.history_data(['000001.SZA'],'2015-12-01','2016-02-20',
                  fields=['date','close']).set_index('date')
df['MA10_rolling']=df['close'].rolling(10).mean()
close=[float(x) for x in df['close']]
df['MA10_talib']=talib.MA(np.array(close), timeperiod=10)
df.tail(12)
```

计算结果如图 23-1 所示。

	instrument	close	MA10_rolling	MA10_talib
date				
2016-01-28	000001.SZA	833.282654	882.729260	882.729260
2016-01-29	000001.SZA	859.940857	878.773535	878.773535
2016-02-01	000001.SZA	842.742004	873.527893	873.527893
2016-02-02	000001.SZA	855.641113	866.992340	866.992340
2016-02-03	000001.SZA	847.041748	861.058752	861.058752
2016-02-04	000001.SZA	855.641113	857.876971	857.876971
2016-02-05	000001.SZA	853.061279	853.749255	853.749255
2016-02-15	000001.SZA	841.882080	848.761597	848.761597
2016-02-16	000001.SZA	860.800781	849.965515	849.965515
2016-02-17	000001.SZA	872.839966	852.287360	852.287360
2016-02-18	000001.SZA	867.680298	855.727124	855.727124
2016-02-19	000001.SZA	863.380615	856.071100	856.071100

图 23-1　计算移动平均值

这样一来我们就方便地计算出移动平均值,接下来计算较复杂的 EMA(指数移动平均值)和 MACD(异同移动平均线)的参数值。操作如下:

```
df['EMA12']=talib.EMA(np.array(close),timeperiod=6)
df['EMA26']=talib.EMA(np.array(close),timeperiod=12)
df['MACD'],df['MACDsignal'],df['MACDhist']=talib.MACD(np.array(close),
                       fastperiod=6,slowperiod=12,signalperiod=9)
df.tail(12)
```

计算结果如图 23-2 所示。

	instrument	close	MA10_rolling	MA10_talib	EMA12	EMA26	MACD	MACDsignal	MACDhist
date									
2016-01-28	000001.SZA	833.282654	882.729260	882.729260	863.302504	888.666007	-25.363569	-22.264525	-3.099044
2016-01-29	000001.SZA	859.940857	878.773535	878.773535	862.342033	884.246753	-21.904767	-22.192573	0.287806
2016-02-01	000001.SZA	842.742004	873.527893	873.527893	856.742025	877.861407	-21.119416	-21.977942	0.858526
2016-02-02	000001.SZA	855.641113	866.992340	866.992340	856.427479	874.442900	-18.015446	-21.185443	3.169997
2016-02-03	000001.SZA	847.041748	861.058752	861.058752	853.745841	870.227338	-16.481514	-20.244657	3.763143
2016-02-04	000001.SZA	855.641113	857.876971	857.876971	854.287348	867.983304	-13.695968	-18.934919	5.238951
2016-02-05	000001.SZA	853.061279	853.749255	853.749255	853.937042	865.687608	-11.750574	-17.498050	5.747476
2016-02-15	000001.SZA	841.882080	848.761597	848.761597	850.492767	862.025219	-11.532458	-16.304932	4.772474
2016-02-16	000001.SZA	860.800781	849.965515	849.965515	853.437914	861.836844	-8.398934	-14.723732	6.324798
2016-02-17	000001.SZA	872.839966	852.287360	852.287360	858.981358	863.529632	-4.548277	-12.688641	8.140364
2016-02-18	000001.SZA	867.680298	855.727124	855.727124	861.466769	864.168196	-2.701429	-10.691199	7.989770
2016-02-19	000001.SZA	863.380615	856.071100	856.071100	862.013582	864.047030	-2.033449	-8.959649	6.926200

图 23-2　较复杂的 EMA 和 MACD 参数值

补充说明一下,close 是收盘价,timeperiod 指指数移动平均线的长度,fastperiod 指更短时段的指数移动平均线的长度,slowperiod 指更长时段的指数移动平均线的长度,signalperiod 指信号周期长度。

4. MACD 策略

该策略内容为:当 macd 下穿 signal 时,卖出股票;当 macd 上穿 signal 时,买入股票。

(1) 策略参数。调取命令如下：

```
import talib
instruments=['000651.SZA'] # 以格力电器为例
start_date='2010-09-16' # 起始时间
end_date='2017-11-08' # 结束时间
```

(2) 策略主体。调取命令如下：

```
def initialize(context):
    context.set_commission(PerDollar(0.0015))
    context.short=12
    context.long=26
    context.smoothperiod=9
    context.observation=100

def handle_data(context, data):
    if context.trading_day_index < 100:
        return
    sid=context.symbol(instruments[0])
    prices=data.history(sid, 'price', context.observation, '1d')
    macd, signal, hist=talib.MACD(np.array(prices), context.short,
                                  context.long, context.smoothperiod)
    cur_position=context.portfolio.positions[sid].amount
    if macd[-1] - signal[-1] < 0 and macd[-2] - signal[-2] > 0:
        if cur_position > 0 and data.can_trade(sid):
            context.order_target_value(sid, 0)
    if macd[-1] - signal[-1] > 0 and macd[-2] - signal[-2] < 0:
        if cur_position==0 and data.can_trade(sid):
            context.order_target_percent(sid, 1)
```

(3) 回测接口。调取命令如下：

```
m=M.trade.v3(
    instruments=instruments,
    start_date=start_date,
    end_date=end_date,
    initialize=initialize,
    handle_data=handle_data,
    order_price_field_buy='open',
    order_price_field_sell='open',
    capital_base=float("1.0e6"),
    benchmark='000300.INDX',
)
```

得到如图 23-3 所示的结果。

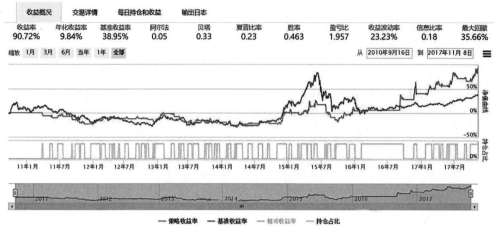

图 23-3　MACD 策略

23.2　海龟量化择时策略

海龟量化择时策略可简单理解为：当今天的开盘价大于过去 20 个交易日中的最高价时，以开盘价买入；买入后，当开盘价小于过去 10 个交易日中的最低价时，以开盘价卖出。

（1）策略参数。调取命令如下：

```
instruments=['600519.SHA']
start_date='2014-07-17'
end_date='2017-11-08'
```

（2）策略主体函数。调取命令如下：

```
def initialize(context):
    context.set_commission(PerDollar(0.0015))

def handle_data(context, data):
    if context.trading_day_index < 20:
        return
    sid=context.symbol(instruments[0])
    price=data.current(sid, 'price')

    high_point=data.history(sid, 'price', 20, '1d').max()
    low_point=data.history(sid, 'price', 10, '1d').min()

    cur_position=context.portfolio.positions[sid].amount

    if price >= high_point  and cur_position==0 and data.can_trade(sid):
        context.order_target_percent(sid, 1)
```

```
elif price <= low_point and cur_position > 0 and data.can_trade(sid):
    context.order_target_percent(sid, 0)
```

（3）回测接口。调取如下：

```
m=M.trade.v3(
    instruments=instruments,
    start_date=start_date,
    end_date=end_date,
    initialize=initialize,
    handle_data=handle_data,
    order_price_field_buy='open',
    order_price_field_sell='open',
    capital_base=float("1.0e6"),
    benchmark='000300.INDX',
)
```

得到如图 23-4 所示的结果。

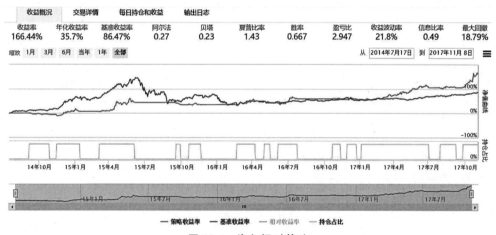

图 23-4　海龟择时策略

23.3　金叉死叉双均线量化择时策略

1. 均线策略

对于每一个交易日，都可以计算出前 N 个交易日的股价移动平均值，然后把这些移动平均值连成一条线，叫作 N 日移动平均线。

比如，前 5 个交易日的收盘价分别为 10 元、9 元、9 元、10 元和 11 元，那么 5 日的移动平均股价为 9.8 元。同理，如果下一个交易日的收盘价为 12 元，那么在下一次计算移动平均值的时候，需要计算 10 元、9 元、9 元、10 元、11 元和 12 元的平均值，也就是 10.2 元。平均值连起来就是均线。

如图 23-5 所示，虚线是收盘价，实线是 5 日移动平均线。

图 23-5　移动平均线

2. 双均线策略

顾名思义,双均线是指两条天数不同的移动平均线。比如,一条是 5 日移动平均线,另一条是 10 日移动平均线。如图 23-6 所示,深色线是 5 日均线,浅色线是 10 日均线。

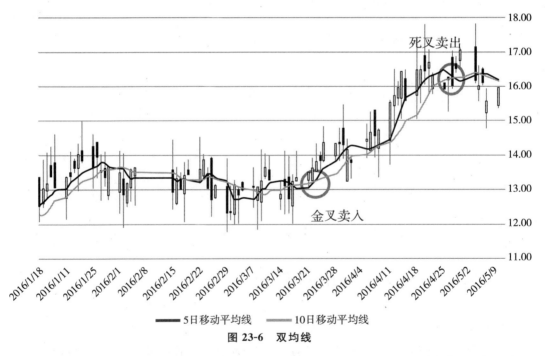

图 23-6　双均线

一般的双均线策略为:建立 m 日移动平均线、n 日移动平均线,则两条均线必有交点。若 $m>n$,n 日均线"上穿越"m 日均线则为买入点,反之为卖出点。双均线策略基于不同天数均线的交叉点,抓住股票的强势和弱势时刻进行交易。

3. 金叉和死叉

由时间短的均线(如图 23-6 的深色线)在下方向上穿越时间长的均线(如 23-6 图的浅色线),为"金叉",反之为"死叉"。

4. 金叉死叉双均线择时策略

本小节向读者介绍如何在 BigQuant 平台开发金叉死叉双均线择时策略，旨在帮助读者对 BigQuant 平台回测形成初步印象。

金叉死叉策略即双均线策略，其策略思路为：当短期均线上穿长期均线时，形成金叉，此时买入股票；当短期均线下穿长期均线时，形成死叉，此时卖出股票。研究表明，双均线策略虽然简单，但只要严格执行，也能实现长期盈利。

我们首先选择要交易的股票，用 instruments 表示，然后确定回测的开始时间和结束时间。记住：如果是单只股票，instruments 就是含有一个元素的列表；如果是多只股票，instruments 就是含有多个元素的列表。

（1）主要参数。调取命令如下：

```
instruments=['600519.SHA']
start_date='2012-05-28'
end_date='2017-07-18'
```

（2）策略回测主体。

编写策略初始化部分：

```
def initialize(context):
    context.set_commission(PerOrder(buy_cost=0.0003, sell_cost=0.0013, min_cost=5))
    context.short_period=5
    context.long_period=50
```

编写策略主体部分：

```
def handle_data(context, data):
    if context.trading_day_index < context.long_period:
        return
    k=instruments[0]
    sid=context.symbol(k)
    price=data.current(sid, 'price')
    short_mavg=data.history(sid, 'price',context.short_period, '1d').mean()
    long_mavg=data.history(sid, 'price',context.long_period, '1d').mean()
    cash=context.portfolio.cash
    cur_position=context.portfolio.positions[sid].amount
    if short_mavg > long_mavg and cur_position==0 and data.can_trade(sid):
        context.order(sid, int(cash/price/100)*100)
    elif short_mavg < long_mavg and cur_position > 0 and data.can_trade(sid):
        context.order_target_percent(sid, 0)
```

（3）回测接口。调取命令如下：

```
m=M.trade.v2(
    instruments=instruments,
```

```
start_date=start_date,
end_date=end_date,
initialize=initialize,
handle_data=handle_data,
order_price_field_buy='open',
order_price_field_sell='open',
capital_base=100000,
)
```

执行上述代码,得到如图 23-7 所示的结果。

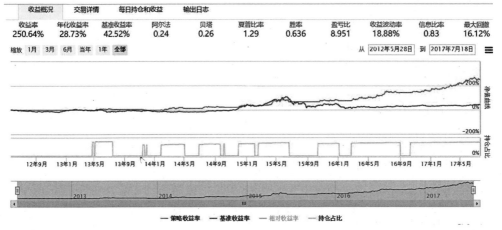

图 23-7　金叉死叉双均线择时策略

练习题

对本章例题的数据,使用 Python 重新操作一遍。

24

量化选股与量化择时组合策略分析

本章讨论交易中两个非常重要的命题——选股＋择时,并将两者结合起来开发策略。选股就是要选一只好股票,而择时就是选一个好的买卖时机。如果投资者选了一只很差的股票,那么无论怎样择时都是无法获得超额收益的。但如果只选股而不择时,那么又可能面临系统性风险爆发的困境。如何将选股和择时有机地结合起来?

本章介绍两个策略:第一个为纯选股策略,没有择时,即任何时候都有股票仓位。第二个为选股＋择时策略,当大盘处于死叉(短期均线下穿长期均线)时保持空仓。对比发现,选股＋择时策略的业绩曲线更为平滑。

24.1 量化纯选股策略

(1) 获取股票市净率数据。命令如下:

```
instruments=D.instruments()
start_date='2013-01-01'
end_date='2017-08-10'
market_cap_data=D.history_data(instruments,start_date,end_date,
fields=['pb_lf','amount'])
daily_buy_stock=market_cap_data.groupby('date').apply(lambda df:df[(df['amount'] > 0)&
((df['pb_lf'] > 0))].sort_values('pb_lf')[:30])
```

(2) 采用纯选股策略,命令如下:

```
def initialize(context):
context.set_commission(PerOrder(buy_cost=0.0003, sell_cost=0.0013, min_cost=5))
context.schedule_function(rebalance, date_rule=date_rules.month_start(days_offset=0))
context.daily_buy_stock=daily_buy_stock

def handle_data(context,data):
pass
def rebalance(context, data):
date=data.current_dt.strftime('%Y-%m-%d')
stock_to_buy=list(context.daily_buy_stock.loc[date].instrument
```

```python
stock_hold_now=[equity.symbol for equity in context.portfolio.positions]
no_need_to_sell=[i for i in stock_hold_now if i in stock_to_buy]
stock_to_sell=[i for i in stock_hold_now if i not in no_need_to_sell]

for stock in stock_to_sell:
    if data.can_trade(context.symbol(stock)):
        context.order_target_percent(context.symbol(stock), 0)

if len(stock_to_buy)==0:
    return
weight= 1 / len(stock_to_buy)

for stock in stock_to_buy:
    if data.can_trade(context.symbol(stock)):
        context.order_target_percent(context.symbol(stock), weight)
```

（3）回测接口调取命令如下：

```python
m=M.trade.v2(
    instruments=instruments,
    start_date=start_date,
    end_date=end_date,
    initialize=initialize,
    handle_data=handle_data,
    order_price_field_buy='open',
    order_price_field_sell='open',
    capital_base=1000000,
    benchmark='000300.INDX',
)
```

得到如图 24-1 所示的图形。

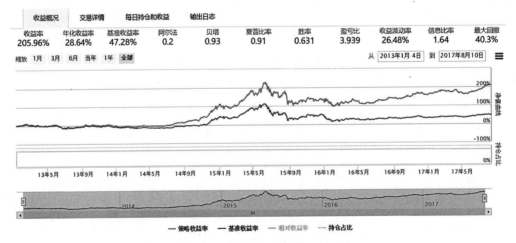

图 24-1　纯选股策略回测结果

24.2　量化选股与量化择时组合策略

(1) 获取数据,并整理买入股票列表,命令如下:

```
bm_price=D.history_data(['000300.SHA'], start_date='2013-01-01', end_date='2017-08-10', fields=['close'])
bm_price['sma']=bm_price['close'].rolling(5).mean()
bm_price['lma']=bm_price['close'].rolling(32).mean()
bm_price['gold_cross_status']=bm_price['sma'] > bm_price['lma']
bm_price['pos_percent']=np.where(bm_price['gold_cross_status'],1,0)
pos_df=bm_price[['date', 'pos_percent']].set_index('date')
```

(2) 回测程序操作如下:

```
def initialize(context):
context.set_commission(PerOrder(buy_cost=0.0003, sell_cost=0.0013, min_cost=5))
context.schedule_function(rebalance, date_rule=date_rules.month_start(days_offset=0))
context.daily_buy_stock=daily_buy_stock
context.pos=pos_df
def handle_data(context,data):
date=data.current_dt.strftime('%Y-%m-%d')
stock_hold_now=[equity.symbol for equity in context.portfolio.positions]
if context.pos.ix[date].pos_percent==0:
for stock in stock_hold_now:
if data.can_trade(context.symbol(stock)):
context.order_target_percent(context.symbol(stock), 0)
def rebalance(context, data):
date=data.current_dt.strftime('%Y-%m-%d')
stock_to_buy=list(context.daily_buy_stock.loc[date].instrument)
stock_hold_now=[equity.symbol for equity in context.portfolio.positions]
no_need_to_sell=[i for i in stock_hold_now if i in stock_to_buy]
stock_to_sell=[i for i in stock_hold_now if i not in no_need_to_sell]
for stock in stock_to_sell:
if data.can_trade(context.symbol(stock)):
context.order_target_percent(context.symbol(stock), 0)
if len(stock_to_buy)==0:
return
weight= 1 / len(stock_to_buy)
for stock in stock_to_buy:
if data.can_trade(context.symbol(stock)):
context.order_target_percent(context.symbol(stock), weight)
```

（3）回测接口调取命令如下：

```
m1=M.trade.v2(
instruments=instruments,
start_date=start_date,
end_date=end_date,
initialize=initialize,
handle_data=handle_data,
order_price_field_buy='open',
order_price_field_sell='open',
capital_base=1000000,
benchmark='000300.INDX',
)
```

得到如图 24-2 所示的图形。

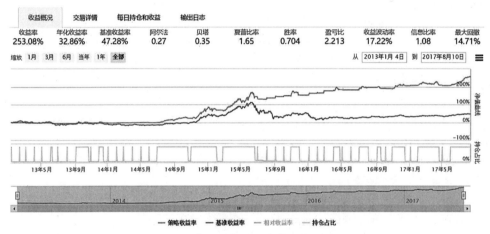

图 24-2 选股+择时组合策略回测结果

通过前面操作对比，我们发现：加入择时的策略比没有择时只有选股的策略得到较好的改善，改进效果比较明显。

具体来看：①年化收益率从原来的 28.64% 上升至 32.86%；②夏普比率由 0.91 提高至 1.65；③收益波动率由 26.48% 下降至 17.22%；④最大回撤由 40.30% 下降至 14.71%。

练习题

对本章例题的数据，使用 Python 重新操作一遍。

25

统计套利的协整配对交易策略分析

25.1 协整的基本知识

1. 协整的直观理解

"协整是什么"这个问题回答起来不是那么直观,我们先看图 25-1,了解一下具有协整性的两只股票价格走势有什么规律。

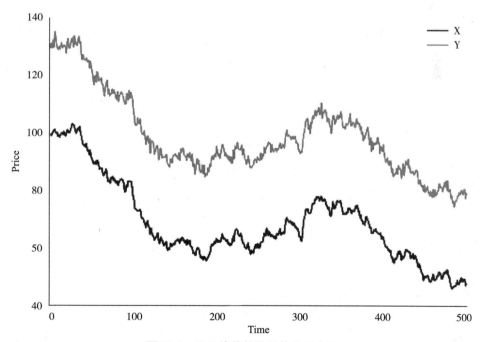

图 25-1 两只协整性股票的价格走势

从图 25-1 中可以看出,两只股票具有同涨同跌的规律,长期来看两只股票的价差比较平稳,这种性质就是协整性。如果两只股票具有强协整性,那么无论中途的走向如何,它们前进的方向总是相同的。

2. 平稳性

提到协整,就不得不提平稳性。简单地说,平稳性(Stationarity)是指一个序列随时间推移保持稳定不变的性质,是进行数据分析预测中非常重要的一个性质。如果一组时间序列数据是平稳的,那就意味着它的均值和方差保持不变,这样我们就可以方便地在序列上使用一些统计技术。我们先看图 25-2,直观了解一下平稳序列和非平稳序列。

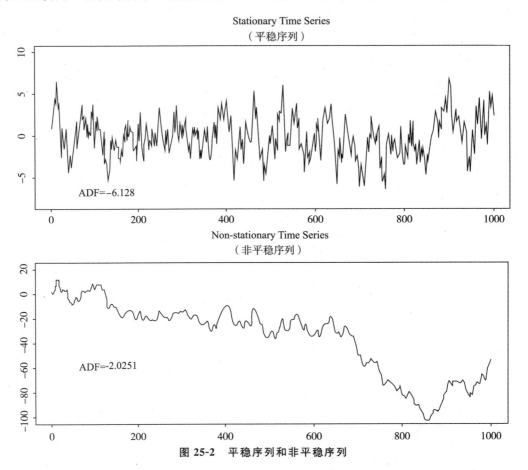

图 25-2 平稳序列和非平稳序列

在图 25-2 中,靠上的序列是一个平稳序列,它始终围绕着一个长期均值波动;靠下的序列是一个非平稳序列,它的长期均值是变动的。

3. 问题的提出

由于许多经济问题是非平稳的,这就给经典的回归分析方法带来了很大限制。在金融市场上也是如此。很多时间序列数据是非平稳的,通常采用差分方法消除序列中含有的非平稳趋势,在序列平稳化后再建立模型,比如使用 ARIMA 模型。

1987 年,罗伯特·恩格尔(Robert Engle)和克莱夫·格兰杰(Clive Granger)提出的协整理论及方法,为非平稳序列的建模提供了另一种途径。虽然一些经济变量本身是非平稳序列,但是它们的线性组合却有可能是平稳序列。这种平稳的线性组合被称为协整方程,可用于解释变量之间的长期稳定的均衡关系。协整(Cointegration)可被看作这种均衡关系性质的统计表示。如果两个变量是协整的,短期内因季节影响或随机干扰有可能偏离均值,但因为具有长期稳定的均衡关系,它们终将回归均值。

4. 协整在量化投资中的应用

基于协整的配对交易是一种基于数据分析的交易策略,其盈利模式是通过两只股票的差价获取超额收益。两只股票的股价走势虽中途会有所偏离,但最终会趋于一致,具有这种关系的两只股票在统计上被称作具有协整性,即它们的差价会围绕某一个均值来回波动,这是配对交易策略实现盈利的基础。当两只股票的差价过大,根据平稳性我们预期差价会收敛,因此买入低价股票、卖空高价股票,等待价格回归时进行反向操作以从中获利。

需要特别注意的是,协整性和相关性虽然比较相似,但实际上是不同的两个概念。两个变量之间可以相关性强但协整性很弱,比如两条直线 $y=x$ 和 $y=2x$,它们之间的相关性是 1,协整性却比较差。再比如方波信号和白噪声信号,它们的相关性很弱,但具有强协整性,如图 25-3 所示。

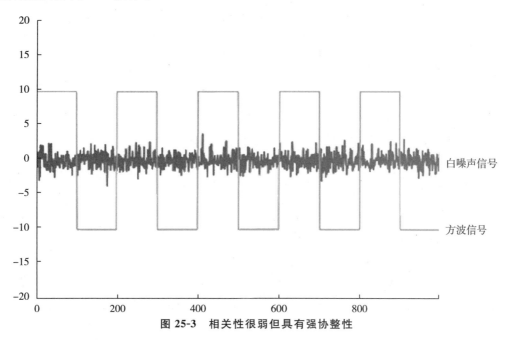

图 25-3 相关性很弱但具有强协整性

25.2 平稳性检验及实例

1. 平稳性和检验方法

严格地说,平稳性可以分为严平稳(Strictly Stationary)和弱平稳(Weakly Stationary)两种。严平稳是指序列始终不变的分布函数,而弱平稳则是指序列具有不变的常量的描述性统计量。严平稳和弱平稳的性质互不包含;但如果一个严平稳序列的方差有限,那么它是弱平稳的。我们一般所说的平稳是指弱平稳。在时间序列分析中,我们通常采用单位根检验(Unit Root Test)来判断一个过程是否为弱平稳。

一个常见的单位根检验方法是迪基-福勒(Dickey-Fuller)检验,大致思路如下:假设

被检测的时间序列 Y_t 满足自回归模型 $Y_t = \alpha Y_{t-1} + \varepsilon_t$，其中 α 为回归系数，ε_t 为噪声的随机变量。若经过检验，发现 $\alpha < 1$，则可以肯定序列是平稳的。

2. 实例

我们人为构造两组数据，由此直观地显示协整关系。Python 语言如下：

```
import numpy as np
import pandas as pd
import seaborn
import statsmodels
import matplotlib.pyplot as plt
from statsmodels.tsa.stattools import coint
```

我们构造两组数据：每组数据长度为 100。第一组数据为 100 加一个向下趋势项，再加一个标准正态分布；第二组数据在第一组数据的基础上加 30，再加一个额外的标准正态分布。有

$$X_t = 100 + \gamma_t + \varepsilon_t$$
$$Y_t = X_t + 30 + \mu_t$$

其中，γ_t 为趋势项，ε_t 和 μ_t 为无相关性的正态随机变量。

输入代码如下：

```
np.random.seed(100)
x=np.random.normal(0, 1, 500)
y=np.random.normal(0, 1, 500)
X=pd.Series(np.cumsum(x)) + 100
Y=X + y + 30
for i in range(500):
    X[i]=X[i] - i/10
    Y[i]=Y[i] - i/10
T.plot(pd.DataFrame({'X':X, 'Y':Y}), chart_type='line', title='Price')
```

得到如图 25-4 所示的图形。

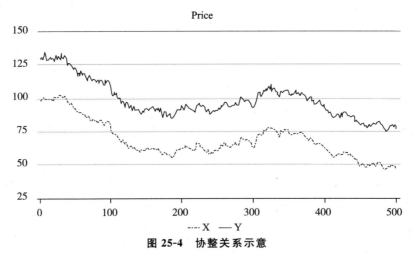

图 25-4　协整关系示意

显然，这两组数据都是非平稳的，因为均值随时间而变化。但这两组数据具有协整

关系,因为它们的差序列 $(Y_t - X_t)$ 是平稳的,输入以下代码:

T.plot(pd.DataFrame({'Y-X':Y-X,'Mean':np.mean(Y-X)}),chart_type='line',title='Price')

结果如图 25-5 所示。

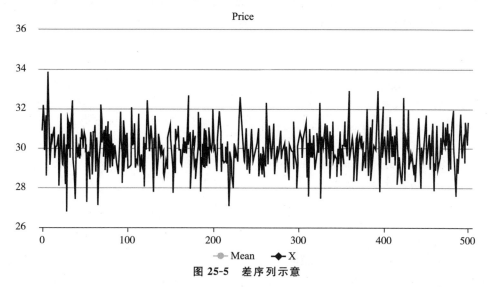

图 25-5　差序列示意

从图 25-5 中可以看出,$(Y_t - X_t)$ 一直围绕均值波动,且均值不随时间推移而变化(其实方差也不随时间推移而变化)。

25.3　基于 BigQuant 平台统计套利的协整配对交易策略

1. 配对交易策略

配对交易策略的基本原理就是找出两只走势相关的股票。这两只股票的价格差距从长期来看在一个固定的水平内波动,如果价差暂时性地超过或低于这个水平,就买多价格偏低的股票、卖空价格偏高的股票。等到价差恢复正常水平时,进行平仓操作,赚取这一过程中价差变化所产生的收益。

运用这个策略的关键就是"必须找到一对价格走势高度相关的股票",而高度相关在这里意味着从长期来看有一个稳定的价差,这就要用到协整关系检验。

2. 协整关系

从前面的介绍中我们知道,如果用 X_t 和 Y_t 代表两只股票价格的时间序列,并且发现它们存在协整关系,那么便存在实数 a 和 b 构成线性组合 $Z_t = aX_t - bY_t$,且该组合是一个(弱)平稳序列。如果 Z_t 的值较往常相比偏高,那么根据弱平稳性质,Z_t 将回归均值,这时应该买入 b 份 Y 并卖出 a 份 X,并在 Z_t 回归均值时赚取差价;反之,如果 Z_t 走势偏低,那么应该买入 a 份 X 并卖出 b 份 Y,等待 Z_t 上涨。所以,要想运用配对交易策略,必须找到一对存在协整关系的股票。

3. 协整关系检验

我们想运用协整的特性进行配对交易,要如何发现协整关系呢?

在 Python 的 Statsmodels 包中内置了直接用于协整关系检验的函数 coint，包含在 statsmodels.tsa.stattools 中。首先，我们构造一个读取股票价格、判断协整关系的函数。该函数返回的两个值分别为协整性检验的 P 值矩阵以及所有导入参数中协整性较强的股票对。我们不必在意 P 值具体是什么，可以这么理解：P 值越低，协整关系越强；当 P 值低于 0.05 时，协整关系非常强。具体操作如下：

```
import numpy as np
import pandas as pd
import statsmodels.api as sm
import seaborn as sns
def find_cointegrated_pairs(dataframe):
    n=dataframe.shape[1]
    pvalue_matrix=np.ones((n, n))
    keys=dataframe.keys()
    pairs=[]
    for i in range(n):
        for j in range(i+1, n):
            stock1=dataframe[keys[i]]
            stock2=dataframe[keys[j]]
            result=sm.tsa.stattools.coint(stock1, stock2)
            pvalue=result[1]
            pvalue_matrix[i, j]=pvalue
            if pvalue < 0.05:
                pairs.append((keys[i], keys[j], pvalue))
    return pvalue_matrix, pairs
```

其次，我们挑选 12 只银行股，认为它们是业务较为相似并在基本面方面具有较强关系的股票，使用上面构建的函数对它们进行协整关系检验。在得到结果后，用热力图画出各股票对之间的 P 值，可以较为直观地看出它们之间的关系。

我们的测试区间为 2015 年 1 月 5 日至 2017 年 7 月 18 日。热力图画出的是 (1-P) 值，因此颜色越深的地方表示 P 值越低。操作如下：

```
instruments=["002142.SZA", "600000.SHA", "600015.SHA", "600016.SHA", "600036.SHA",
             "601009.SHA",
             "601166.SHA", "601169.SHA", "601328.SHA", "601398.SHA", "601988.SHA",
             "601998.SHA"]
start_date='2015-01-01'
end_date='2017-07-18'
prices_temp=D.history_data(instruments,start_date,end_date,
             fields=['close'])
prices_df=pd.pivot_table(prices_temp, values='close', index=['date'], columns=['instrument'])
pvalues, pairs=find_cointegrated_pairs(prices_df)
sns.heatmap(1-pvalues, xticklabels=instruments, yticklabels=instruments, cmap='RdYlGn_r',
```

```
mask=(pvalues==1)))
    print(pairs)
[('601328.SHA', '601988.SHA', 0.0050265192277696939), ('601328.SHA', '601998.SHA', 0.0069352163995946518)]
    df=pd.DataFrame(pairs, index=range(0,len(pairs)), columns=list(['Name1','Name2','pvalue']))
    df.sort_values(by='pvalue')
```

最后得到如图 25-6 所示的图形。

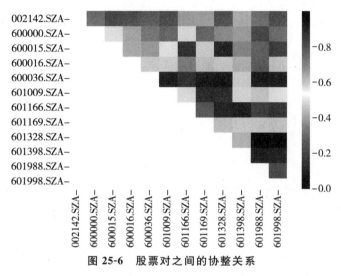

图 25-6　股票对之间的协整关系

从图 25-6 中可以看出，上述 12 只股票中有 3 对具有较为显著的协整性关系（颜色越深表示协整关系越显著）。我们选择使用 P 值最低（0.004）的交通银行（601328.SHA）和中信银行（601998.SHA）这对股票进行研究。调取交通银行和中信银行的历史股价，画出两只股票的价格走势如图 25-7 所示。

```
T.plot(prices_df[['601328.SHA','601998.SHA']], chart_type='line', title='Price')
```

图 25-7　两只股票的价格走势

接下来,我们用这两只股票的价格进行一次 OLS 回归,据此算出它们是以什么线性组合的系数构成平稳序列的。操作如下:

```
# ols
x=prices_df['601328.SHA']
y=prices_df['601998.SHA']
X=sm.add_constant(x)
result=(sm.OLS(y,X)).fit()
print(result.summary())
```

OLS Regression Results

Dep. Variable:	601998.SHA	R-squared:	0.682
Model:	OLS	Adj. R-squared:	0.682
Method:	Least Squares	F-statistic:	1323.
Date:	Sat, 14 Apr 2018	Prob (F-statistic):	1.20e−155
Time:	10:16:07	Log-Likelihood:	−566.43
No. Observations:	619	AIC:	1137.
Df Residuals:	617	BIC:	1146.
Df Model:	1		
Covariance Type:	nonrobust		

	coef	std err	t	P>|t|	[0.025	0.975]
const	0.3818	0.226	1.687	0.092	−0.063	0.826
601328.SHA	0.8602	0.024	36.378	0.000	0.814	0.907

Omnibus:	0.497	Durbin-Watson:	0.070
Prob(Omnibus):	0.780	Jarque-Bera (JB):	0.340
Skew:	0.003	Prob(JB):	0.844
Kurtosis:	3.115	Cond. No.	90.0

由上可看出系数是 0.8602,画出数据点和拟合线。操作如下:

```
import matplotlib.pyplot as plt
fig, ax=plt.subplots(figsize=(8,6))
ax.plot(x, y, 'o', label="data")
ax.plot(x, result.fittedvalues, 'r', label="OLS")
ax.legend(loc='best')
```

得到如图 25-8 所示的图形。

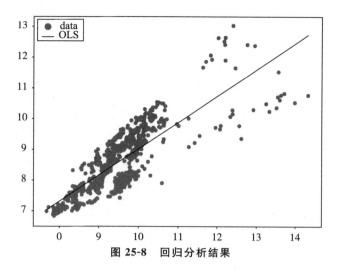

图 25-8　回归分析结果

设中信银行的股价为 Y，交通银行的股价为 X，回归拟合的结果是 $Y=0.3818+0.8602X$，也就是说 $(Y-0.8602X)$ 是平稳序列。

依照这个比例，我们画出中信银行和交通银行价差的平稳序列。操作如下：

```
# T.plot(pd.DataFrame({'Stationary Series':0.8602 * x－y, 'Mean':[np.mean(0.8602 * x－y)]}), chart_type='line')
df = pd.DataFrame({'Stationary Series':y－0.8602 * x, 'Mean':np.mean(y－0.8602 * x)})
T.plot(df, chart_type='line', title='Stationary Series')
```

可以看出，虽然价差上下波动，但会回归中间的均值，如图 25-9 所示。

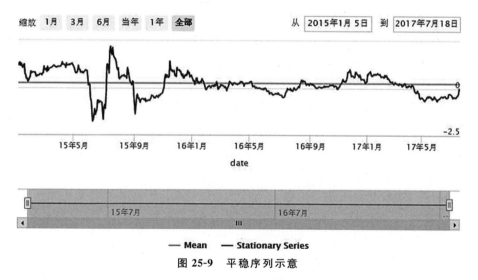

图 25-9　平稳序列示意

4. 买卖时机的判断

这里介绍 z-score，它是对时间序列偏离均值程度的衡量，表示时间序列偏离均值倍数的标准差。首先，我们定义一个函数来计算 z-score：一个序列在时间 t 的 z-score，是指该序列在时间 t 的值减去序列均值，再除以序列的标准差后得到的值。Python 语言表达如下：

```
def zscore(series):
    return (series - series.mean()) / np.std(series)
zscore_calcu=zscore(y-0.8602*x)
T.plot(pd.DataFrame({'zscore':zscore_calcu, 'Mean':np.mean(y-0.8602*x), 'upper':1, 'lower':-1}), chart_type='line', title='zscore')
```

结果如图 25-10 所示。

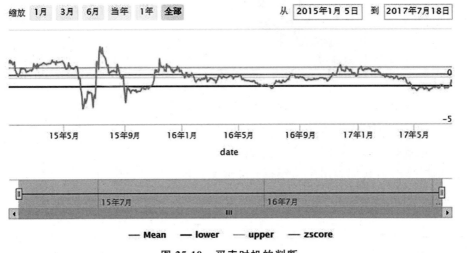

图 25-10　买卖时机的判断

5. 策略交易系统设计

（1）交易标的：中信银行（601998.SHA）和交通银行（601328.SHA）。

（2）交易信号：当 z-score＞1 时，全仓买入交通银行，全仓卖出中信银行，即做空价差；当 z-score＜-1 时，全仓卖出中信银行，全仓买入交通银行，即做多价差。

（3）风险控制：暂时没有进行风险控制。

（4）资金管理：暂时没有择时，任何时间都保持满仓。

具体操作如下：

```
instrument={'y':'601998.SHA','x':'601328.SHA'}
start_date='2015-01-01'
end_date='2017-07-18'
def initialize(context):
    context.set_commission(PerDollar(0.0015))
    context.zscore=zscore_calcu
    context.ins  = instrument
def handle_data(context, data):
    date=data.current_dt.strftime('%Y-%m-%d')
    zscore=context.zscore.ix[date]
    stock_1=context.ins['y']
    stock_2=context.ins['x']
```

```
        symbol_1=context.symbol(stock_1)
        symbol_2=context.symbol(stock_2)

        cur_position_1=context.portfolio.positions[symbol_1].amount
        cur_position_2=context.portfolio.positions[symbol_2].amount

        if zscore > 1 and cur_position_2==0 and data.can_trade(symbol_1) and data.can_trade
            (symbol_2):
            context.order_target_percent(symbol_1, 0)
            context.order_target_percent(symbol_2, 1)
            print(date, '全仓买入:交通银行')

        elif zscore < -1 and cur_position_1==0 and data.can_trade(symbol_1) anddata.can_
            trade(symbol_2):
            context.order_target_percent(symbol_1, 1)
            print(date, '全仓买入:中信银行')
            context.order_target_percent(symbol_2, 0)
m=M.trade.v2(
    instruments=list(instrument.values()),
    start_date=start_date,
    end_date=end_date,
    initialize=initialize,
    handle_data=handle_data,
    order_price_field_buy='open',
    order_price_field_sell='open',
    capital_base=10000,
    benchmark='000300.INDX',
)
```

运行结果如下:

[2018-04-14 10:36:55.715530] INFO:bigquant:backtest.v7 开始运行..
[2018-04-14 10:36:55.939555] INFO:algo:set price type:backward_adjusted
2015-01-05 全仓买入:交通银行
2015-06-04 全仓买入:中信银行
2015-07-08 全仓买入:交通银行
2015-08-31 全仓买入:中信银行
2015-11-18 全仓买入:交通银行
2016-06-17 全仓买入:中信银行
2016-11-23 全仓买入:交通银行
2017-04-26 全仓买入:中信银行
[2018-04-14 10:37:02.149093] INFO:Performance:Simulated 619 trading days out of 619.
[2018-04-14 10:37:02.151269] INFO:Performance:first open:2015-01-05 01:30:00+00:00
[2018-04-14 10:37:02.152766] INFO:Performance:last close:2017-07-18 07:00:00+00:00

得到如图 25-11 所示的结果。

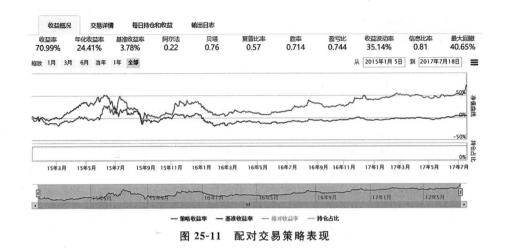

图 25-11 配对交易策略表现

25.4 基于 Python 环境的配对交易策略

在前面介绍的配对交易策略中，必须依赖于 BigQuant 量化投资平台，下面要介绍的配对交易策略，可以脱离这个平台，在 Python 环境中即可运行。

25.4.1 策略介绍

在单边做多的市场行情中，投资者的投资收益往往容易受到市场波动的影响。在非理性的市场中，这种波动所带来的风险尤其难以规避。

配对交易思想为这种困境提供了既能避险又能实现盈利的策略，又称为价差交易或者统计套利交易，是一种风险低、交易较稳定的市场中性策略。一般的做法是：在市场中寻找两只历史价格走势有对冲效果的股票，组成配对，使得配对股票的价差在一个范围内波动。一种可能的操作方式是：当配对股票的价差正向偏离时，因预计价差在未来会恢复，做空价格走势较强的股票同时做多价格走势较弱的股票，当价差收敛到长期正常水平时，即走势较强的股票价格回落或者走势较弱的股票价格转强，平仓赚取价差收敛时的收益；当配对股票的价差负向偏离时，反向建仓，在价差增大至正常范围时再平仓，同样可以赚取收益。

25.4.2 实施策略的方法

1. 寻找历史价格价差稳定的股票对

方法：最小距离法，即挑选出 SSD 最小的股票对。

原理：为了衡量两只股票价格的距离，首先对股票价格进行标准化处理。假设 $P_t^i(t=0,1,2,\cdots,T)$ 表示股票 i 在第 t 天的价格。那么股票 i 在第 t 天的单期收益率可以表示为 $r_t^i = \dfrac{P_t^i - P_{t-1}^i}{P_{t-1}^i}$ ($t=0,1,2,\cdots,T$)。用 $\hat{P}_t^i$ 表示股票 i 在第 t 天的标准化价格，$\hat{P}_t^i$ 可基于 t 天内的累计收益率计算，即 $\hat{P}_t^i = \sum\limits_{T=1}^{t}(1+r_T^i)$。

假设有股票 X 和股票 Y，我们可以算出两者之间的标准化价格偏差值平方和 $\text{SSD}_{X,Y}$。$\text{SSD}_{X,Y} = \sum_{t=1}^{T} (\hat{P}_t^X - \hat{P}_t^Y)^2$。对产生的所有股票两两配对，算出全部的 SSD，将这些 SSD 按由小到大的顺序排列，挑选出 SSD 最小的股票对，即挑选标准化价格序列距离最近的两只股票。

2. 判断两只股票的历史价格是否具有协整关系

方法 1：检验两只股票的收益率序列 $\{r_t\}$ 是否为平稳时间序列。

原理：金融资产的对数价格一般可以视为一阶单整序列。用 P_t^X 表示 X 股票在第 t 日的价格，如果 X 股票的对数价格 $\{\log(P_t^X)\}$ $(t=0,1,2,\cdots,T)$ 是非平稳时间序列，且 $\{\log(P_t^X) - \log(P_{t-1}^X)\}$ $(t=0,1,2,\cdots,T)$ 构成的时间序列是平稳的，则称 X 股票的对数价格 $\{\log(P_t^X)\}$ $(t=0,1,2,\cdots T)$ 是一阶单整序列。

$$r_t^X = \frac{P_t^X - P_{t-1}^X}{P_{t-1}^X} = \frac{P_t^X}{P_{t-1}^X} - 1$$

$$\log(P_t^X) - \log(P_{t-1}^X) = \log\left(\frac{P_t^X}{P_{t-1}^X}\right) = \log(1 + r_t^X) \approx r_t^X$$

上式表明 X 股票的简单单期收益率序列 $\{r_t^X\}$ 是平稳的。

arch 包的 ADF() 函数可以使用 ADF 单位根方法对序列的平稳性进行检验。ADF 单位根检验原理假设"序列存在单位根"，如果我们不能拒绝原假设，则说明所检测的序列可能存在单位根，序列是非平稳的；如果我们可以拒绝原假设，则说明序列不存在单位根，即序列是平稳时间序列。

方法 2：协整检验模型。

原理：假设 $\{\log(P_t^X)\}$ $(t=0,1,2,\cdots,T)$ 和 $\{\log(P_t^Y)\}$ $(t=0,1,2,\cdots,T)$，分别表示 X 股票和 Y 股票的对数价格序列，则 Engle-Granger 两步法可以对时间序列 $\{\log(P_t^X)\}$ 和 $\{\log(P_t^Y)\}$ 的协整关系进行检验。在 $\{\log(P_t^X)\}$ 和 $\{\log(P_t^Y)\}$ 都是一阶单整的前提下，用 OLS 构造如下回归方程：

$$\log(P_t^Y) = \alpha + \beta \log(P_t^X) + \varepsilon_t$$

得到回归系数 $\hat{\alpha}$ 和 $\hat{\beta}$，构造残差估计值 $\hat{\varepsilon}_t = \log(P_t^Y) - [\hat{\alpha} + \hat{\beta} \log(P_t^X)]$ 并检验 $\{\hat{\varepsilon}_t\}$ 序列的平稳性。如果 $\{\hat{\varepsilon}_t\}$ 序列是平稳的，则说明 $\{\log(P_t^X)\}$ 和 $\{\log(P_t^Y)\}$ 具有协整关系。运用协整理论和协整模型，挑选出满足价格序列具有协整关系的股票对进行交易。

25.4.3 实施策略的步骤

配对交易时期分为形成期和交易期。在形成期挑选历史价差走势存在规律的股票对，并制定交易策略；在交易期模拟开仓平仓交易，而后计算收益。具体步骤如下：

（1）在形成期寻找历史价差走势大致稳定的股票对。本策略采用选取同行业公司规模相近的股票进行配对的方法。我们选取了满足要求的银行业的 25 只股票，两两配对，一共产生 300 个股票对，形成期为 244 天。利用最小距离法，在 300 个股票对中筛选出 SSD 最小的一个，即挑选标准化价格序列距离最近的两只股票。

（2）分别对挑选出来的两只股票的对数价格数据进行一阶单整检验，再判断两只股票的历史价格是否具有协整关系。

（3）找出两只股票配对比率 β 和配对价差，计算价差的均值和标准差。

（4）选取交易期价格数据，构造开仓平仓区间。

（5）根据开仓平仓点制定交易策略，并模拟交易过程。

（6）配对交易策略绩效评价。

25.4.4 策略的演示

（1）寻找满足 SSD 最小的股票对。

```
import pandas as pd
import numpy as np
import tushare as ts
all=ts.get_stock_basics()
code=list(all[(all["industry"]=="银行")].index)
allclose=ts.get_hist_data('sh').close
n=0
for i in code:
    print("正在获取第{}只股票数据".format(n))
    n+=1
    df=ts.get_hist_data(i)
    if df is None:
        continue
    else:
        df=df[::-1]
        close=df.close
        close.name=i
        allclose=pd.merge(pd.DataFrame(allclose), pd.DataFrame(close), left_index=
            True, right_index=True, how='left')
popList=list()
for i in range(len(allclose.columns)-1):
    data=allclose.iloc[0:10, i]
    data=data.dropna()
    if len(data)==0:
        popList.append(allclose.columns[i])
for i in popList:
    allclose.pop(i)
minSSD=100
PairX=''
PairY=''
spreadList=list()
for i in range(len(allclose.columns)-1):
```

```python
    for j in range(len(allclose.columns) - 1):
        print("第{}只股票,第{}个数据".format(i, j))
        if i==j:
            continue
        else:
            fromer=allclose.iloc[:, i]
            laster=allclose.iloc[:, j]
            fromer.name=allclose.columns[i]
            laster.name=allclose.columns[j]
            data=pd.concat([fromer, laster], axis=1)
            data=data.dropna()
            if len(data)==0:
                continue
            else:
                priceX=data.iloc[:, 0]
                priceY=data.iloc[:, 1]
                returnX=(priceX - priceX.shift(1)) / priceX.shift(1)[1:]
                returnY=(priceY - priceY.shift(1)) / priceY.shift(1)[1:]
                standardX=(returnX + 1).cumprod()
                standardY=(returnY + 1).cumprod()
                SSD=np.sum((standardY - standardX) ** 2) / len(data)
                if SSD < minSSD:
                    minSSD=SSD
                    PairX=allclose.columns[i]
                    PairY=allclose.columns[j]
print("标准化价差最小的两只股票为{},{}".format(PairX, PairY))
print("最小距离为{}".format(minSSD))
```

运行上述代码,得到如下结果:标准化价差最小的两只股票为601818和601328,最小距离为0.001573792462381141。

(2) 在"银行"业中挑选标准化价格序列距离最近的两只股票"601818(光大银行)"和"601328(交通银行)",接下来分别对光大银行和交通银行的对数价格数据进行一阶单整检验。

对光大银行的对数价格数据进行一阶单整检验:

```python
import re
import pandas as pd
import numpy as np
from arch.unitroot import ADF
import statsmodels.api as sm
from statsmodels.tsa.stattools import adfuller
import tushare as ts
import matplotlib.pyplot as plt
```

```
PAf=ts.get_hist_data('601818','2017-01-01','2018-01-01').close[::-1]
PBf=ts.get_hist_data('601328','2017-01-01','2018-01-01').close[::-1]
log_PAf=np.log(PAf)
adfA=ADF(log_PAf)
print(adfA.summary().as_text())
retA=log_PAf.diff()[1:]
adfretA=ADF(retA)
print(adfretA.summary().as_text())
```

运行上述代码,得到如下结果:

```
========================
Test Statistic           -2.563
P-value                   0.101
Lags                          0
------------------------
Trend: Constant
Critical Values: -3.46 (1%), -2.87 (5%), -2.57 (10%)
Null Hypothesis: The process contains a unit root.
Alternative Hypothesis: The process is weakly stationary.
Augmented Dickey-Fuller Results
========================
Test Statistic          -15.680
P-value                   0.000
Lags                          0
------------------------
Trend: Constant
Critical Values: -3.46 (1%), -2.87 (5%), -2.57 (10%)
Null Hypothesis: The process contains a unit root.
Alternative Hypothesis: The process is weakly stationary.
```

t 值是 ADF 检验统计量的计算结果,关键值是该统计量在原假设下的 1% 分位数、5% 分位数和 10% 分位数。对光大银行的对数价格 log(PAf) 进行单位根检验,结果为"Test Statistic: -2.563""Critical Values: -3.46 (1%), -2.87 (5%), -2.57 (10%)",也就是说 -2.563 大于原假设分布下的 1% 分位数、5% 分位数和 10% 分位数,不能拒绝原假设,说明光大银行的对数价格序列是非平稳的。对光大银行的对数价格差分 $retA$ 变量进行单位根检验,Test Statistic 为 -15.680,从分析结果看可以拒绝原假设,即光大银行的对数价格差分不存在单位根,是平稳的。综上所述,光大银行的对数价格序列是一阶单整序列。

对交通银行的对数价格数据进行一阶单整检验:

```
log_PBf=np.log(PBf)
    adfB=ADF(log_PBf)
```

```
print(adfB.summary().as_text())
retB=log_PAf.diff()[1:]
adfretB=ADF(log_PBf.diff()[1:])
print(adfretB.summary().as_text())
```

运行上述代码,得到如下结果:

```
Out[3]:Augmented Dickey-Fuller Results
=====================================
Test Statistic                -3.064
P-value                        0.029
Lags                               1
-------------------------------------
Trend: Constant
Critical Values: -3.46 (1%), -2.87 (5%), -2.57 (10%)
Null Hypothesis: The process contains a unit root.
Alternative Hypothesis: The process is weakly stationary.
Augmented Dickey-Fuller Results
=====================================
Test Statistic               -14.109
P-value                        0.000
Lags                               0
-------------------------------------
Trend: Constant
Critical Values: -3.46 (1%), -2.87 (5%), -2.57 (10%)
Null Hypothesis: The process contains a unit root.
Alternative Hypothesis: The process is weakly stationary.
```

对交通银行的对数价格 log(PBF)进行单位根检验,结果为"Test Statistic:-3.064" "Critical Values:-3.46 (1%),-2.87 (5%),-2.57 (10%)"。检验结果表明,在1%的显著性水平下,我们不能拒绝原假设,即交通银行的对数价格序列是非平稳的。对交通银行的对数价格差分 $retB$ 变量进行单位根检验,Test Statistic 为-14.109,可以拒绝原假设,即交通银行的对数价格的差分不存在单位根,是平稳的。综上所述,交通银行的对数价格序列在1%的显著性水平下是一阶单整序列。

对两只股票的对数价格进行数据图形化展示,操作如下:

```
import matplotlib.pyplot as plt
import math
log_PAf.plot(label='601818GDYH',style='--')
log_PBf.plot(label='601328JTYH',style='-')
plt.legend(loc='upper left')
plt.title('2017—2018 two bank log price time series')
Text(0.5,1,'2017—2018 two bank log price time series')
```

图形如图 25-12 所示。

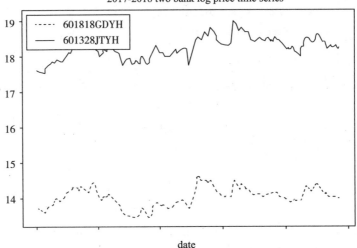

图 25-12　光大银行与交通银行股票的对数价格的时间序列

从图 25-12 中的虚线和实线走势可以看出，光大银行和交通银行股票的对数价格具有一定的趋势，不是平稳的。

接下来对两只股票的对数价格差分进行数据图形化展示，操作如下：

retA.plot(label='601818GDYH',style='－－')

retB.plot(label='601328JTYH',style='－')

plt.legend(loc='lower left')

plt.title('2017—2018 two bank log price diff time series')

Text(0.5,1,'2017—2018 two bank log price diff time series')

图形如图 25-13 所示。

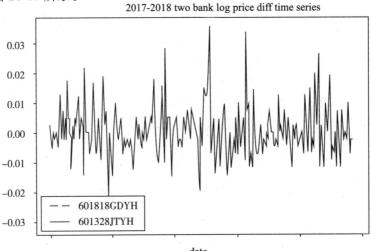

图 25-13　光大银行与交通银行股票对数价格差分序列

从图 25-13 可以看出，光大银行和交通银行股票对数价格的差分序列是平稳的，整体上在 0 附近上下波动。对两只股票的对数价格进行 OLS 回归：

```
import statsmodels.api as sm
model=sm.OLS(log_PBf, sm.add_constant(log_PAf)).fit()
model.summary()
```

Out[6]:

OLS Regression Results

Dep. Variable:	close	R-squared:	0.675
Model:	OLS	Adj. R-squared:	0.674
Method:	Least Squares	F-statistic:	502.4
Date:	Tue, 26 Jun 2018	Prob (F-statistic):	5.63e−61
Time:	16:57:28	Log-Likelihood:	647.65
No. Observations:	244	AIC:	−1291.
Df Residuals:	242	BIC:	−1284.
Df Model:	1		
Covariance Type:	nonrobust		

	coef	std err	t	P>|t|	[0.025	0.975]
const	0.5500	0.057	9.679	0.000	0.438	0.662
close	0.9073	0.040	22.413	0.000	0.828	0.987

Omnibus:	8.445	Durbin-Watson:	0.126
Prob(Omnibus):	0.015	Jarque-Bera (JB):	8.260
Skew:	−0.408	Prob(JB):	0.0161
Kurtosis:	2.615	Cond. No.	110.

从光大银行股票的对数价格和交通银行股票的对数价格的线性回归结果来看，其系数与截距项的 P 值都远远小于 0.025 的显著性水平，即系数和截距项均统计显著。接下来对回归残差进行平稳性检验。

```
alpha=model.params[0]
beta=model.params[1]
spreadf=log_PBf − beta * log_PAf − alpha
adfSpread=ADF(spreadf)
print(adfSpread.summary().as_text())
mu=np.mean(spreadf)
sd=np.std(spreadf)
```

Out[7]:Augmented Dickey-Fuller Results
=======================
Test Statistic   −3.235
P-value   0.018
Lags   0

Trend: Constant
Critical Values: −3.46 (1%), −2.87 (5%), −2.57 (10%)
Null Hypothesis: The process contains a unit root.
Alternative Hypothesis: The process is weakly stationary.

根据上面的检验的结果,在 0.05 的显著性水平下,我们可以拒绝原假设,即残差序列不存在单位根,残差序列是平稳的。通过上述分析,我们可以得知光大银行与交通银行股票的对数价格序列具有协整关系。

```
spreadf.plot()
plt.title('Spread of Price')
Text(0.5,1,'Spread of Price')
```

结果如图 25-14 所示。

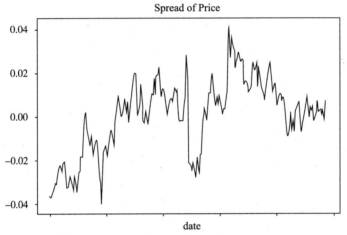

图 25-14　光大银行与交通银行配对残差序列

(3) 找出两只股票配对比率 β 和配对价差,计算价差的均值和标准差。

```
print(beta)
print(mu)
print(sd)
Out[9]: 0.9073359416904718
6.038885238862737e−15
0.01702210729126481
```

(4) 选取交易期价格数据,构造开仓平仓区间。

```
PAt=ts.get_hist_data('601818','2018-01-01','2018-06-25').close[::−1]
PBt=ts.get_hist_data('601328','2018-01-01','2018-06-25').close[::−1]
CoSpreadT=np.log(PBt)−beta * np.log(PAt)−alpha
CoSpreadT.describe()
Out[10]:  count    115.000000
        mean      −0.002029
        std        0.011120
```

```
min                 -0.037220
25%                 -0.005747
50%                 -0.001680
75%                  0.004577
max                  0.022110
Name: close, dtype: float64

CoSpreadT.plot()
plt.title('Spread of Price series')
plt.axhline(y=mu, color='black')
plt.axhline(y=mu+0.2 * sd, color='blue', ls='-', lw=2)
plt.axhline(y=mu-0.2 * sd, color='blue', ls='-', lw=2)
plt.axhline(y=mu+1.5 * sd, color='green', ls='--', lw=2.5)
plt.axhline(y=mu-1.5 * sd, color='green', ls='--', lw=2.5)
plt.axhline(y=mu+2.5 * sd, color='red', ls='-.', lw=3)
plt.axhline(y=mu-2.5 * sd, color='red', ls='-.', lw=3)
Out[11]: <matplotlib.lines.Line2D at 0x1958cc52ef0>
```

结果如图 25-15 所示。

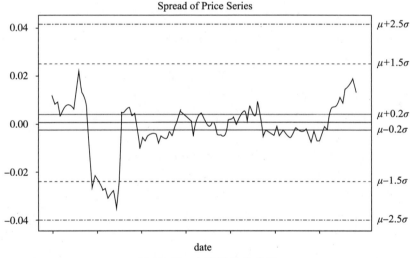

图 25-15 交易期价差序列

（5）根据开仓平仓点制定交易策略，并模拟交易过程。

交易规则：在交易期内，设定 $\mu \pm 1.5\sigma$ 和 $\mu \pm 0.2\sigma$ 为开仓和平仓的阈值，将 $\mu \pm 2.5\sigma$ 视为协整关系可能破裂以致强制平仓的阈值，具体交易规则如下：

① 当价差上穿 $\mu+1.5\sigma$ 时，做空配对股票，反向建仓（卖出交通银行股票，同时买入光大银行股票，光大银行和交通银行股票的资金比值为 β）；

② 当价差下穿至 $\mu+0.2\sigma$ 区间时，做多配对股票，反向平仓；

③ 当价差下穿 $\mu-1.5\sigma$ 时，做多配对股票，正向建仓（买入交通银行股票，同时卖出光大银行股票，光大银行和交通银行股票的资金比值为 β）；

④ 当价差恢复到 $\mu-0.2\sigma$ 上方时,做空配对股票,正向平仓;

⑤ 当价差突破 $\mu\pm2.5\sigma$ 区间时,及时平仓。

```python
level=(float('-inf'), mu-2.5 * sd, mu-1.5 * sd, mu-0.2 * sd, mu+0.2 * sd, mu+1.5 * sd, mu+2.5 * sd, float('inf'))
prcLevel=pd.cut(CoSpreadT, level, labels=False)-3
prcLevel.head()
Out[12]: date
2018-01-02    1
2018-01-03    1
2018-01-04    1
2018-01-05    0
2018-01-08    1
Name: close, dtype: int64

def TradeSig(prcLevel):
    n=len(prcLevel)
    signal=np.zeros(n)
    for i in range(1, n):
        if prcLevel[i-1]==1 and prcLevel[i]==2:
            signal[i]=-2
        elif prcLevel[i-1]==1 and prcLevel[i]==0:
            signal[i]=2
        elif prcLevel[i-1]==2 and prcLevel[i]==3:
            signal[i]=3
        elif prcLevel[i-1]==-1 and prcLevel[i]==-2:
            signal[i]=1
        elif prcLevel[i-1]==-1 and prcLevel[i]==0:
            signal[i]=-1
        elif prcLevel[i-1]==-2 and prcLevel[i]==-3:
            signal[i]=-3
    return(signal)

signal=TradeSig(prcLevel)

position=[signal[0]]
ns=len(signal)

for i in range(1, ns):
    position.append(position[-1])
    if signal[i]==1:
        position[i]=1
    elif signal[i]==-2:
        position[i]=-1
    elif signal[i]==-1 and position[i-1]==1:
```

```
            position[i]=0
        elif signal[i]==2 and position[i-1]==-1:
            position[i]=0
        elif signal[i]==3:
            position[i]=0
        elif signal[i]==-3:
            position[i]=0
position=pd.Series(position, index=CoSpreadT.index)
position.tail()
```

Out[13]: date
2018-06-19   0.0
2018-06-20   0.0
2018-06-21   0.0
2018-06-22   0.0
2018-06-25   0.0
dtype: float64

```
def TradeSim(priceX, priceY, position):
    n=len(position)
    size=1000
    shareY=size * position
    shareX=[(-beta) * shareY[0] * priceY[0] / priceX[0]]
    cash=[2000]
    for i in range(1, n):
        shareX.append(shareX[i-1])
        cash.append(cash[i-1])
        if position[i-1]==0 and position[i]==1:
            shareX[i]=(-beta) * shareY[i] * priceY[i] / priceX[i]
            cash[i]=cash[i-1] - (shareY[i] * priceY[i] + shareX[i] * priceX[i])
        elif position[i-1]==0 and position[i]==-1:
            shareX[i]=(-beta) * shareY[i] * priceY[i] / priceX[i]
            cash[i]=cash[i-1]-(shareY[i] * priceY[i] + shareX[i] * priceX[i])
        elif position[i-1]==1 and position[i]==0:
            shareX[i]=0
            cash[i]=cash[i-1]+(shareY[i-1] * priceY[i]+shareX[i-1] * priceX[i])
        elif position[i-1]==-1 and position[i]==0:
            shareX[i]=0
            cash[i]=cash[i-1]+(shareY[i-1] * priceY[i]+shareX[i-1] * priceX[i])
    cash=pd.Series(cash, index=position.index)
    shareY=pd.Series(shareY, index=position.index)
    shareX=pd.Series(shareX, index=position.index)
    asset=cash + shareY * priceY + shareX * priceX
```

```
        account=pd.DataFrame({'Position': position, 'ShareY': shareY, 'ShareX': shareX, 'Cash':
            cash, 'Asset': asset})
        return (account)
account=TradeSim( PAt, PBt, position)
account.tail()
Out[14]:
              Asset        Cash      Position    ShareX    ShareY
date
2018-06-19   2163.972992  2163.972992    0.0       0.0       0.0
2018-06-20   2163.972992  2163.972992    0.0       0.0       0.0
2018-06-21   2163.972992  2163.972992    0.0       0.0       0.0
2018-06-22   2163.972992  2163.972992    0.0       0.0       0.0
2018-06-25   2163.972992  2163.972992    0.0       0.0       0.0
account.iloc[:, [1, 3, 4]].plot(style=['――', '—', ':'])
plt.title('account')
```

练习题

对本章例题的数据，使用 Python 重新操作一遍。

26

人工智能机器学习量化投资策略分析

机器学习算法是实现人工智能最基本的工具和手段,本章先介绍十种机器学习算法及其 Python 代码,然后介绍机器学习的支持向量机在量化投资中的应用。

26.1 机器学习算法分类

一般来说,机器学习算法有三类:

(1) 监督式学习算法。这个算法由一个目标变量或结果变量(或因变量)组成。这些变量由已知的一系列预示变量(自变量)预测而来。利用这一系列变量,可以生成一个将输入值映射到期望输出值的函数。这个训练过程会一直持续,直到模型在训练数据上获得期望的精确度。监督式学习的例子有回归、决策树、随机森林、K-近邻算法等。

(2) 非监督式学习算法。这个算法没有任何目标变量或结果变量要预测或估计,适用于在不同的组内进行聚类分析。这种分析方式被广泛地用来细分客户,根据干预方式分为不同的用户组。非监督式学习的例子有关联算法和 K-均值算法等。

(3) 强化学习算法。这个算法训练机器进行决策。原理如下:机器被放在一个通过反复试错进行训练的环境中,机器从过去的经验中进行学习,并且尝试了解最透彻的知识以作出精确的商业判断。强化学习的例子有马尔可夫决策过程。

26.2 常见的机器学习算法及 Python 代码

常见的机器学习算法有:(1)线性回归,(2)逻辑回归,(3)决策树,(4)支持向量机(SVM),(5)朴素贝叶斯,(6)K-近邻算法,(7)K-均值算法,(8)随机森林算法,(9)降维算法,(10)Gradient Boost 和 Adaboost 算法。

下面我们逐一介绍以上机器学习算法,并给出主要的 Python 代码。

26.2.1 线性回归

线性回归通常用于根据连续变量估计实际数值(房价、呼叫次数、总销售额等)。我们通过拟合最优直线来建立自变量和因变量的关系。这条最优直线叫作回归线,并且用

$Y=aX+b$ 这个线性等式表示。

假设在不问对方体重的情况下,让一个五年级的学生按体重从轻到重对班上的同学排序,这个孩子会怎么做?他(她)很可能会目测人们的身高,综合这些可见的参数作出判断。这是现实生活中使用线性回归的典型例子。实际上,这个孩子发现身高和体重有一定的关系,这个关系看起来很像上面的等式。在这个等式中:Y 为因变量,X 为自变量,a 为斜率,b 为截距。

系数 a 和 b 可以通过 OLS 获得,如图 26-1 所示。

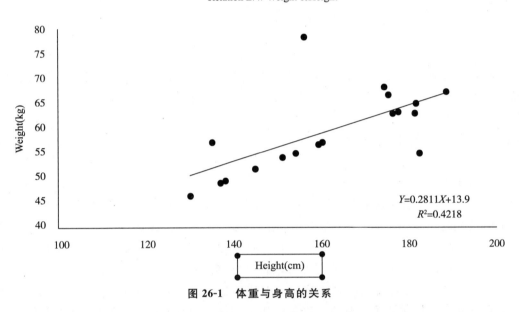

图 26-1　体重与身高的关系

我们找出最优拟合直线 $Y=0.2811X+13.9$。已知人的身高,我们可以通过这个关系式求出体重。

线性回归的两种主要类型是一元线性回归和多元线性回归。一元线性回归的特点是只有一个自变量,多元线性回归则存在多个自变量。

线性回归的 Python 代码如下:

```
from sklearn.linear_model import LinearRegression
module=LinearRegression()
module.fit(x, y)
module.score(x, y)
module.predict(test)
```

26.2.2　逻辑回归

这是一个分类算法而不是一个回归算法。逻辑回归算法可根据已知的一系列因变量估计离散数值(比如二进制数值 0 或 1,是或否,真或假)。简单来说,它将数据拟合进一个逻辑函数以预估事件出现的概率,被称为逻辑回归。因为它预估的是概率,所以它的输出值在 0 和 1 之间,如图 26-2 所示。

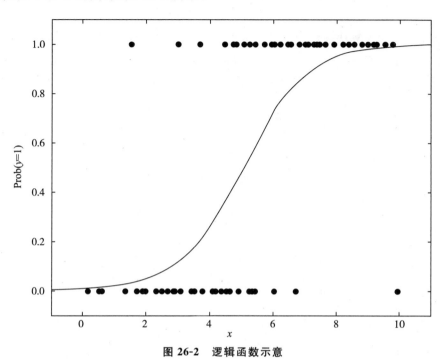

图 26-2　逻辑函数示意

我们再通过一个简单的例子来理解这个算法。

假设朋友让你去解一个谜题,结果只会有两个:解开或没有解开。但如果你需要回答很多道题以完成一项综合考核,不同类型的题目解出与否存在不同的概率。这就是逻辑回归能提供给你的信息。

从数学上看,在结果中,概率的对数使用的是预测变量的线性组合模型。

odds＝p/（1－p）＝probability of event occurrence / probability of not event occurrence

ln(odds)＝ln(p/(1－p))

logit(p)＝ln(p/(1－p))＝b0＋b1 * X1＋b2 * X2＋b3 * X3....＋bk * X

在上面的式子里,p 是我们感兴趣的特征出现的概率,选用使观测样本的可能性最大的值作为参数,而不是计算误差平方和的最小值(如同一般的回归分析用到的)。

逻辑回归的 Python 代码如下:

```
from sklearn.linear_model import LogisticRegression
module＝LogisticRegression()
module.fit(x, y)
module.score(x, y)
module.predict(test)
```

可以尝试更多的方法以改进这个模型:①加入交互项;②精简模型特性;③使用正则化方法;④使用非线性模型。

26.2.3 决策树

这个监督式学习算法通常用于分类问题。令人惊奇的是,它同时适用于分类变量和连续因变量。在这个算法中,我们将总体分成两个或更多的同类群。这是根据最重要的属性或者自变量区分成尽可能不同的组别,如图 26-3 所示。

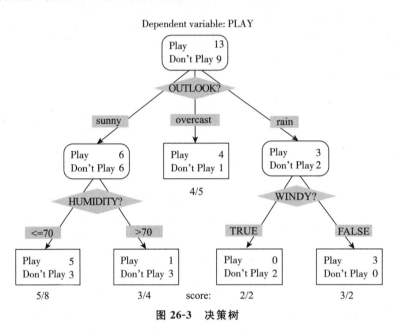

图 26-3 决策树

在图 26-3 中可以看到,根据多种属性,人群被分成了不同的四个小组以判断"他们会不会去玩"。为了把总体分成不同组别,需要用到许多技术,比如基尾(Gini)、信息增益(Information Gain)、卡方分析、熵(Entropy)。

决策树的 Python 代码如下:

```
from sklearn import tree
module=tree.DecisionTreeClassifier(criterion='gini')
module.fit(x, y)
module.score(x, y)
module.predict(test)
```

26.2.4 支持向量机

为了更好地理解支持向量机,先讲一个刘强救爱人的故事。

很久以前一个情人节,魔鬼抢走了刘强的爱人,旅馆老板刘强发誓要救回爱人。他来到魔鬼的城堡前,魔鬼要求和他玩一个游戏,如果他通过了就放走他的爱人。魔鬼在桌子上似乎有规律地放了两种颜色的球,说:"你只能用一根棍子分开它们,且保证即便再放更多球进来,棍子依然能绝对地分离两种球。"

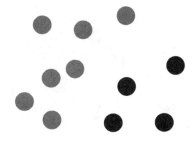

于是刘强这样放,做得不错!

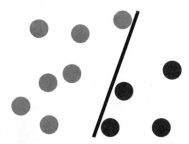

然后魔鬼想了想,又在桌上放了更多的球,还故意搞怪,让一个球入错了阵营。

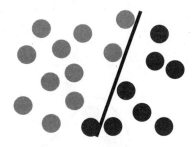

刘强没有自乱阵脚,只是稍微调整了一下棍子,并说:"即使你放更多的球,我的棍子仍然是一个好的分界线。"

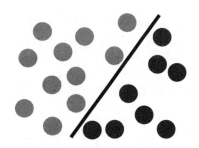

支持向量机就是试图把棍子放在最优位置,使得棍子的两边有尽可能大的间隙。
魔鬼看到刘强这么厉害,准备给他一个新的挑战,这次的球更乱了。

现在,刘强无法放置合适的棍子以分开两种球了,怎么办呢?看着魔鬼手中自己的爱人,他焦急万分。突然,刘强灵光一闪。他像武侠片中的大侠一样,把桌子一拍,球飞到空中。然后,凭借轻功,刘强使用 trick 绝招抓起一张纸,插到了两种球的中间。

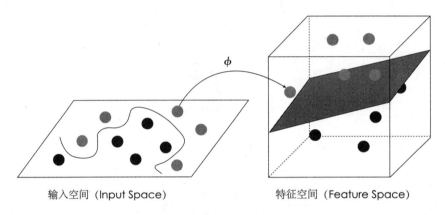

现在,从魔鬼的角度看,这些球像是被一条曲线分开了。

之后,人们把这些球叫作"data"(数据源),把棍子叫作"classifier"(分类器),最大间隙 trick 叫作"optimization"(最优化),拍桌子叫作"kernelling"(建立核函数),那张纸叫作"hyperplane"(超平面)。

再后来,刘强的武功为世人所知,被称为支持向量机(Support Vector Machine, SVM)。

这是一种分类方法。在这个算法中,我们将每个数据在 N 维空间中用点标出(N 是所有特征的总数),每个特征的值是一个坐标的值。

例如,如果我们只有身高和头发长度两个特征,我们会在二维空间中标出这两个变量,每个点有两个坐标(这些坐标叫作支持向量),如图 26-4 所示。

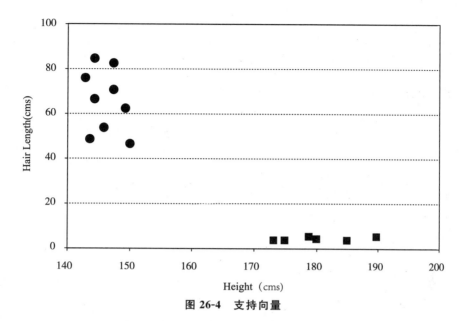

图 26-4　支持向量

现在，我们会找到将两组不同数据分开的一条直线。两个分组中距离最近的两个点到这条直线的距离同时最优化，如图 26-5 所示。

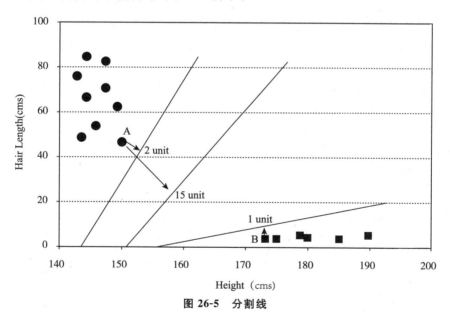

图 26-5　分割线

图 26-5 中的实线将数据分类优化成两个小组，只要两组中距离最近的点（图中 A、B 点）到达实线的距离满足最优条件，这条直线就是分割线。接下来，测试数据落到直线的哪一边，我们就将它分到哪一类。

支持向量机的 Python 代码如下：

```
from sklearn import svm
module=svm.SVC()
module.fit(x, y)
```

```
module.score(x, y)
module.predict(test)
module.predict_proba(test)
```

26.2.5 朴素贝叶斯

在预示变量间相互独立的前提下,根据贝叶斯定理可以得到朴素贝叶斯分类方法。用更简单的话来说,朴素贝叶斯分类器假设一个分类的特性与该分类的其他特性不相关。举例来说,如果一个水果又圆又红且直径大约是 3 英寸,那么这个水果可能会是苹果。即便这些特性互相依赖或者依赖于其他特性的存在,朴素贝叶斯分类器还是会假设这些特性分别独立地暗示这个水果是个苹果。

朴素贝叶斯模型易于构建,且对于大型数据集非常有用。虽然简单,但朴素贝叶斯的表现超越了非常复杂的分类方法。

贝叶斯定理提供了一种根据 $P(c)$、$P(x)$ 和 $P(x|c)$ 计算后验概率 $P(c|x)$ 的方法。请看以下等式:

$$P(c|x) = \frac{P(x|c)P(c)}{P(x)}$$

$$P(c|x) = P(x_1|c) \times P(x_2|c) \times \cdots \times P(x_n|c) \times P(c)$$

这里:$P(c|x)$ 是已知预示变量(属性)的前提下,类(目标)的后验概率;$P(c)$ 是类的先验概率;$P(x|c)$ 是可能性,即已知类的前提下,预示变量的概率;$P(x)$ 是预示变量的先验概率。

我们用一个实例来理解这个概念。设有一个天气的训练集和对应的目标变量"Play"(玩)。我们需要根据天气情况,将"玩"和"不玩"的参与者进行分类。执行步骤如下:

步骤 1:把数据集转换成频率表。

步骤 2:利用类似"当 Overcast 可能性为 0.29 时,玩的可能性为 0.64"这样的条件概率,创建 Likelihood 表格,如图 26-6 所示。

Weather	Play
Sunny	No
Overcast	Yes
Rainy	Yes
Sunny	Yes
Sunny	Yes
Overcast	Yes
Rainy	No
Rainy	No
Sunny	Yes
Rainy	Yes
Sunny	No
Overcast	Yes
Overcast	Yes
Rainy	No

Frequency Table		
Weather	No	Yes
Overcast		4
Rainy	3	2
Sunny	2	3
Grand Total	5	9

Likelihood Table				
Weather	No	Yes		
Overcast		4	=4/14	0.29
Ralny	3	2	=5/14	0.36
Sunny	2	3	=5/14	0.36
All	5	9		
	=5/14	=9/14		
	0.36	0.64		

图 26-6 Likelihood 表格

步骤 3:使用朴素贝叶斯等式计算每一类的后验概率。后验概率最大的类就是预测的结果。

问题:如果天气晴朗(Sunny),参与者就能玩耍。这个陈述正确吗?

我们可以使用讨论过的方法解决这个问题。于是 $P(\text{Play}|\text{Sunny}) = P(\text{Sunny}|\text{Play}) \times P(\text{Play})/P(\text{Sunny})$

我们有 $P(\text{Sunny}|\text{Play}) = 3/9 = 0.33, P(\text{Sunny}) = 5/14 = 0.36, P(\text{Play}) = 9/14 = 0.64$。

现在,$P(\text{Play}|\text{Sunny}) = 0.33 \times 0.64 / 0.36 = 0.60$,概率更大。

朴素贝叶斯使用相似的方法,通过不同属性预测不同类别的概率。这个算法通常用于文本分类以及涉及多个类的问题。

朴素贝叶斯的 Python 代码如下:

```
from sklearn.naive_bayes import GaussianNB
module=GaussianNB()
module.fit(x, y)
predicted=module.predict(test)
```

26.2.6　K-近邻算法

该算法可用于分类问题和回归问题。在业界,K-近邻算法更常用于分类问题。它储存所有的案例,通过周围 K 个案例中的大多数情况划分新的案例。根据一个距离函数,新案例会被分配到它的 K 个近邻中最普遍的类别中。

这些距离函数可以是欧式距离、曼哈顿距离、明氏距离或者汉明距离。前三个距离函数用于连续变量,第四个距离函数(汉明函数)则用于分类变量。如果 $K=1$,新案例就直接被分到离其最近的案例所属的类别中。在建模时,选择 K 的取值时常是一个挑战,如图 26-7 所示。

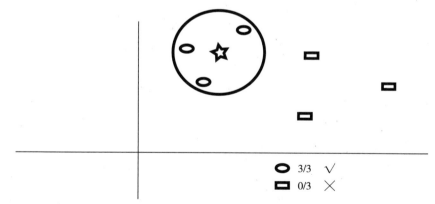

图 26-7　K-近邻算法示意

K-近邻算法在现实生活中的应用广泛。例如,如果想要了解一个完全陌生的人,你也许想要去找他的好朋友或者通过他的圈子获得他的信息。

K-近邻算法的 Python 代码如下:

```
from sklearn.neighbors import KNeighborsClassifier
```

```
from sklearn.neighbors import KNeighborsRegressor
module=KNeighborsClassifier(n_neighbors=6)
module.fit(x, y)
predicted=module.predict(test)
predicted=module.predict_proba(test)
```

26.2.7　K-均值算法

K-均值算法是一种非监督式学习算法,它能解决聚类问题。使用 K-均值算法将一个数据归入一定数量的集群(假设有 K 个集群)的过程是简单的。其中,一个集群内的数据点是均匀齐次的且异于其他集群。

K-均值算法形成集群的步骤如下:

(1) 给每个集群选择 K 个点。这些点被称为质心。

(2) 每一个数据点与距离最近的质心形成一个集群,也就是 K 个集群。

(3) 根据现有的类别成员,找出每个类别的质心。现在我们有了新质心。

(4) 当我们有了新质心后,重复步骤(2)和步骤(3)。找到距离每个数据点最近的质心,并与新的 K 个集群联系起来。重复这个过程,直到数据都收敛了,也就是质心不再改变。

K-均值算法涉及集群,每个集群有自己的质心。一个集群内的质心和各数据点之间距离的平方和形成这个集群的平方和;同时,当所有集群的平方和加总时,就得到集群方案的平方和。

我们知道,当集群的数量增加时,K 值会持续下降。但是,如果你将结果用图表表示,就会看到距离的平方总和快速减少,直到某个 K 值之后,减少的速度大大放缓。在此,我们可以找到集群数量的最优值,如图 26-8 所示。

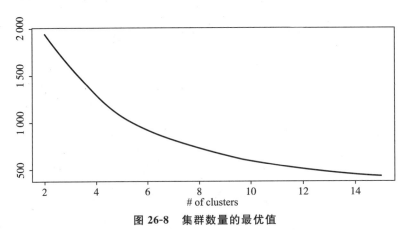

图 26-8　集群数量的最优值

K-均值算法的 Python 代码如下:

```
from sklearn.cluster import KMeans
module=KMeans(n_clusters=3, random_state=0)
```

```
module.fit(x, y)
module.predict(test)
```

26.2.8　随机森林算法

随机森林是表示决策树总体的一个专有名词。在随机森林算法中,我们有一系列的决策树(因此又名"森林")。为了根据一个新对象的属性将其分类,每一个决策树有一个分类,称之为这个决策树"投票"给该分类。这个森林选择获得森林里(在所有树中)得票最多的分类。

每棵树是像这样种植养成的:

(1) 如果训练集的案例数是 N,则从 N 个案例中用重置抽样法随机抽取样本。这个样本将作为"养育"树的训练集。

(2) 假如有 M 个输入变量,则定义一个数字 $m \ll M$。m 表示从 M 中随机选中 m 个变量,这 m 个变量中最好的切分会被用来切分该节点。在种植树的过程中,m 的值保持不变。

(3) 尽可能大地种植每一棵树,全程不剪枝。

随机森林算法的 Python 代码如下:

```
from sklearn.ensemble import RandomForestClassifier
from sklearn.ensemble import RandomForestRegressor
module=RandomForestClassifier()
module.fit(x, y)
module.predict(test)
```

26.2.9　降维算法

近年来,信息捕捉呈指数增长。公司、政府机构、研究组织除都尽可能捕捉详尽的信息。

例如:电子商务公司更详细地捕捉关于顾客的资料,如个人信息、网络浏览记录、偏好、购买记录、反馈及其他信息,比你身边的商店售货员关注得更广、更多。

听起来这给建立一个经得起考验的模型提供了很好的材料,但有一个挑战:如何从 1 000 到 2 000 个变量里分辨出最重要的变量呢? 在这种情况下,降维算法能帮助我们根据相关矩阵、缺失值的比例和其他要素找出这些重要变量。

降维算法的 Python 代码如下:

```
from sklearn.decomposition import PCA
train_reduced=PCA.fit_transform(train)
test_reduced=PCA.transform(test)
```

26.2.10　Gradient Boosting 和 AdaBoost 算法

当我们要处理很多数据以做出一个高质量的预测时,会用到 Gradient Boosting 和

AdaBoost 这两种 boosting 算法，boosting 算法是一种集成学习算法，它结合了建立在多个估计值基础上的预测结果，以增进单个估计值的可靠程度。

Gradient Boosting 算法的 Python 代码如下：

```
from sklearn.ensemble import GradientBoostingClassifier
from sklearn.ensemble import GradientBoostingRegressor
module=GradientBoostingClassifier(n_estimators=100,learning_rate=0.1,max_depth=1,random_state=0)
module.fit(x, y)
module.predict(test)
```

26.3 支持向量机及其在商业银行信用评级中的应用

26.3.1 机器学习支持向量机原理

要将两类分开以得到一个超平面，最优的超平面是指到两类的边缘（Margin）达到最大，margin 就是超平面与离它最近一点的距离。如图 26-9 所示，$z_2 > z_1$，所以深色的超平面比较好。

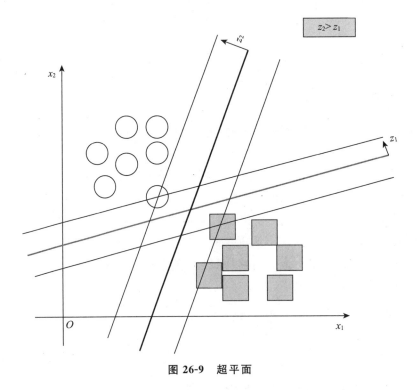

图 26-9 超平面

将这个超平面表示成一个线性方程，线上方的一类大于或等于 1，另一类小于或等于 -1。如图 26-10 所示。

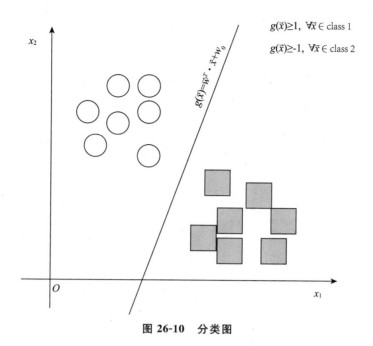

图 26-10　分类图

点到面的距离根据图 26-11 中的公式计算。

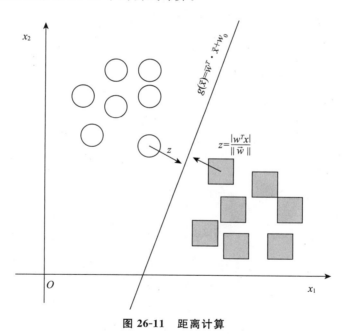

图 26-11　距离计算

得到计算总边缘(Total Margin)的表达式如下：

$$\frac{1}{||\vec{w}||}+\frac{1}{||\vec{w}||}=\frac{2}{||\vec{w}||_{min}}$$

目标是最大化这个 margin，这时需要最小化分母，于是变成一个优化问题。

举个例子，根据三个点找到最优的超平面，定义权重向量 weight vector＝(2,3)－(1,1)，如图 26-12 所示。

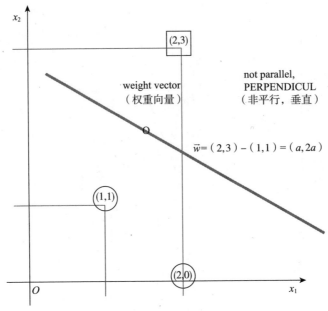

图 26-12　最优的超平面

得到权重向量为$(a,2a)$,将两个点代入方程$g(\vec{w})=\vec{w}\cdot\vec{x}^T+w_0$,即代入$(2,3)$令其值$=1$,代入$(1,1)$令其值$=-1$,求解出$a=2/5$和截矩$w_0=-11/5$,进而得到超平面的表达式,如图 26-13 所示。

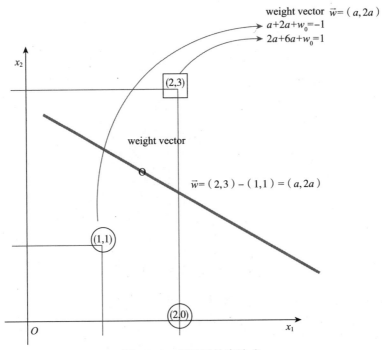

图 26-13　超平面的表达式

已知$a=2/5$,$(a,2a)=(2/5,4/5)$,将a和w_0代入超平面方程$g(\vec{w})=\vec{w}\cdot\vec{x}^T+w_0=2/5x_1+4/5x_2-11/5$,因此$g(\vec{w})=\vec{w}\cdot\vec{x}^T+w_0=x_1+2x_2-5.5$就是支持向量机。

26.3.2 支持向量机在商业银行信用评级中的应用

1. 基本概念

支持向量机是指支持向量运算的分类器。其中"机"的意思是机器,可以理解为分类器,分类器就是分类函数。

2. 线性分类

在训练数据中,每个数据都有 n 个属性和一个二类类别标志,我们可以认为这些数据位于一个 n 维空间里。我们的目标是找到一个 $n-1$ 维的超平面,这个超平面可以将数据分成两部分,每部分数据属于同一个类别。

其实这样的超平面有很多,但我们要找到一个最优的,增加一个约束条件:这个超平面到每边最近数据点的距离是最大的,也称最大间隔超平面。这个分类器也称为最大间隔分类器。支持向量机是一个二类分类器,如图 26-14 所示。

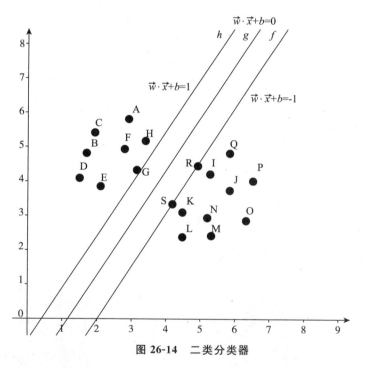

图 26-14 二类分类器

对于训练集 T,其数据可以分为 C_1 和 C_2 两类。

函数 $f(x)=wx^T+b$(线性分类器):对于 C_1 类的数据 $wx^T+b \geqslant 1$,其中至少有一个点 $(x_i, f(x_i)=1)$,这个点称为最近点;对于 C_2 类的数据 $xw^T+b \leqslant -1$,其中至少有一个点 $(x_i, f(x_i)=-1)$,这个点也是最近点。上面两个约束条件可以合并为:

$$y_i f(x_i) = y_i(wx^T+b) \geqslant 1$$

其中,y_i 是点 x_i 对应的分类值(-1 或 1)。

求 w 和 b,则构造的超平面函数是 $wx^T+b=0$。

这里需要理解一个事情,根据图 26-14,我们可以给每个点作一条平行于超平面的平行线(超平行面),因此这个最大化相当于求最近点到超平面距离的最大化。

3. 非线性分类

支持向量机的一个优势是支持非线性分类。它结合使用拉格朗日乘子法、KKT 条件和核函数,可以产生非线性分类器。

$$w = \sum_{i=1}^{n} \alpha_i y_i x_i$$

$$f(x) = \sum_{i=1}^{n} \alpha_i y_i K(x_i, x) + b$$

这里,x_i 表示训练数据;y_i 表示训练数据 i 的标签值;α_i 表示训练数据 i 的拉格朗日乘子;$K(x_1, x_2) = \exp(-\frac{||x_1 - x_2||^2}{2\sigma^{12}})$ 表示核函数;α、σ 和 b 是训练数据后产生的值。

可以调节 σ 以匹配维度的大小,σ 越大,维度越低。

4. 解决非线性分类

根据机器学习理论,非线性问题可以通过映射到高维度后变成一个线性问题。比如:二维下的一个点 (x_1, x_2),可以映射到一个五维空间,这个空间的 5 个维度分别是 x_1、x_2、$x_1 x_2$、x_1^2 和 x_2^2。映射到高维度有两个问题:一个是映射操作复杂,另一个是计算更复杂了。幸运的是,我们可以使用核函数(Kernel Function)来解决这两个问题。

核函数也称核技巧(Kernel Trick)。它提供了一个方法,即通过原始空间的向量值计算高维空间的内积,而不用管映射的方式。

我们可以用核函数代替 $K(x_1, x_2)$。核函数有很多种,一般可以使用高斯核,公式如下:

$$K(x_1, x_2) = \exp(-\frac{||x_1 - x_2||^2}{2\sigma^{12}})$$

线性分类与非线性分类的差别如图 26-15 和图 26-16 所示。

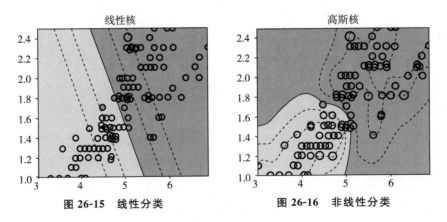

图 26-15　线性分类　　　　　图 26-16　非线性分类

5. 应用研究

本节选择我国上市商业银行信用评级进行支持向量机的应用研究。根据联合信用评级有限公司、中诚信国际信用评级有限公司等权威信用评级机构的报告,对商业银行进行信用评级一般要考虑如下指标:总资产、贷款总额、存款总额、所有者权益、营业收入、利润率、总资产收益率、净资产收益率、不良贷款率、拨备覆盖率、存货比、流动比率、资本充足率、一级资本充足率、核心一级资本充足率。

考虑到数据应尽可能完善和准确,这里只采用信用评级为 AAA、AA+、AA 三个评级的国内商业银行数据。信用评级为 AA- 的银行数据较少或者缺失值较多。本节选用流动比率和利润率 2 个变量作为特征值,原因如下:一是不同银行间的资产规模不同,为消除数据绝对值差异给研究带来的影响,宜使用财务比率;二是为方便后面画图更直观,只取两个特征值向量进行训练;三是流动比率反映了银行偿债能力,利润率反映了银行盈利能力,是信用评级的重要指标。

(1) 获取数据。

由于使用 tushare 数据接口获取的银行财务数据缺失值太多且银行数量太少,因此改用优矿平台中的 API 功能获取。

已知净利润和营业收入分别为 NIncome 和 revenue,利润率=NIncome/revenue。

获取流动资产和流动负债的数据:

流动资产=tradingFA+loanToOthBankFi+intReceiv+purResaleFa+CReserCB+derivAssets+deposInOthBfi+preciMetals+investAsReceiv

流动负债=CBBorr+depos+loanFrOthBankFi+tradingFL+soldForRepura+payrollPayable+taxesPayable+intPayable+bondPayable+deposFrOthBfi+derivLiab

流动比率=流动资产/流动负债

上述变量的具体含义可参见优矿平台中的数据菜单。

除此之外,我们还通过查看银行年报以及信用评级机构发布的评级报告来收集数据。

(2) 导入数据。

导入 numpy、pandas、sklearn、matplotlib 模块以及 train_test_split、pyplot、svm 函数。

```
import numpy as np
import pandas as pd
import sklearn
from sklearn.model_selection import train_test_split
from sklearn import svm
import matplotlib as mpl
import matplotlib.pyplot as plt
data=np.loadtxt('F:/2glkx/data/zonghe1.txt',delimiter=',')
data=data.astype(str)
```

得到如下结果:

```
array([['0.413082764', '0.224234988', '3.0'],
       ['0.354402606', '0.367124091', '3.0'],
```

```
        ['0.154045689', '0.324129166', '2.5'],
        ['0.240095315', '0.338641572', '2.0'],
        ['0.363730812', '0.345774315', '3.0'],
        ['0.372511509', '0.278305064', '3.0'],
        ['0.394761666', '0.400397472', '3.0'],
        ['0.303854065', '0.352028033', '3.0'],
        ['0.305670594', '0.350498714', '2.5'],
        ['0.225589975', '0.352612408', '3.0'],
        ['0.565071591', '0.402613318', '3.0'],
        ['0.549613729', '0.397815951', '3.0'],
        ['0.287764165', '0.292715768', '2.5'],
                        ︰
```

(3) 将数据分为训练集和测试集。

```
x, y=np.split(data, (2,), axis=1)
x_train, x_test, y_train, y_test=sklearn.model_selection.train_test_split(x, y, random_state=1, train_size=0.6)
```

① split(数据,分割位置),轴=1(水平分割)或 0(垂直分割);

② sklearn.model_selection.train_test_split(随机划分训练集与测试集)。train_test_split (train_data, train_target, test_size=数字, random_state=0)。

参数解释:

train_data:所要划分的样本特征集。

train_target:所要划分的样本结果。

test_size:样本占比,如果是整数的话就是样本的数量。

random_state:随机数种子。随机数种子其实就是该组随机数的编号,在需要重复测试的时候,保证得到一组一样的随机数。比如,你每次都填 1,在其他参数相同的情况下,你得到的随机数组是一样的;但填 0 或不填,每次都会不一样。随机数的产生取决于种子,随机数和种子之间的关系遵从以下两个规则:种子不同,产生不同的随机数;种子相同,即使实例不同也产生相同的随机数。

(4) 训练分类器。

```
clf=svm.SVC(C=0.8, kernel='rbf', gamma=100, decision_function_shape='ovr')
clf.fit(x_train, y_train.ravel())
```

其中:kernel='linear'时为线性核,C 越大则分类效果越好,但有可能会过度拟合。

kernel='rbf'时为高斯核,gamma 值越小,分类界面越连续;gamma 值越大,分类界面越"散",分类效果越好,但有可能会过度拟合。

decision_function_shape='ovr'时为一对多,即一个类别与其他类别进行划分;decision_function_shape='ovo'时为一对一,即将类别两两之间进行划分,用二分类方法模拟多分类的结果。

得到如下结果：

SVC(C=0.8, cache_size=200, class_weight=None, coef0=0.0,
　　decision_function_shape='ovr', degree=3, gamma=100, kernel='rbf',
　　max_iter=-1, probability=False, random_state=None, shrinking=True,
　　tol=0.001, verbose=False)

经过几次尝试，取 gamma=100 效果能达到最好。

print (clf.score(x_train, y_train))
print (clf.score(x_test, y_test))

得到如下结果：

0.7962962962962963
0.5277777777777778

从上可见，训练集精度约为0.80，测试集精度约为0.53。

由于数据样本数量受到实际情况（银行数量）的限制，数据不是全部出自同一个来源（优矿、银行年报、评级报告），最终使用的训练数据因通过再计算得出（利润率＝净利润/营业收入，流动比率＝流动资产/流动负债）而具有较大误差，而且只选择了两个特征变量（利润率、流动比率），因此不能全面、充分地反映评级系统和银行财务能力的关系。但利润率是评估银行信用的一个重要指标，利润率反映了银行的盈利能力。信用评级越高的银行，其盈利能力越强。

26.4　基于 Python 环境支持向量机在量化交易中的应用

本小节介绍基于支持向量机的大盘预测，我们使用日交易最高价与最低价之差、下一个交易日开盘价与当日收盘价之差、当日收盘价与前一日收盘价之差、当日收盘价与开盘价之差、当日最高价与最低价之差、当日收盘价与最低价之差等作为输入的特征指标。

```
import tushare as ts
import pandas as pd
import matplotlib.pyplot as plt
import numpy as np
import math
from pandas import Series,DataFrame
from sklearn import svm
df=ts.get_hist_data('002594',start='2015-06-28',end='2018-06-28')
df=DataFrame.sort_index(df)
ret=df.p_change/100
Data=df.loc[:,'open':'low']
Data['High-Low']=Data['high']-Data['low']
```

```python
Data['NOpen-Close']=Data['open'].shift(-1)-Data['close']
Data['Close-YClose']=Data['close']-Data['close'].shift(1)
Data['Close-Open']=Data['close']-Data['open']
Data['High-Close']=Data['high']-Data['close']
Data['Close-Low']=Data['close']-Data['low']
value=Series(Data['close'].shift(-1)-Data['close'],index=Data.index)
value[value>=0]=1
value[value<0]=0
Data=Data.dropna(how='any')
value=value[Data.index]
del(Data['open'])
del(Data['close'])
del(Data['high'])
del(Data['low'])

train=500
Data_train=Data[0:train]
value_train=value[0:train]
classifier=svm.SVC(kernel='poly',degree=2)
classifier.fit(Data_train,value_train)
svmSignal=pd.Series(0,index=Data.index)
for i in range(train,len(Data)-1):
    Data_predict=Data.iloc[i:i+1,:]
    flag=classifier.predict(Data_predict)
svmSignal[i]=int(flag)

svmSignal=svmSignal.iloc[train:]
svmTrade=svmSignal.shift(1).dropna()
ret=ret[svmTrade.index]
svmSignalRet=ret*svmTrade

cumStock=np.cumprod(1+ret)-1
cumTrade=np.cumprod(1+svmSignalRet)-1
plt.rcParams['font.sans-serif']=['SimHei']
plt.plot(cumStock,label="cumStock",color='k')
plt.plot(cumTrade,label="svmTrade",color='r',linestyle=':')
plt.title("股票累积收益率与SVM择时策略收益率对比图")
plt.legend()
```

运行上述代码得到如图26-17所示的结果。

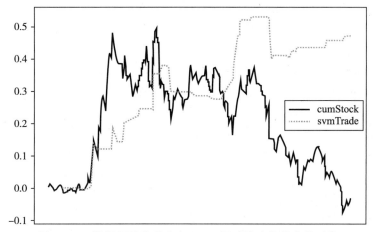

图 26-17 股票累计收益率与 SVM 择时策略收益率的对比

从图 26-17 中可见，支持向量机交易策略的业绩表现较好。

```
exReturn＝svmSignalRet－0.03/250
sharperatio＝math.sqrt(250) * exReturn.mean()/exReturn.std()
print('该策略的夏普比率为:', sharperatio)

Max_cumret＝np.zeros(len(svmSignalRet))
retracement＝np.zeros(len(svmSignalRet))
Re_date＝np.zeros(len(svmSignalRet))
for i in range(len(svmSignalRet)):
    if i==0:
        Max_cumret[0]＝cumTrade[0]
        retracement[0]＝(1＋Max_cumret[0])/(1＋cumTrade[0])－1
    else:
        Max_cumret[i]＝max(Max_cumret[i－1],cumTrade[i])
        retracement[i]＝float((1＋Max_cumret[i])/(1＋cumTrade[i])－1)
    if retracement[i]==0:
        Re_date[i]＝0
    else:
        Re_date[i]＝Re_date[i－1]＋1
exp＝250.0/len(cumTrade)
base＝(1＋cumTrade[－1])/(1＋cumTrade[0])
annual_return＝math.pow(base,exp) － 1
print('该策略的年化收益率:', annual_return)

retracement＝np.nan_to_num(retracement)
Max_re＝retracement.max()
print('该策略的最大回撤幅度为:', Max_re)
Max_reDate＝Re_date.max()
print('该策略的最大回撤时间为:', Max_reDate)
```

```python
sz=ts.get_hist_data('399001',start='2017-06-28',end='2018-06-28')
re_sz=sz.p_change/100
re_sz=re_sz[svmSignalRet.index]
beta=svmSignalRet.cov(re_sz) / re_sz.var()
print('该策略收益率的贝塔值为:', beta)
exp=250.0/len(cumStock)
base=(1+cumStock[-1])/(1+cumStock[0])
annual_return=math.pow(base,exp) - 1
print('原股票的年化收益率:', annual_return)
exReturn=ret-0.03/250
sharperatio=math.sqrt(250) * exReturn.mean()/exReturn.std()
print('原股票的夏普比率为:', sharperatio)
Max_cumret=np.zeros(len(ret))
retracement=np.zeros(len(ret))
Re_date=np.zeros(len(ret))
for i in range(len(ret)):
    if i==0:
        Max_cumret[0]=cumStock[0]
        retracement[0]=(1+Max_cumret[0])/(1+cumStock[0])-1
    else:
        Max_cumret[i]=max(Max_cumret[i-1],cumStock[i])
        retracement[i]=float((1+Max_cumret[i])/(1+cumStock[i])-1)
    if retracement[i]==0:
        Re_date[i]=0
    else:
        Re_date[i]=Re_date[i-1]+1
retracement=np.nan_to_num(retracement)
Max_re=retracement.max()
print('原股票收益的最大回撤幅度为:', Max_re)
Max_reDate=Re_date.max()
print('原股票收益的最大回撤时间为:', Max_reDate)
#计算贝塔值
beta=ret.cov(re_sz) / re_sz.var()
print('原股票收益率的贝塔值为:', beta)
```

运行上述代码得到如下结果：

该策略的夏普比率为 2.039486395375283；

该策略的年化收益率为 0.5373932185711414；

该策略的最大回撤幅度为 0.09098843552258362；

该策略的最大回撤时间为 61.0；

该策略收益率的贝塔值为 0.28224005841277894；

原股票的年化收益率为 -0.04174952980207447；
原股票的夏普比率为 0.033384730479563786；
原股票收益的最大回撤幅度为 0.6185383776175726；
原股票收益的最大回撤时间为 144.0；
原股票收益率的贝塔值为 1.337626282841354。

练习题

对本章例题的数据，使用 Python 重新操作一遍。

教辅申请说明

　　北京大学出版社本着"教材优先、学术为本"的出版宗旨,竭诚为广大高等院校师生服务。为更有针对性地提供服务,请您按照以下步骤通过**微信**提交教辅申请,我们会在1～2个工作日内将配套教辅资料发送到您的邮箱。

◎ 扫描下方二维码,或直接微信搜索公众号"北京大学经管书苑",进行关注;

◎ 点击菜单栏"在线申请"—"教辅申请",出现如右下界面:

◎ 将表格上的信息填写准确、完整后,点击提交;

◎ 信息核对无误后,教辅资源会及时发送给您;如果填写有问题,工作人员会同您联系。

温馨提示:如果您不使用微信,则可以通过以下联系方式(任选其一),将您的姓名、院校、邮箱及教材使用信息反馈给我们,工作人员会同您进一步联系。

联系方式:

北京大学出版社经济与管理图书事业部
通信地址:北京市海淀区成府路 205 号,100871
电子邮箱:em@pup.cn
电　　话:010—62767312
微　　信:北京大学经管书苑(pupembook)
网　　址:www.pup.cn